U0507756

赵剑英 主编
Zhao Jianying Editor

中国基本社会保险制度

裴长洪 赵静 著

STUDY ON BASIC SOCIAL INSURANCE
SYSTEM OF CHINA

图书在版编目（CIP）数据

中国基本社会保险制度／裴长洪，赵静著．—北京：中国社会科学出版社，2017.10
（中国制度研究丛书）
ISBN 978－7－5203－0938－7

Ⅰ．①中…　Ⅱ．①裴…　②赵…　Ⅲ．①社会保险制度—研究—中国　Ⅳ．①F842.61

中国版本图书馆 CIP 数据核字（2017）第 219956 号

出 版 人　赵剑英
责任编辑　王　茵
特约编辑　马　明
责任校对　赵雪姣
责任印制　王　超

出　　版　中国社会科学出版社
社　　址　北京鼓楼西大街甲 158 号
邮　　编　100720
网　　址　http://www.csspw.cn
发 行 部　010－84083685
门 市 部　010－84029450
经　　销　新华书店及其他书店

印　　刷　北京君升印刷有限公司
装　　订　廊坊市广阳区广增装订厂
版　　次　2017 年 10 月第 1 版
印　　次　2017 年 10 月第 1 次印刷

开　　本　710×1000　1/16
印　　张　20
插　　页　2
字　　数　248 千字
定　　价　79.00 元

总　序

改革开放近四十年来，中国经济社会飞速发展，中国特色社会主义取得了巨大成功，这一成功被称为“中国模式”“中国奇迹”“中国道路”，受到了世界的普遍赞誉，也受到一些质疑、歪曲甚至攻击。但是，那些赞誉更多的是基于中国经济发展的成功，而没有深入分析、理解和认同成功背后的制度因素。这不仅仅是因为他们对中国制度的认识不足，更是因为他们执守所谓现代性的“西方中心论”模式。另外，长期以来，我们自身对中国特色社会主义制度也缺乏主动的探索和研究，缺乏自觉的认识和自信的底气。其实，近四十年持续快速的增长以及所取得的巨大成就，绝非偶然，而是有其内在的历史必然性。中国的成功自有其成功之道，这个成功之道就是“中国理论”和“中国制度”。可以说，中国改革发展成就的最根本体现就在制度进步上。习近平总书记在庆祝中国共产党成立 95 周年大会上的讲话中指出：“我们要坚信，中国特色社会主义制度是当代中国发展进步的根本制度保障，是具有鲜明中国特色、明显制度优势、强大自我完善能力的先进制度。”①

在中国革命和社会主义现代化的实践中，在迈向中华民族伟大复兴的漫漫征途中，中国共产党领导中国人民经过艰难曲折的探索形成了中国特色社会主义道路、理论体系和制度。中国特色社会主义道路是现代化的实现途径，中国特色社会主义理论体系是行动指南，中国特色社会主义制度是根本保障，三者统一于中国特色社会主义伟大实践。中国特色社会主义理论体系最终要体现在实践层面，落实到制度建设上。中国特色社会主义实践成果和经验都需要制度规范来保障和巩固。改革开放和中国特色社会主义的可持续发展，必须要建立系统完备、科学规范、运行有效的中国特色社会主义制度体系。

当代中国制度体系是历史地形成的。制度自信源于其深厚的历史文化传统和实践基础，以及由此形成的自身特色。独特的基本国情、独特的历史命运和独特的文化传统铸就了中国自己特有的制度。这种深厚的历史文化传统突出地表现在以下两点：一是天下胸襟。以海纳百川的气度不断包容、吸收、融合不同民族的文化因素，使自身民族文化不断有新的活力注入。二是家国情怀。追求团结统一，反对分裂，有超强的爱国主义和民族凝聚力的传统基因。这些历史文化传统深刻地影响着当今中国制度体系。近代以来中国人民在追求国家富强、民族振兴、人民幸福的过程中艰辛探索，走出了一条具有中国特色的革命、建设和以改革开放为动力的发展道路，逐步形成了一整套政治经济文化社会等制度体系。习近平总书记精辟指出：“中国特色社会主义这条道路是在改革开放三十多年的伟大实践中走出来的，是

---

① 习近平：《在庆祝中国共产党成立95周年大会上的讲话》，人民出版社2016年版，第13页。

在中华人民共和国成立六十多年的持续探索中走出来的，是在对近代以来一百七十多年发展历程的深刻总结中走出来的，是在对中华民族五千多年悠久文明的传承中走出来的，具有深厚的历史渊源和广泛的现实基础。”① 习近平总书记这一论述十分清晰深刻地阐明了中国制度的历史渊源和实践基础。

当代中国制度体系是在实践中不断发展完善的。以毛泽东同志为核心的党的第一代中央领导集体带领全党全国各族人民完成了新民主主义革命，进行了社会主义改造，确立了社会主义基本制度，成功实现了中国历史上最深刻、最伟大的社会变革，为当代中国一切发展进步奠定了根本政治前提和制度基础。以邓小平同志为核心的党的第二代中央领导集体带领全党全国各族人民深刻总结我国社会主义建设正反两方面经验，从我国还处于并将长期处于社会主义初级阶段的国情出发，做出把党和国家工作中心转移到经济建设上来、实行改革开放的历史性决策，以新的实践推动中国制度的发展和完善。邓小平同志对中国特色社会主义制度体系建设高度关注，他在 1992 年就提出了制度建设的目标：“恐怕再有三十年的时间，我们才会在各方面形成一整套更加成熟、更加定型的制度。在这个制度下的方针、政策，也将更加定型化。”②

近四十年来，在“一个中心、两个基本点”的党的基本路线指引下，在改革开放的伟大实践中，我们逐步确立了以公有制为主体、多种所有制经济共同发展的基本经济制度和分配制度；建立了符合社会主义市场经济要求的中国特色社会主义法律体系；进一步完善了人民

---

① 《习近平总书记系列重要讲话读本》，学习出版社、人民出版社 2014 年版，第 30 页。

② 《邓小平文选》第 3 卷，人民出版社 1993 年版，第 372 页。

代表大会制的根本政治制度，中国共产党领导的多党合作和政治协商制度、民族区域自治制度以及基层群众自治制度等基本政治制度；逐步建立了在这些基本制度基础上的经济体制、政治体制、文化体制、社会体制等各项具体制度，还有中国共产党全国代表大会制度、民主集中制、领导干部任期制、选人用人制度、党内监督制度等党内法规制度，以上这些因素相互联系、相互协同，形成一整套系统的当代中国制度体系。

党的十八大以来，以习近平同志为核心的党中央不断推进实践创新、理论创新和制度创新。党的十八届三中全会特别提出要全面深化改革，完善和发展中国特色社会主义制度，推进国家治理体系和治理能力现代化。这表明我们把制度建设提高到国家治理能力和治理体系现代化的重要层面。比如，积极探索长期执政条件下自我监督的有效途径，深化国家监察体制改革，成立监察委员会，制定和完善国家监察法，构建党统一领导的反腐败工作体制，推出《中国共产党党内监督条例》，把全面从严治党与全面深化改革、全面依法治国有机结合起来，增强中国共产党自我净化、自我完善、自我革新、自我提高能力。在加强对权力监督的制度设计上取得了重大进步，以规治党和依法治国相结合成为我国治理体系的一个极为重要的特色。

当代中国的制度自信不是虚妄的自以为是，而是建立在近四十年改革开放的巨大成就基础上的，是被长时间实践检验证明了的。同时，与西方发达资本主义国家的制度相比，中国制度正日益显示出独特的优势和强大的生命力。当今世界正处于前所未有的大变革大动荡的时代。特别是2008 年世界金融危机以来，西方发达资本主义国家面临经济萎靡、恐怖主义、难民问题相互交织等难题，发展举步维艰、危机四起，新自由主义在实践中四处碰壁，资本主义政治制度和社会治理遇到空前危机，受到广泛质疑。而中国特色社会主义作为一种新的制度体系对西方资本主义制度构成挑战，愈来愈引起有识之士和世界人民的重视。中国特色社会主义制度的优越性正蓬勃展现。对此，习近平总书记作了系统全面的概括："这样一套制度安排，能够有效保证人民享有更加广泛、更加充实的权利和自由，保证人民广泛参加国家治理和社会治理；能够有效调节国家政治关系，发展充满活力的政党关系、民族关系、宗教关系、阶层关系、海内外同胞关系，增强民族凝聚力，形成安定团结的政治局面；能够集中力量办大事，有效促进社会生产力解放和发展，促进现代化建设各项事业，促进人民生活质量和水平不断提高；能够有效维护国家独立自主，有力维护国家主权、安全、发展利益，维护中国人民和中华民族的福祉。"①

系统完备、科学规范的中国制度体系的建立和运行是中国特色社会主义的最大成就，是我们自信的底气所在，也是中华民族伟大复兴的根本标志。制度建设及其完善非一日之功，我们既要以时不我待的精神去推动制度体系的现代化；同时，制度居于社会系统中的上层建筑层面，制度建设又必须遵循生产力与生产关系、经济基础与上层建筑决定与反作用的基本规律。当前，党和国家的宏观制度向中观制度和微观制度的延伸细化也才刚刚开始，各种制度和体制之间的相互协同配套还存在很多不足。完善和发展中国特色社会主义制度，必须对中国特色社会主义道路上一系列重大问题进行攻坚克难和深入研究。为此，中国社会科学出版社组织国内著名学者编写的这套《中国制度研究丛书》，旨在对中国特色社会主义制度的历史渊源、实践基础、基本内容、内在逻辑、特点和优势以及未来的发展目标、步骤等有关

---

① 习近平：《在庆祝全国人民代表大会成立60周年大会上的讲话》，《人民日报》2014年9月6日第2版。

重大问题进行深入研究与探讨。这样的工作，有助于我们明确建设系统完备、科学规范、运行有效的中国特色社会主义制度体系的着力点，以进一步增强我们的制度自信。

期待这套丛书成为国内外读者了解中国、理解中国制度的入门书。

中国社会科学出版社社长

赵剑英

2016年12月30日

目　录

第一章

绪　论

第一节　社会主义制度本质与社会保险制度

一　社会保险制度是社会主义本质的内在要求

社会主义制度的本质，决定了社会保险制度建立的必要性。什么是社会主义制度的本质？邓小平指出："社会主义的本质，是解放生产力，发展生产力，消灭剥削，消除两极分化，最终达到共同富裕。"① 因此，社会主义的本质，可以归结为共同富裕。共同富裕有两层内涵：一是要解放和发展生产力，要富起来；二是不搞两极分化，要共同富起来。②

从共同富裕的第一层内涵来看，建立社会保险制度，有助于实现共同富裕。社会保险在生育、疾病、工伤、失业和养老等方面，为人民提供基本保障，保护了劳动力，使劳动力再生产过程不致受阻和中断。同时，社会保险抵御风险的作用，使劳动力免除后顾之忧，可以

---

① 《邓小平文选》第3卷，人民出版社1993年版，第373页。

② 参见王伟光《走共同富裕之路是发展中国特色社会主义的战略选择》，《红旗文稿》2012年第1期。

安心工作，进而提高生产效率。另外，设计合理的社会保险制度有利于推动经济增长，其影响机制包括消费、投资和子女教育等。[①] 因此，社会保险对“富起来”是有帮助的。

在“富起来”的过程中，不可避免地会出现“一部分人先富起来”的现象，产生贫富差距。而共同富裕的第二层内涵要求全体人民应共享经济发展的成果，应“共同富起来”。这就需要调节不同阶层人民的收入分配。而社会保险具有收入再分配的功能，不仅能减小同代人之间的收入和生活水平的差距（如失业者和就业者、健康者和体弱多病者），也促进代际互助共济。[②] 而且，国际经验表明，社会保险在调节收入分配差距方面发挥着关键作用，其影响强度大于税收。[③] 因此，从共同富裕第二层内涵的视角出发，有必要建立社会保险制度。

由此可见，社会保险制度与社会主义本质紧密相关，是社会主义

---

① Feldstein M.，“Social Security，Induced Retirement，and Aggregate Capital Accumulation”，*Journal of Political Economy*，1974，Vol. 82，No. 5，pp. 905 –926. Feldstein M. and Liebman J. B.，“Social Security”，in A. J. Auerbach and M. Feldstein，eds.，*Handbook of Public Economics*，2002，Vol. 4，No. 32，pp. 2245 – 2324. Zhang Jie and Zhang Junsen，“How Does Social Security Affect Economic Growth? Evidence from Cross – Country Data”，*Journal of Population Economics*，2004，Vol. 17，No. 3，pp. 473 –500.

② Diamond P. A.，“A Framework for Social Security Analysis”，*Journal of Public Economics*，1977，Vol. 8，No. 3，pp. 275 –298. Atkinson A. B.，“Income Maintenance and Social Insurance”，in A. J. Auerbach and M. Feldstein，eds.，*Handbook of Public Economics*，1987，Vol. 2，No. 13，pp. 779 –908. Auerbach A. J.，Gokhale J. and Kotlikoff L.，“Social Security and Medicare Policy from the Perspective of Generational Accounting”，in J. Poterba，ed.，*Tax Policy and the Economy*，1992，Vol. 6，No. 5，pp. 129 – 145. Feldstein M. and J. B. Liebman，eds.，*The Distributional Aspects of Social Security and Social Security Reform*，University of Chicago Press，2002.

③ 参见王延中、龙玉其、江翠萍、徐强《中国社会保障收入再分配效应研究——以社会保险为例》，《经济研究》2016 年第 2 期。

制度发展的内在要求。中国作为社会主义国家，建立社会保险制度既具有合理性，也是必然选择。

然而，这并不意味着，资本主义国家就不用建立社会保险制度。资本主义和社会主义都需要社会保险。不同于社会主义的本质要求，从历史实践来看，资本主义国家建立社会保险制度的目的，主要是调和劳资矛盾、减少工人运动、维持社会稳定以及应对经济波动和经济危机，而不是追求共同富裕。也就是说，资本主义制度下的社会保险，主要是政府进行政治管理和经济管理的一种工具，而不是满足制度发展本质要求的重要手段。

二　社会保险制度的特征

目前，世界上179个国家和地区已经建立了社会保险制度，包括至少一项社会保险项目。[①] 图1－1展示了这些国家（地区）的分布，其中既有社会主义国家，也有资本主义国家。根据表1－1，这些国家（地区）的社会保险制度主要覆盖了养老、医疗、生育、工伤和失业等保险项目，而且，养老、医疗、生育和工伤较为普及。[②] 各项保险的发展历程见图1－2。

---

① 根据美国社会保障署（Social Security Administration）的数据计算。资料来源：Social Security Administration, *Social Security Programs Throughout the World: Asia and the Pacific, 2014*; *Social Security Programs Throughout the World: Africa, 2015*; *Social Security Programs Throughout the World: The Americas, 2015*; *Social Security Programs Throughout the World: Europe, 2016*, https://www.ssa.gov/policy/docs/progdesc/ssptw/index.html.

② 一些国家将医疗和生育合并为一项保险，如比利时等；而另一些国家将医疗和生育作为两项保险分开实施，如中国等。

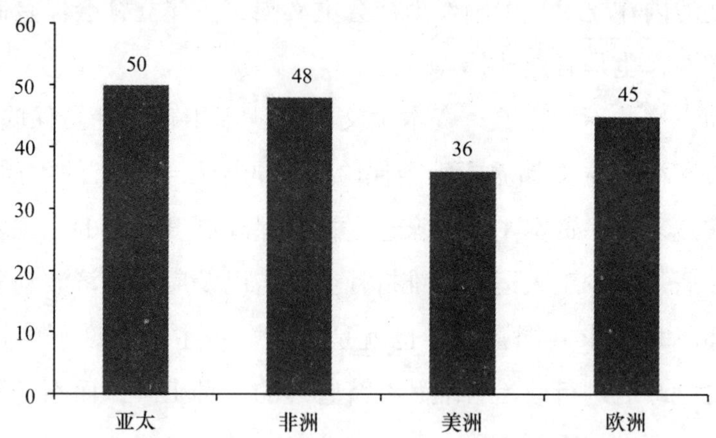

图1－1　建立社会保险制度的国家（地区）分布

资料来源：Social Security Administration, *Social Security Programs Throughout the World*, https://www.ssa.gov/policy/docs/progdesc/ssptw/index.html.

表1－1　　世界各国（地区）社会保险项目的分布

国家（地区）	亚太		非洲		美洲		欧洲	
	数量	比例（%）	数量	比例（%）	数量	比例（%）	数量	比例（%）
至少一项社会保险项目	50	100	48	100	36	100	45	100
老年、残疾与遗属	50	100	48	100	36	100	45	100
疾病与生育	45	90	45	94	36	100	45	100
工伤	45	90	48	100	36	100	45	100
失业	27	54	7	15	12	33	45	100

资料来源：Social Security Administration, *Social Security Programs Throughout the World*, https://www.ssa.gov/policy/docs/progdesc/ssptw/index.html.

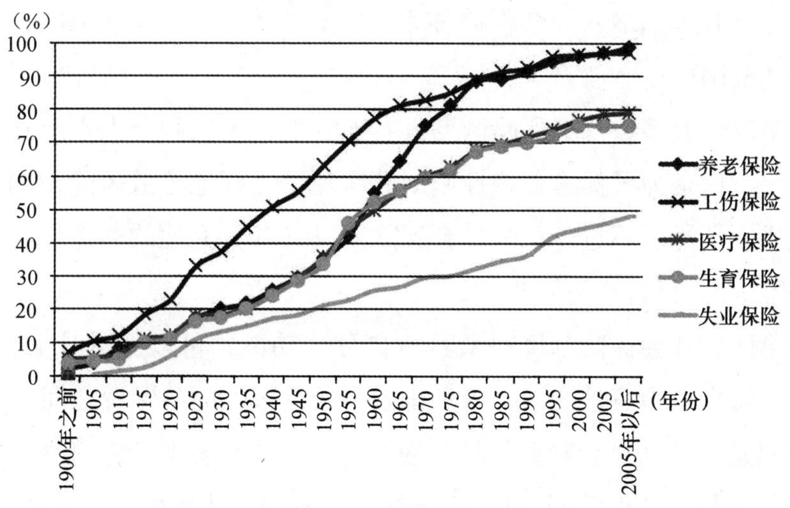

图 1-2 社会保险项目的发展（建立项目的国家占 179 个国家的比例）

资料来源：International Labour Organization，World Social Protection Report 2014/15.

除了在社会保险项目类型上具有相似性之外，世界各国（地区）的社会保险制度还具有其他一些共性，体现在以下五个方面。

第一，社会保险制度是一种风险分散机制，具有预防性。社会保险制度向参保者征费（税）来筹集资金，帮助参保者防范收入骤减或支出猛增的风险。换言之，当某个参保者发生年老、生病、失业、工伤或生育等情况时，社会保险制度为其提供收入或补偿，相当于将该参保者的风险在所有参保者身上分摊。

第二，社会保险制度往往具有普遍性，也就是说，尽量覆盖所有群体。一方面，参保者越多，越能有效地分散风险；另一方面，不对参保人群做特殊化限定，也体现了制度的公平性。早在 1942 年，在著名的贝弗里奇报告《社会保险及相关服务》（*Social Insurance and Allied Services*）中，就提出了社会保险制度的普遍性原则，要求尽可能地将所有人都纳入社会保险体系。[①] 这一点与社会救助不同，后者仅关注贫困群体。

第三，大多数社会保险制度具有强制性，单位和个人不能选择是否参保，这是为了促进普遍性原则的实现、更好地分散风险，同时也避免逆向选择。不过，部分社会保险项目（如补充性的养老保险和医疗保险等），允许自愿参保。

第四，社会保险制度一般具有再分配功能，可以促进社会公平。通过在发生风险事件的参保者和未发生相关事件的参保者之间（如失业者和就业者）进行利益分配，通过对不同收入参保者进行直接的收入调节（如养老保险），社会保险缩小了不同群体的生活水平差距。

第五，社会保险制度的设计，需要与经济社会的发展相适应。在追求社会公平的同时，对于社会保险制度而言，效率也尤为重要，需平衡公平与效率的关系，也需划清政府与市场的界限。再分配性质过强、支出水平过高的社会保险制度，需要大量的费（税）及财政收入作为支撑，这可能会损害劳动积极性，产生效率损失。在经济增长放缓的时期，如果还一味地追求高水平的保障，势必会削弱社会保险制度的可持续性，对社会保险制度及整个经济社会的长期发展产生不利影响。

虽然各国的社会保险制度存在上述共性，但没有任何两个国家（地区）的社会保险制度是完全相同的。这是因为，不同国家处于不同的经济社会发展阶段。而且，社会保险制度在公平和效率之间的权衡，与资本主义和社会主义并无必然联系。不能简单地认为，资本主义国家的社会保险制度更重视效率，社会主义国家则更关注公平。例

---

① 参见关信平《西方“福利国家之父”贝弗里奇——兼论〈贝弗里奇报告〉的诞生和影响》，《社会学研究》1993 年第 6 期。

如，同为资本主义国家，英国等福利国家的社会保险制度呈现出极强的再分配特征，而智利的养老保险制度则几乎没有再分配的功能。

中国现行的社会保险制度，是在观察并吸取资本主义国家社会保险制度的经验教训基础上建立的，既防范了“福利病”的过度保障和平均主义，又注意避免了“养老保险私有化”所导致的收入差距过大。

目前，中国仍处于并将长期处于社会主义初级阶段。[①] 社会主义初级阶段是对社会主义本质要求的探索期，相关制度和政策都在不断摸索和完善之中，社会保险制度也不例外。随着经济社会逐步向前发展，中国的社会保险制度也在不断变革、日趋完善。

第二节　社会主义市场经济与社会保险制度

一　计划经济时期的社会保险制度概述

新中国在成立初期实行计划经济体制，并建立了与计划经济体制相适应的社会保险制度。在城镇，主要是劳动保险，为职工及其直系亲属在疾病、工伤、生育和养老等方面提供帮助[②]，覆盖对象是国有企业和集体企业。劳动保险的待遇主要由企业发放，不同企业的待遇

---

① 参见胡锦涛《坚定不移沿着中国特色社会主义道路前进　为全面建成小康社会而奋斗——在中国共产党第十八次全国代表大会上的报告》，《人民日报》2012 年 11 月 9 日第 2 版。

② 参见中华人民共和国政务院《中华人民共和国劳动保险条例》（1951 年 2 月 26 日），2010 年 12 月 14 日，法律快车网（http://www.lawtime.cn/info/laodong/laodongbaoxiantiaoli/2010121485153.html）。

水平存在巨大差距。从这一点来看，劳动保险更多地像一种企业保险，而非社会保险。然而，由于在计划经济体制下，国有企业和集体企业都不是责、权、利的主体，企业发放的保险待遇实际上最终由国家承担，在这个意义上，劳动保险是一种“国家保险”，只是在形式上表现为企业运行。与企业的劳动保险相似，机关事业单位也建立了由国家最后负责的退休金制度和公费医疗制度。

在计划经济时期，中国农村缺乏严格意义上的社会保险制度。“五保户”制度属于社会救助的范畴，并不是社会保险。[①] 而传统的农村合作医疗制度，主要由集体经济（人民公社等）扶持，而非风险在全社会分散。

二　社会主义市场经济对社会保险制度的要求

计划经济体制下的城镇劳动保险和农村合作医疗等制度，符合计划经济的特点，为保障计划经济顺利执行和国内社会经济发展做出了重要贡献。[②] 然而，随着 20 世纪 80 年代中国经济由计划经济向社会主义市场经济转型，计划经济体制下的社会保险制度已不再适应国情。社会主义市场经济体制的建立和不断完善，要求中国建立与其相适应的社会保险制度。

---

① 参见全国人大《高级农业生产合作社示范章程》（1956 年 6 月 30 日），2000 年 12 月 10 日，中国人大网（http：//www. npc. gov. cn/wxzl/wxzl/2000 － 12/10/content_4304. htm）；全国人大常委会《1956 年到 1967 年全国农业发展纲要（修正草案）》（1957 年 10 月 25 日），2000 年 12 月 23 日，中国人大网（http：//www. npc. gov. cn/wxzl/gongbao/2000 – 12/23/content_50000392. htm）。

② 参见马杰、郑秉文《计划经济条件下新中国社会保障制度的再评价》，《马克思主义研究》2005 年第 1 期。

社会主义市场经济对社会保险制度提出了新的要求，具体体现在以下方面。

第一，随着社会主义市场经济体制的建立及完善，市场中出现了多种所有制并存的局面，私营经济蓬勃发展，而劳动保险制度仅覆盖国有企业和集体企业的职工，使得越来越多的就业人员被排除在社会保险制度之外。劳动保险的制度约束，不仅限制了劳动力在不同所有制之间的自由流动，损害劳动力市场资源配置的效率，也产生了新的社会不公。因此，需将保险社会化、普遍化，将更多群体纳入进来。这也能更好地分散风险。

第二，经济体制的转型，要求国有企业成为自负盈亏的经营主体，而原有的社会保险制度阻碍了国有企业改革的深化。一方面，在劳动保险制度下，国有企业"包办一切"，为职工提供终身的保险待遇，职工对企业有难以割断的依附关系，辞退职工、减员增效面临巨大困难。[①] 另一方面，不同企业的职工年龄构成不同，导致不同企业的社会保险负担存在较大差异。如果让企业自负盈亏，自行承担社会保险负担，则部分企业会因此面临经营困难甚至破产倒闭的境地，也难以实现积极的、公平的市场竞争；另外，繁杂的社会保险事务性工作也会降低企业的经营效率。因此，需将保险由企业运行转变为由政府机构运行，并建立政府、企业和职工三方责任分担的机制，加强职工在社会保险中的自我责任，减轻企业和财政的负担。

第三，劳动保险制度虽然为国有企业和集体企业的职工提供了"一揽子"的风险保护，但其中并不包含失业的相关内容。这与计划经济时期的"低工资、高就业"及国家统包统分政策有关。当时并不

---

① 参见马杰、郑秉文《计划经济条件下新中国社会保障制度的再评价》，《马克思主义研究》2005 年第 1 期。

存在严重的失业问题，相应的也就没有设计失业保险。然而，在经济体制转型的过程中，随着国有企业改革的不断推进，大量国有企业职工失去工作的同时，也失去了生活保障；在社会主义市场经济体制下，不再有“铁饭碗”，劳动力在不同岗位、不同企业之间的流动变得频繁，也不可避免地在“就业”和“失业”这两种身份之间转换。因此，需要建立失业保险制度，来保护国有企业下岗职工和失业人员的基本生活。一方面，这是劳动力再生产的要求；另一方面，这也有助于维持社会稳定，为经济体制改革“保驾护航”。

第四，计划经济时期的社会保险制度，呈现典型的城乡二元结构。作为经济体制改革中的一环，1978 年，中国农村开始实行家庭联产承包责任制，到 1984 年，全国的人民公社基本解体。这一变革加强了市场机制在农村资源配置中的作用，有力地促进了农业增长。[①] 但是，它使得原本建立在集体经济基础上的合作医疗制度失去了生存基础和资金来源，导致合作医疗制度基本解体。这进一步强化了社会保险的城乡二元特征，农村居民几乎没有被任何社会保险项目覆盖。在社会主义市场经济体制下，应统筹城乡社会经济发展。[②] 因此，应减少社会保险领域的城乡不公，积极建立并完善农村的社会保险制度，为农村居民提供充分的风险保护。另外，随着社会主义市场经济的不断发展，农村剩余劳动力向城镇转移的进程加快。如何为这部分群体提供基本生活保障，这对社会保险制度的城乡一体化提出了要求。

---

① 参见林毅夫《90 年代中国农村改革的主要问题与展望》，《管理世界》1994 年第 3 期。

② 参见江泽民《全面建设小康社会，开创中国特色社会主义事业新局面——在中国共产党第十六次全国代表大会上的报告》，《人民日报》2002 年 11 月 18 日要闻版。

第五，如上文所述，经济体制的改革要求企业的社会保险制度发生变革，那么，为了避免社会保险制度在人群间分割造成劳动力流动障碍及社会不公，机关事业单位的退休金制度和公费医疗制度也应相应调整，建立起与企业相一致的社会保险制度。特别是随着市场经济改革的深入，一些事业单位也逐渐步入市场，其工资制度开始市场化，相应地，也应建立适应市场经济要求的保险型养老制度和医疗制度。①

根据经济体制转型的上述要求，同时考虑人口老龄化趋势以及借鉴世界各国社会保险制度的改革实践，中国政府对社会保险制度进行了多次调整和改革。在不断探索之后，基本形成了适应当前市场经济发展的现代社会保险制度，包括城镇职工的养老保险、医疗保险、失业保险、工伤保险和生育保险（俗称“五险”），城镇居民的养老保险和医疗保险，以及农村居民的养老保险和新型合作医疗。随着经济社会的发展，中国现代社会保险制度仍在不断完善。

三　社会保险制度对社会主义市场经济的影响

社会主义市场经济体制的建立和发展，影响了社会保险制度的设计。与此同时，合理的社会保险制度也推动了社会主义市场经济的发展，起到保护劳动力、促进劳动力再生产、缩小收入差距、保持社会稳定、调节经济波动等重要作用。1993 年《中共中央关于建立社会主义市场经济体制若干问题的决定》明确指出：社会保障制度是社会主义市场经济体制基本框架的构成要素之一；建立多层次、适应国情的社会保障体系，对于深化企业和事业单位改革、保持社会稳定、顺

① 参见朱恒鹏、高秋明、陈晓荣《与国际趋势一致的改革思路——中国机关事业单位养老金制度改革述评》，《国际经济评论》2015 年第 2 期。

利建立社会主义市场经济体制具有重大意义；而社会保险是社会保障体系的重要组成部分。①

具体而言，社会保险制度对社会主义市场经济的影响，主要体现在以下方面。

第一，社会保险制度的建立，有助于中国从计划经济向市场经济的转型。一方面，建立现代社会保险制度，减轻国有企业负担，为国有企业成为自负盈亏、具有活力的市场主体创造了条件；另一方面，国有企业改革涌现了大量下岗失业人员，失业保险制度的建立保障了这些人的基本生活，避免了因改革造成社会动荡，促进了社会稳定。

第二，社会保险具有再分配功能，有助于实现“共同富裕”的目标，推动社会主义市场经济平稳发展。市场经济体制的建立和发展，不可避免地会带来收入差距的扩大，而过大的收入差距会阻碍经济的进一步发展。② 现代社会保险制度有助于缩小收入差距，减少收入不平等。一方面，与计划经济时期的劳动保险不同，除了国有企业职工以外，现代社会保险制度还将私营企业职工、个体户、灵活就业人员、城镇非就业居民、农村居民也纳入了覆盖范围，进而扩大了再分配的范畴，缩小了不同群体间的收入差距，如就业人员和非就业居民、城乡居民之间的收入差距。③ 另一方面，社会保险制度的不断完

---

① 根据《中共中央关于建立社会主义市场经济体制若干问题的决定》，除社会保险以外，社会保障体系还包括社会救济、社会福利、优抚安置和社会互助、个人储蓄积累保障。

② 参见蔡昉《中国经济如何跨越“低中等收入陷阱”?》，《中国社会科学院研究生院学报》2008 年第 1 期。

③ 参见李时宇、冯俊新《城乡居民社会养老保险制度的经济效应——基于多阶段世代交叠模型的模拟分析》，《经济评论》2014 年第 3 期。

善也有益于缩小收入差距。以养老保险为例，1997 年，城镇职工养老保险从以往的现收现付制转为部分积累制，这项改革减少了人力资本水平较高的劳动者和人力资本水平较低的劳动者之间的收入分配差距。[①] 2005 年，城镇职工养老保险再次进行改革，主要针对账户划分和养老金计发办法，与 1997 年的改革相比，2005 年的改革进一步改善了代际平等性，减少了代际不平衡。[②]

第三，社会保险对消费和储蓄产生影响。例如，新型农村社会养老保险显著提高了农村老年人的收入水平，减少了贫困的发生，增加了农村家庭的消费。[③] 城镇职工和城镇居民的基本医疗保险以及新型农村合作医疗，对城镇和农村家庭的消费有促进作用，大约带动全国 7% 的消费。[④] 然而，城镇职工养老保险对消费的影响较为复杂，这体现为增加养老保险覆盖率本身有助于刺激消费，但提高养老保险缴费率会显著抑制消费，这主要和养老保险缴费率较高有关。[⑤]

第四，社会保险影响劳动力市场。从劳动力供给的视角来看，养老保险显著减少农户的劳动供给，特别是减少农业活动的劳动参与率。[⑥] 城镇职工养老保险的法定退休年龄与预期寿命不匹配、提前退

① 参见郑伟、孙祁祥《中国养老保险制度变迁的经济效应》，《经济研究》2003 年第 10 期。

② 参见何立新《中国城镇养老保险制度改革的收入分配效应》，《经济研究》2007 年第 3 期。

③ 参见张川川、John Giles、赵耀辉《新型农村社会养老保险政策效果评估——收入、贫困、消费、主观福利和劳动供给》，《经济学》（季刊）2015 年第 1 期。

④ 参见甘犁、刘国恩、马双《基本医疗保险对促进家庭消费的影响》，《经济研究》2010 年增刊。

⑤ 参见白重恩、吴斌珍、金烨《中国养老保险缴费对消费和储蓄的影响》，《中国社会科学》2012 年第 8 期。

⑥ 参见程杰《养老保障的劳动供给效应》，《经济研究》2014 年第 10 期。

休等问题，导致出现“退而不休”的现象，给劳动力市场带来扭曲。[①] 而未来延迟退休年龄的改革[②]会影响劳动力供给的数量和质量，这取决于父母对子女数量和质量的相对重视程度，如果更重视质量，那么延迟退休年龄将降低劳动力供给数量的增长率，但提高质量的增长率。[③] 从劳动力需求的视角来看，社会保险缴费会减少企业的劳动力需求。[④] 虽然社会保险对劳动力供给和劳动力需求都有一定的负面影响，但是社会保险在劳动力配置效率方面起到了积极的作用。一方面，与计划经济时期劳动保险存在城乡分割和部门分割不同，现代社会保险制度覆盖了城乡所有群体，在一定程度上削弱了劳动力流动的制度障碍。另一方面，失业保险制度的建立，不仅使失业人员有充分的时间和生活保障去寻找合适的工作，失业保险基金在再就业培训方面的支出导向也提高了失业人员再就业的概率。[⑤] 从上述两方面来看，现代社会保险制度是通过影响劳动力配置效率来对社会主义市场经济产生正面影响的。

第五，社会保险影响资本市场。在社会保险体系中，全国社会保障基金、企业年金、省级政府委托全国社会保障基金理事会代为投资

① 参见程杰《“退而不休”的劳动者：转型中国的一个典型现象》，《劳动经济研究》2014 年第 2 卷第 5 期。

② 《中华人民共和国国民经济和社会发展第十三个五年规划纲要》中明确提出“出台渐进式延迟退休年龄政策”。

③ 参见郭凯明、颜色《延迟退休年龄、代际收入转移与劳动力供给增长》，《经济研究》2016 年第 6 期。

④ 参见马双、孟宪芮、甘犁《养老保险企业缴费对员工工资、就业的影响分析》，《经济学》（季刊）2014 年第 13 卷第 3 期。陶纪坤、张鹏飞：《社会保险缴费对劳动力需求的“挤出效应”》，《中国人口科学》2016 年第 6 期。

⑤ 参见中华人民共和国人力资源和社会保障部《关于适当扩大失业保险基金支出范围试点有关问题的通知》（2006 年 1 月 11 日），2014 年 7 月 17 日，人力资源和社会保障部门户网站（http://www.mohrss.gov.cn/gkml/xxgk/201407/t20140717_136169.html）。

的地方养老基金，都会进入资本市场。一方面，这为资本市场提供了长期稳定的大额资金。截至2015年年底，全国社会保障基金资产总额达19138.21亿元，其中境内投资占94.07%，境外投资占5.93%；2015年，企业年金有9260.30亿元进入资本市场投资；截至2017年3月，全国社会保障基金理事会与7省市签订了协议，委托管理地方的养老基金结余3600亿元，已到账1370亿元。[①] 由于全国社会保障基金（储备基金）以及与养老保险相关的企业年金和地方养老基金结余都追求的是较长期的收益，这有利于中国资本市场的健康发展。另一方面，这促进了金融机构的竞争，对资本市场发展有益。例如，对于企业年金，金融机构会竞争受托人、账户管理人、托管人和投资管理人的资格，这些资格由人社部认定，需在人员、资产和风控制度等方面符合条件。[②] 此外，上述资金对安全性的要求较高，这会使政府加强监管，推动资本市场相关政策措施的完善。

综上所述，通过对消费、储蓄、劳动力市场、资本市场和收入分配等方面的影响，现代社会保险制度对经济增长及经济发展产生深远影响。

---

① 参见全国社会保障基金理事会《2015年全国社会保障基金理事会基金年度报告》，2016年6月3日，全国社会保障基金理事会门户网站（http：//www.ssf.gov.cn/cwsj/ndbg/201606/t20160602_7079.html）；中华人民共和国人力资源和社会保障部《2015年度全国企业年金基金业务数据摘要》，2016年3月31日，人力资源和社会保障部门户网站（http：//www.mohrss.gov.cn/gkml/xxgk/201603/t20160331_236972.html）。

② 参见中华人民共和国人力资源和社会保障部《企业年金基金管理机构资格认定暂行办法》（2004年12月31日），2016年1月18日，人力资源和社会保障部门户网站（http：//www.mohrss.gov.cn/syrlzyhshbzb/zcfg/flfg/gz/201601/t20160118_232008.html）；中华人民共和国人力资源和社会保障部《关于修改部分规章的决定》，2015年4月30日，人力资源和社会保障部门户网站（http：//www.mohrss.gov.cn/gkml/xxgk/201505/t20150511_160760.html）。

第三节 中国社会保险制度的模式：以再分配为主、商业性为辅

一 社会保险与商业保险的差别

从世界各国的情况来看，社会保险和商业保险是提供风险保障服务的两大主体，而且，商业保险的产生早于社会保险。虽然难以考证商业保险产生的具体时间，但现存最早的一份商业保险合同是1347年在意大利签署的，这说明至少那时就已经存在商业保险了。[①] 而社会保险的出现，以德国1883年《疾病保险法》为标志。在中国，也是社会保险与商业保险并存，而且商业保险发展更早。1805年，中国成立了第一家外商保险公司，并于1949年成立中国人民保险公司。[②] 而社会保险的雏形是1951年建立的劳动保险。

一个值得思考的问题是，既然有商业保险提供风险保障，为什么还要建立社会保险制度呢？虽然两者都有分散风险的功能，都具备互济性，但两者存在本质差别。

其一，两者产生的历史渊源不同。商业保险包括各类财产保险和人身保险，需缴纳较高的保费，才能得到较好的保障。在工业化发展过程中，机器给工人带来的人身伤害风险大大增加，但众多普通工人因为贫困而无力承担商业保险较高的保费，无法得到有效保护，正是

---

① 参见何文炯《社会保险转型与商业保险发展》，《保险研究》2010年第7期。

② 参见丁霞《中国近代保险史研究的两个难题》，《保险研究》2015年第11期。

在这种背景下，社会保险才在德国工人运动中产生。[①] 而且，社会保险的内容中，并无财产类保险项目。这也说明社会保险和商业保险的性质不同，社会保险主要是劳动者的保险和权益。

其二，两者的目标不同。从劳动者的角度来看，两者虽然都起到保护的作用，但其目标存在根本差异。社会保险的目标是保护劳动力再生产、维持社会稳定以及推动经济发展。从德国和美国的历史来看，社会保险制度既是一种社会制度，也是一种经济制度；在中国，社会保险服务于“共同富裕”这个终极目标。而商业保险最重要的驱动力仍然是追求利润，社会稳定和经济发展只是商业保险在追求利润过程中所产生的正外部性。

其三，两者的社会性程度不同。社会保险一般是强制参与，覆盖对象是全体公民，因此可将风险在最广泛的范围内分散。而商业保险是一种单纯的经济活动，不具有强制性，虽然也面向全体公民，但是自愿参与，实际覆盖的群体相对较小。

其四，两者的运行和责任主体不同。社会保险往往由政府经办，不仅由政府立法制定运行框架，也由政府负责具体的筹资、支出和监督管理等工作。政府还作为最后的责任人，为社会保险资金兜底。而对于商业保险，政府仅有立法和监督的职责，具体的运行由商业保险公司负责，而且政府不承担最后的财务责任。

其五，两者的再分配性质不同。社会保险不仅在发生风险和未发生风险的参保者之间进行利益的分配，也对收入水平不同的参保者进行直接的收入再分配。另外，社会保险也影响代际收入平等。而商业

---

① 参见葛蔓《社会保险同商业保险不容混淆》，《中国劳动科学》1993 年第 8 期。

保险仅在发生和未发生意外事故的参保者之间进行互济，不进行直接的收入调节，也不涉及不同代之间的再分配。不同于社会保险，商业保险不能作为收入再分配、调整收入差距的手段。换言之，公平和效率都属于社会保险考虑的范畴，而商业保险只追求效率。

其六，两者的收支水平不同，这是由两者的其他差异性特征决定的。一方面，从收入来看，社会保险的资金往往来自单位、个人和政府，而且一般会设定统一的缴费率；而商业保险仅由参保者缴费，而且根据参保者的不同情况（如健康等），会设置不同的保费水平。另一方面，从支出来看，社会保险一般提供的是基本保障，而商业保险可根据参保者的保费档次提供不同水平的保障。一般而言，商业保险的保障水平高于社会保险。

此外，商业保险中存在逆向选择等市场失灵，社会保险是政府干预、应对保险市场失灵的一个重要手段。特别是在市场机制不完善、市场经济不成熟的国家，社会保险对市场失灵的修正尤为必要。

二　计划经济时期社会保险与商业保险的关系

正是由于社会保险和商业保险存在上述实质性差别，两者有共存的合理性和必然性，但又不能互相替代。从中国的情况来看，更是如此。在计划经济时期，中国社会保险制度的建立和发展，弥补了商业保险发展的缺位和不足。

具体而言，新中国成立后，随着国家在保险行业产权改造任务的完成，商业保险基本消失。其标志是 1958 年全国财贸会议的决定："人民公社化后，保险工作的作用已经消失，除国外保险业务继续办理外，国内保险业务应立即停办。"[①] 直到启动经济体制转型改革，商业保险才重新恢复起来。也就是说，在1958—1979年这20多年期间，中国的商业保险处于空白期。

而且，在计划经济时期，商业保险的主要作用是增强财政的后备力量，为经济提供安全保障。当时的保险机构实际上是财政的附属机构，保险业务主要针对企业，而且带有一定的强制性。从这一点来看，当时的商业保险其实并不是严格意义上的商业保险，更不是社会保险，它是计划经济规划下的产物。[②]

即便在商业保险业务恢复后，初期的目的也仍是为国家积累资金，为财政减负。例如，1979年，政府提出要"开展保险业务，为国家积累资金，为国家和集体财产提供经济补偿"，"为了使企业和社队发生意外损失时能及时得到补偿，而又不影响财政支出……逐步恢复国内保险"[③]，"国内保险业务恢复办理后，过去企业发生意外损失统一由财政解决的做法需要作相应改变"[④]。

直到1982年，中国人民保险公司才开始恢复办理人身保险业务。此后，随着社会主义市场经济改革的推进，保险需求不断增加，商业保险快速发展起来。

---

① 肖文、谢文武：《国家在保险制度变迁中的地位和作用》，《浙江大学学报》（人文社会科学版）2003年第33卷第1期。

② 参见肖文、谢文武《国家在保险制度变迁中的地位和作用》，《浙江大学学报》（人文社会科学版）2003年第33卷第1期。

③ 国务院：《国务院批转中国人民银行全国分行行长会议纪要》，《中国金融》1979年第2期。

④ 吴定富：《1979年11月27日我国决定恢复国内保险业务》，2009年11月25日，中国网（http://www.china.com.cn/aboutchina/txt/2009-11/25/content_18951984.htm）。

通过分析中国商业保险的上述发展历程，可以发现，在计划经济时期，商业保险不仅有真空期，也缺乏对个体尤其是劳动者的风险保护。在此背景下，社会保险制度的建立显得尤为重要。纵观整个计划经济时期，可以明显看出，社会保险和商业保险各有分工，前者保护了劳动者的基本生活，后者为企业的发展提供了必要的保障，两者呈相互补充的关系。

三　社会主义市场经济时期的社会保险与商业保险

在经济体制转型的大环境下，计划经济时期的社会保险制度不再适应经济发展的需要。经过多年的探索与改革，中国建立了现代的社会保险制度。与此同时，商业保险也蓬勃发展。那么，在社会主义市场经济时期，又应如何看待社会保险和商业保险的关系呢？

1993年的《中共中央关于建立社会主义市场经济体制若干问题的决定》中明确指出："发展商业性保险业，作为社会保险的补充。"这是因为，社会保险提供的是基本水平的保障，通过总结发达国家的经验教训，为了避免"福利病"和"养懒汉"所带来的效率损失，中国的现代社会保险制度明确了"保基本"的基本原则①；而现实中，部分个体可能会有高于基本生活保障的需求，对于这类需求，应

① 参见中华人民共和国中央人民政府《中华人民共和国社会保险法》，2010年10月28日，中央人民政府门户网站（http://www.gov.cn/zxft/ft209/content_1748773.htm）；胡锦涛《坚定不移沿着中国特色社会主义道路前进　为全国建成小康社会而奋斗——在中国共产党第十八次全国代表大会上的报告》，《人民日报》2012年11月9日第2版。

由商业保险予以满足，只要有意愿的个体缴纳足够多的保费，商业保险就可以为他们提供高水平的保障，这时由市场机制发挥主要作用。

社会保险和商业保险的这种分工和定位，意味着在基本保障这个层面，社会保险对商业保险有一定的“挤出”效应，强制性的社会保险不可避免地会减少个体对商业保险基本保障层面的需求。[①] 而这是由社会主义本质决定的。“共同富裕”要求对初次分配结果进行合理的再分配，而与商业保险相比，社会保险具有普遍性、强制性、再分配性。而且，在社会主义初级阶段，保险市场尚不完善，商业保险存在较为普遍的市场失灵现象。因此，应以社会保险为主体，商业保险为补充。

四 以再分配为主、商业性为辅的模式

总体来看，在计划经济时期，受“平均主义”的影响，社会保险制度呈现出极强的再分配性，这一时期商业保险地位较弱。在社会主义市场经济时期，现代社会保险制度也是以再分配为主、商业性为辅。

在现代社会保险制度中，从基本保险来看，养老保险和医疗保险是部分积累制，采取社会统筹与个人账户相结合的方式，既有再分配性质，也有一定的积累性，但再分配性质明显更强；而失业保险、工伤保险和生育保险是现收现付制（pay as you go system），完全是再分

① 参见何文炯《社会保险转型与商业保险发展》，《保险研究》2010 年第 7 期。

配性质。[①]

除了基本保险以外，还有单位的补充保险，包括补充养老保险和补充医疗保险。这些补充保险秉持自愿原则，单位自愿设立，职工自

---

① 关于养老保险，参见国务院《国务院关于建立统一的企业职工基本养老保险制度的决定》(1997 年 7 月 16 日)，2002 年 2 月 28 日，人民网 (http://www.people.com.cn/GB/shizheng/252/7486/7498/20020228/675965.html)。参见中华人民共和国中央人民政府《国务院关于开展城镇居民社会养老保险试点的指导意见》(2011 年 6 月 7 日)，2011 年 6 月 13 日，中央人民政府门户网站 (http://www.gov.cn/zwgk/2011-06/13/confent_1882801.htm)。参见中华人民共和国中央人民政府《国务院关于开展新型农村社会养老保险试点的指导意见》(2009 年 9 月 1 日)，2009 年 9 月 4 日，中央人民政府门户网站 (http://www.gov.cn/zwgk/2009-09/04/content_1409216.htm)。

关于医疗保险，参见中华人民共和国中央人民政府《国务院关于建立城镇职工基本医疗保险制度的决定》(1998 年 12 月 14 日)，2005 年 8 月 4 日，中央人民政府门户网站 (http://www.gov.cn/banshi/2005-08/04/content_2025b.htm)。参见中华人民共和国中央人民政府《国务院关于开展城镇居民基本医疗保险试点的指导意见》(2007 年 7 月 10 日)，2007 年 7 月 24 日，中央人民政府门户网站 (http://www.gov.cn/zwgk/2007-07/24/content_695118.htm)。参见中华人民共和国中央人民政府《国务院办公厅转发卫生部等部门关于建立新型农村合作医疗制度意见的通知》(2003 年 1 月 16 日)，2005 年 8 月 12 日，中央人民政府门户网站 (http://www.gov.cn/zwgk/2005-08/12/content_21850.htm)。

关于失业保险，参见中华人民共和国中央人民政府《失业保险条例》(1999 年 1 月 22 日)，2005 年 8 月 4 日，中央人民政府门户网站 (http://www.gov.cn/banshi/2005-08/04/content_20258.htm)。

关于工伤保险，参见中华人民共和国人力资源和社会保障部《企业职工工伤保险试行办法》(1996 年 8 月 12 日)，2012 年 8 月 22 日，北京市人力资源和社会保障局门户网站 (http://www.bjrbj.gov.cn/LDjAPP/search/zxfgdetail.jsp? no=201208220926166374)。参见中华人民共和国中央人民政府《工伤保险条例》(2003 年 4 月 27 日)，2005 年 8 月 4 日，中央人民政府门户网站 (http://www.gov.cn/banshi/2005-08/04/content_20263.htm)。

关于生育保险，参见中华人民共和国中央人民政府《企业职工生育保险试行办法》(1994 年 12 月 14 日)，2005 年 8 月 21 日，中央人民政府门户网站 (http://www.gov.cn/banshi/2005-08/21/content_25067.htm)。

愿参与。补充保险没有社会再分配的功能，体现为补充养老保险（企业年金和职业年金）采取个人账户、完全积累的方式，职工的权利与义务完全对应，没有再分配性质[①]；补充医疗保险虽然并不采取个人账户的方式，但只是在单位内部进行互济，其资金并不能在全社会范围内统筹使用，因而缺乏社会化的再分配功能。[②] 此外，商业保险也起到补充保险的作用。但正如前文所述，商业保险的再分配功能极其有限。

因此，在现代社会保险制度中，基本保险具有很强的再分配性，补充保险（无论单位还是保险公司设立）没有再分配功能。而基本保险占据主体地位，使整个制度呈现出以再分配为主、商业性为辅的特征。从整体收支来看，基本保险的规模远远超过商业保险（见图 1－3 和图 1－4）。[③]

进一步地以养老保险为例展开分析。2014 年，中国有 34124 万人参加了城镇职工基本养老保险，50107 万人参加了城乡居民的基本养

---

① 参见中华人民共和国中央人民政府《企业年金试行办法》，2004 年 1 月 6 日，中央人民政府门户网站（http：//www.gov.cn/gongbao/content/2004/content_62935.htm）；中华人民共和国中央人民政府《国务院办公厅关于印发机关事业单位职业年金办法的通知》(2015 年 3 月 27 日)，2015 年 4 月 6 日，中央人民政府门户网站（http：//www.gov.cn/zhengce/content/2015－04/06/content_9581.htm）。

② 参见中华人民共和国财政部《财政部劳动保障部关于企业补充医疗保险有关问题的通知》，2002 年 5 月 21 日，财政部门户网站（http：//www.mof.gov.cn/zhengwnxinxi/caizhengwengao/caizhengbuwengao2002/caizhengbuwengao200212/200805/t20080519_21170.html）。

③ 商业保险的收支，也包括财产保险公司的情况，但由于财产保险的对象和性质与社会保险完全不同，不具备可比性，这里只比较商业寿险与社会保险的情况。另外，在商业寿险中，80%左右属于理财产品，余下约 20%才是传统保险，才与社会保险的作用可比，如果考虑到这一点，商业保险的收支规模会更小。

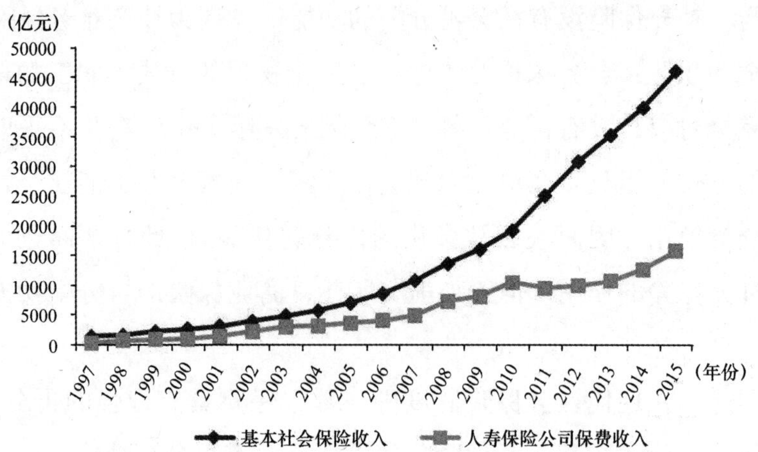

图1-3　基本社会保险收入与人寿保险公司保费收入

资料来源：中华人民共和国国家统计局“年度数据”，2016 年，中国国家统计局门户网站（http：//data. stats. gov. cn/easyquery. htm？cn = C01）。

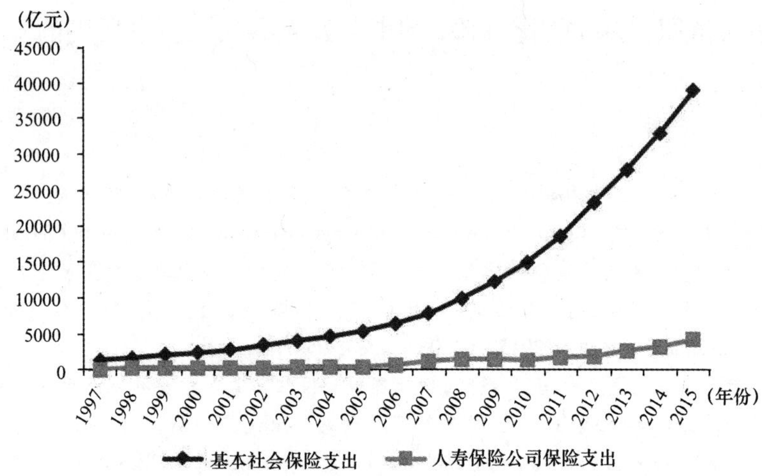

图1-4　基本社会保险支出与人寿保险公司保险支出

资料来源：中华人民共和国国家统计局“年度数据”，2016 年，国家统计局门户网站（http：//data. stats. gov. cn/easyquery. htm？cn = C01）。

老保险，基本养老保险基金的收入达 27620 亿元，支出达 23326 亿元，累计结余达 35645 亿元。[①] 而当年企业年金覆盖的职工人数仅为 2293 万人，远远少于基本养老保险的覆盖人数，企业年金的累计结余为 7689 亿元，也低于基本养老保险。[②] 从商业养老保险的情况来看，当年的保费收入约为 2538 亿元[③]，还不到基本养老保险基金收入的 10%。另外，2015 年一项针对中国各地 2000 名居民的问卷调查结果显示，在退休收入来源中，75% 的居民选择了社会养老保险，65% 选择了个人商业养老保险，仅有 15% 选择了企业年金；而且，41% 的居民认为，社会养老保险是其最重要的退休收入来源。[④] 由此可见，基本养老保险是养老保险制度的主要支柱。

◇第四节　社会保险制度的基本要素

一　法律体系

社会保险制度的法律体系，包括立法和司法两方面的内容。立法是社会保险制度建立和发展的法律依据。由于社会保险具有强制性，所以，立法十分必要，它是社会保险制度有效运行的前提条件。而司

---

① 参见人社部《2014 年度人力资源和社会保障事业发展统计公报》，2015 年 5 月 28 日，人社部门户网站（http://www.mohrss.gov.cn/SYrlzyhshbzb/dongtaixinwen/buneiyaowen/201505/t20150528_162040.htm）。

② 同上。

③ 参见郑秉文《第三支柱商业养老保险顶层设计：税收的作用及其深远意义》，《中国人民大学学报》2016 年第 1 期。

④ 参见清华大学和同方全球人寿保险有限公司《2015 中国居民退休准备指数调研报告》，2015 年 12 月 9 日，搜狐财经网站（http://business.sohu.com/20151209/n430552992.shtml）。

法是相关法律能够有效实施的重要保证。

联合国的《经济、社会、文化权利国际公约》第九条指出："本公约缔约各国承认人人有权享受社会保障，包括社会保险。"中国1954年颁布的第一部宪法（俗称"五四宪法"）也规定："劳动者在年老、疾病或者丧失劳动能力的时候，有获得物质帮助的权利。国家举办社会保险、社会救济和群众卫生事业，并且逐步扩大这些设施，以保证劳动者享受这种权利。"只有完善立法，才能使人民的社会保险权利从应然权利转化为法定权利进而转化为现实权利。①

从世界范围来看，立法先行是各国建立并发展社会保险制度的普遍规律。社会保险立法主要有两种模式：一是分散立法，制定多部针对单个保险项目的法律，它们之间是并列关系；二是综合立法，制定一部集多个保险项目为一体的法律。德国1883年的《疾病保险法》、1884年的《工伤事故保险法》和1889年的《老年和残障保险法》，日本1911年的《工伤保险法》、1938年的《国民健康保险法》、1941年的《雇员年金保险法》以及1947年的《失业保险法》，都属于分散立法模式。而美国1935年的《社会保障法》和智利1924年的《社会保险法》，就是综合性法律。

两种立法模式各有优缺点。分散立法比较灵活，易于调整，但也容易产生重复和矛盾。国际劳工局建议："分散的社会保障法律应综合并尽可能汇集起来，法律应当用最清晰的合理的语言来起草。"②1970年，原本采用分散立法模式的德国启动了《社会法》法典编纂工作，将社会保险的相关法律纳入其中，使其系统化。③中国的社会

---

① 参见杨思斌《中国社会保险法制建设述评》，《财贸研究》2007年第3期。

② 国际劳工局：《展望二十一世纪：社会保障的发展》，劳动人事出版社1988年版，第77页。

③ 参见朱绍中《联邦德国的社会保险制度》，《同济大学学报》（人文社会科学版）1994年第S1期。

保险立法也经历了一个从综合到单一再到综合的过程（见表 1－2）。1951 年，中国政府发布《劳动保险条例》，包括养老、医疗、生育和工伤等保险内容，是计划经济时期社会保险制度的法律基础。在经济体制转型期，中国政府对各项社会保险逐一进行改革，发布一系列针对单项社会保险的政策文件，在多年的改革后，制定了综合的、统一的、立法层次高的《社会保险法》，规范了各项社会保险的共性内容，如保险对象、保险内容、资金来源、资金使用、受益条件、资金管理等，为中国现代社会保险制度确立了一个统一的法律框架。

表 1－2　　中国社会保险法律体系概览

保险项目		法律体系
综合性法律法规		1951 年，《中华人民共和国劳动保险条例》； 2010 年通过、2011 年实施《中华人民共和国社会保险法》
养老保险	城镇职工基本养老保险	1997 年，《关于建立统一的企业职工基本养老保险制度的决定》； 1998 年，《关于实行企业职工基本养老保险省级统筹和行业统筹移交地方管理有关问题的通知》； 2001 年，《关于完善城镇职工基本养老保险政策有关问题的通知》； 2005 年，《关于完善企业职工基本养老保险制度的决定》《关于扩大做实企业职工基本养老保险个人账户试点有关问题的通知》； 2007 年，《关于推进企业职工基本养老保险省级统筹有关问题的通知》

续表

保险项目		法律体系
养老保险	城镇居民社会养老保险	2011年，《关于开展城镇居民社会养老保险试点的指导意见》
	新型农村社会养老保险	2009年，《关于开展新型农村社会养老保险试点的指导意见》； 2014年，《关于建立统一的城乡居民基本养老保险制度的意见》
医疗保险	城镇职工基本医疗保险	1998年，《关于建立城镇职工基本医疗保险制度的决定》； 2002年，《关于加强城镇职工基本医疗保险个人账户管理的通知》《关于妥善解决医疗保险制度改革有关问题的指导意见》； 2003年，《关于进一步做好扩大城镇职工基本医疗保险覆盖范围工作的通知》《关于城镇灵活就业人员参加基本医疗保险的指导意见》
	城镇居民基本医疗保险	2007年，《关于开展城镇居民基本医疗保险试点的指导意见》
	新型农村合作医疗	2003年，《关于建立新型农村合作医疗制度的意见》； 2016年，《关于整合城乡居民基本医疗保险制度的意见》
失业保险		1999年，《失业保险条例》； 2005年，《关于切实做好国有企业下岗职工基本生活保障制度向失业保险制度并轨有关工作的通知》； 2008年，《关于进一步做好失业保险和最低工资有关工作的通知》

续表

保险项目	法律体系
工伤保险	2003 年，《工伤保险条例》《关于贯彻落实工伤保险条例的通知》《工伤认定办法》《关于工伤保险费率问题的通知》； 2004 年，《关于铁路企业参加工伤保险有关问题的通知》； 2005 年，《关于做好煤矿企业参加工伤保险有关工作的通知》《关于事业单位、民间非营利组织工作人员工伤有关问题的通知》《关于贯彻〈安全生产许可证条例〉做好企业参加工伤保险有关工作的通知》
生育保险	1994 年，《企业职工生育保险试行办法》； 2004 年，《关于进一步加强生育保险工作的指导意见》

注：这里的法律体系采用广义，包括法律、法规、规章和规范性文件等。

资料来源：笔者整理。

二 保险对象

社会保险是公民的基本权利[①]，社会保险应覆盖全体公民。从世界各国的情况来看，确实如此。不过，不同保险项目可能会针对不同的群体，而且覆盖面逐步扩大，最终实现全覆盖。例如，第二次世界大战后，法国建立了医疗保险，基本覆盖城市企业职工等各类就业人员，1960 年又将农业从业人员纳入保险范围，1966 年进一步覆盖了非农业部门的非就业人员，1975 年首次失业的青年失业者也可享受医疗保险

① 参见联合国《经济、社会、文化权利国际公约》，1966 年 12 月 16 日，联合国人权事务门户网站（http：//www. un. org/chinese/hr/issue/esc. htm）。

待遇。经过50多年的逐步完善，法国的医疗保险覆盖了全体公民。①

对于中国现代社会保险制度，2010年通过、2011年实施的《社会保险法》规定了“广覆盖”的基本原则。2012年，中共十八大报告把过去的“广覆盖”改为“全覆盖”。也就是说，社会保险要覆盖全体公民。经过多年的发展，中国的社会保险已实现制度上的“全覆盖”，各项社会保险项目覆盖了城乡所有群体。以养老保险为例，城镇职工基本养老保险，其保险对象是城镇各类企业职工、个体工商户和灵活就业人员②；城镇居民社会养老保险，其保险对象是不符合职工基本养老保险参保条件的城镇非从业居民③；新型农村社会养老保险，其保险对象是未参加城镇职工基本养老保险的农村居民。④这三项养老保险覆盖了城乡所有就业、未就业的人群。

然而，制度上的“全覆盖”并不意味着参保人员“全覆盖”。从图1－5可以看出，虽然在制度上，所有城镇就业人员都应参加城镇职工基本养老保险，但实际上并不是所有就业人员都参保。虽然城镇职工基本养老保险的参保率（参加该项养老保险的就业人员与城镇所有就业人员之比）逐年提高，从1997年的41.7%提升至2015年的

---

① 参见曹俊山、孙国桢《国际医疗保障制度全民覆盖情况的比较研究》，《中国卫生资源》2007年第6期。

② 参见中华人民共和国中央人民政府《国务院关于完善企业职工基本养老保险制度的决定》（2005年12月3日），2005年12月14日，中央人民政府门户网站（http://www.gov.cn/zwgk/2005－12/14/content_127311.htm）。

③ 参见中华人民共和国中央人民政府《国务院关于开展城镇居民社会养老保险试点的指导意见》（2011年6月7日），2011年6月13日，中央人民政府门户网站（http://www.gov.cn/zwgk/2011－06/13/content_1882801.htm）。

④ 参见中华人民共和国中央人民政府《国务院关于开展新型农村社会养老保险试点的指导意见》（2009年9月1日），2009年9月4日，中央人民政府门户网站（http://www.gov.vn/zwgk/2009－09/04/content_1409216.htm）。

64.9%，但是与“应保尽保”（100%的参保率）还有很远的距离。《中华人民共和国国民经济和社会发展第十三个五年规划纲要》（简称“十三五”规划，2016—2020年）指出，在“十三五”期间，要“实施全民参保计划，基本实现法定人员全覆盖”。

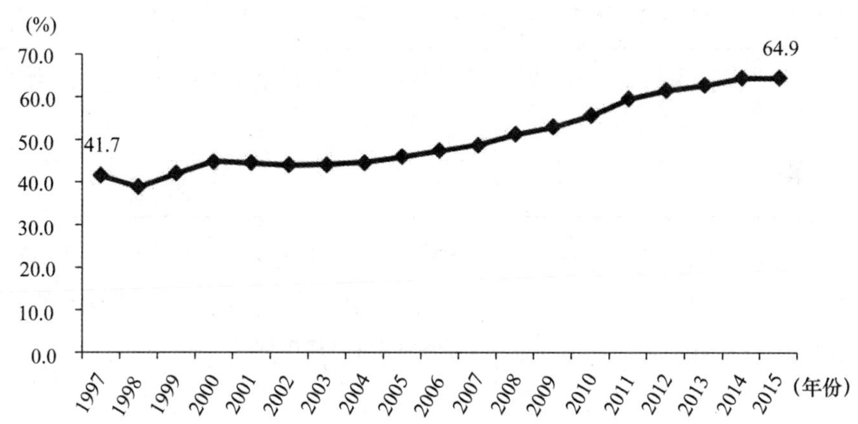

图1-5 城镇职工基本养老保险的参保率

资料来源：中华人民共和国国家统计局“年度数据”，2016年，国家统计局门户网站（http://data.stats.gov.cn/easyquery.htm? cn=C01）。笔者根据原始数据自行计算。

三 资金来源

社会保险制度的资金主要来源于用人单位、个人和政府，不同国家、不同社会保险模式下，三方承担的比例不同。例如，在英国等福利国家，政府对社会保险出资较多；而在德国和美国等保险型国家，较为强调参保者权利与义务的对应以及社会保险制度自身的财务平衡，所以单位与个人出资较多，财政支持较少。不过，各国政府都对社会保险制度负有财务兜底责任，当社会保险制度收不抵支、难以继续运转时，财政会填补缺口。[①]

在计划经济时期，中国社会保险的资金表面上来源于企业，实际上全部由财政支持。在社会主义市场经济时期，用人单位和个人承担了较大的出资责任，具体比例因保险项目而异。

表 1－3　中国城镇职工社会保险缴费率（截至 2015 年 10 月，单位：%）

	养老保险	医疗保险	失业保险	工伤保险	生育保险	合计
企业	20	6	2	1	1	30
职工	8	2	1	0	0	11

注：表中数字展示的是中国城镇职工社会保险自制度建立至 2015 年 10 月之间的法定缴费率，来源于中国中央政府的相关政策文件。2015 年 10 月以后，工伤保险的平均缴费率从 1% 降至 0.75%，生育保险的缴费率从 1% 降至 0.5%。

对于城镇职工社会保险，企业的缴费率（企业缴费与工资总额之比）是 30%，职工个人缴费率（个人缴费与个人工资之比）是 11%，合计 41%（见表 1－3）。这一缴费率水平，高于大部分经济合作与发展组织（Organization for Economic Co－operation and Development，OECD）国家（见表 1－4）。OECD 的平均缴费率是 27.4%，比中国低了 13.6 个百分点。从企业和职工的负担来看，在大多数 OECD 国家都是企业出资比例更大。中国的企业缴费率高于 OECD 的平均水平，而个人缴费率与 OECD 的平均水平相差不大。不过，最终企业和

① 需要注意的是，社会保险的资金来源不能与社会保障的资金来源相混淆。除了社会保险以外，社会保障还包括社会救助和社会福利，而这两项一般有财政支持，单位和个人不缴费。因此，从资金结构来看，社会保障的财政出资占比要高于社会保险。

职工的负担还取决于企业转嫁社会保险缴费的能力。①

表 1-4　　中国与 OECD 国家的职工社会保险缴费率

（2014—2016 年，单位：%）

国家	合计	企业	职工	国家	合计	企业	职工
中国	41	30	11	日本	19.074	9.837	9.237
澳大利亚	9.5	9.5	0.0	韩国	11.195	6	5.195
奥地利	37.75	20.72	17.03	卢森堡	18.9	9.25	9.65
比利时	23.52	14	9.52	墨西哥	9.4	7.4	2
加拿大	15.382	8.552	6.830	荷兰	28.8	10.3	18.5
智利	20.99	3.35	17.64	新西兰	0②	0	0
捷克	31.78	25.28	6.5	挪威	22.3	14.1	8.2
丹麦	8	0	8	波兰	32.82	19.11	13.71
爱沙尼亚	37.4	33.8	3.6	葡萄牙	34.75	23.75	11
芬兰	30.37	22.52	7.85	斯洛伐克	29.6	20.2	9.4
法国	45.84	32.44	13.4	斯洛文尼亚	38.2	16.1	22.1
德国	37.59	19.445	18.145	西班牙	37.33	31.08	6.25
希腊	29.95	21.05	8.9	瑞典	33.89	26.89	7
匈牙利	41.5	27	14.5	瑞士	26.5	13.25	13.25

① Gruber J., "The Incidence of Mandated Maternity Benefits", *American Economic Review*, 1994, Vol. 84, No. 3, pp. 622-641; Gruber J, "The Incidence of Payroll Taxation: Evidence from Chile", *Journal of Labor Economics*, 1997, Vol. 15, No. S3, pp. S72-S101.

② 在新西兰，社会保险资金全部来源于财政。

续表

国家	合计	企业	职工	国家	合计	企业	职工
冰岛	19.35	15.35	4	土耳其	25	15	10
爱尔兰	12.5	8.5	4	英国	29.75	15.7	14.05
以色列	2.5	2.11	0.39	美国	15.9	8.25	7.65
意大利	39.69	30.5	9.19	OECD 平均	25.2	15.9	9.3

注：表中的缴费率是养老保险（包括老年、遗属和残障保险）、医疗保险、生育保险、工伤保险、失业保险的缴费率之和，不包括家庭津贴的缴费率。

资料来源：Social Security Administration，*Social Security Programs Throughout the World：Asia and the Pacific，2014*；*Social Security Programs Throughout the World：Africa，2015*；*Social Security Programs Throughout the World：The Americas，2015*；*Social Security Programs Throughout the World：Europe，2016.*

在制度设计上，城镇职工社会保险的资金来源主要是企业和个人，两者的缴费率处于较高的水平。在这一缴费率水平下，社会保险基金应能维持自身的财务平衡，财政只起到辅助作用。然而，实际上，城镇职工社会保险的财政补贴较多、增长较快。以养老保险为例（见图1－6）。2015年，城镇职工养老保险的支出（25813亿元）超过了征缴收入（23016亿元），收支缺口达2797亿元，如果没有财政补贴（4716亿元），职工养老保险基金将当期收不抵支。①

① 参见中华人民共和国人力资源和社会保障部《2015年度人力资源和社会保障事业发展统计公报》，2016年6月1日，人力资源和社会保障部门户网站（http：//www.mohrss.gov.cn/syrlzyhshbzb/zwgk/szrs/tjgb/201606/t20160601_241070.html）。

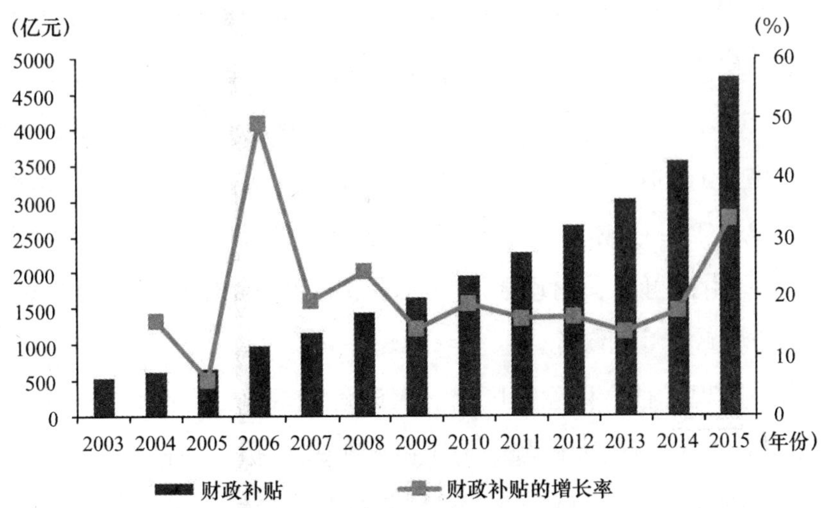

图 1－6 城镇职工养老保险的财政补贴

资料来源：中华人民共和国人力资源和社会保障部《2003 年度劳动和社会保障事业发展统计公报》，2006 年 2 月 7 日，人力资源和社会保障部门户网站（http：//www. mohrss. gov. cn/SYrlzyhshbzb/zwgk/szrs/tjgb/200602/t20060207_ 69900. html）；2004—2016 年《劳动和社会保障事业发展统计公报》，人力资源和社会保障部门户网站（http：//www. mohrss. gov. cn/SYrlzyhshbzb/zwgk/szrs/tjgb）。

不同于城镇职工社会保险，城镇居民和农村居民社会保险的资金筹集在很大程度上依靠财政。居民社会保险制度建立伊始，就明确了个人（或家庭）缴费、集体补助（主要是农村地区）和政府补贴相结合的筹资方式，并且强调了政府补贴的作用。例如，《关于开展新型农村社会养老保险试点的指导意见》指出："政府对符合领取条件的参保人全额支付新农保基础养老金，其中中央财政对中西部地区按中央确定的基础养老金标准给予全额补助，对东部地区给予 50% 的补助。地方政府对参保人缴费给予补贴，补贴标准不低于每人每年 30 元。"中国国家审计署审计发现，2011 年，城镇居民养老保险和新型农村社会养老保险的收入中，财政投入占 58.5%，个人缴费占 36.9%，集体补助占 1.2%，其他占 3.4%；在财政投入中，地方财政占 54.5%，中央财政占 45.5%。同年，城镇居民医疗保险和新型农村合作医疗的收入中，财政投入占 82.1%，个人缴费占 15.8%，其他占 2.1%；在财政投入中，地方财政占 56.8%，中央财政占 43.2%。[①] 由此可见，财政补贴是居民社会保险的最主要资金来源，其中地方财政份额相对较大。

在中国现代社会保险制度中，无论是职工社会保险还是居民社会保险，都对财政有较大依赖。为了减轻财政负担，使社会保险基金健康运转，中国政府一直探索“多渠道筹集社会保险资金”，“完善筹资机制”，“划转部分国有资本充实社会保险基金”。[②]

四 资金使用

（一）现收现付制、基金积累制、部分积累制

多种来源的资金，汇集成社会保险基金。从支出时间来看，社会保险基金的使用主要有三种方式：现收现付制、基金积累制和介于两者之间的部分积累制。其中，现收现付制是当期缴费、当期支出，资

---

① 参见中国审计署办公厅《中华人民共和国审计署审计结果公告（2012 年第 34 号）：全国社会保障资金审计结果》，2012 年 8 月 2 日，审计署门户网站（http：//www. audit. gov. cn/n1992130/n1992150/n1992379/n3071301. files/n3071602. htm）。

② 中华人民共和国中央人民政府：《中华人民共和国社会保险法》2010 年 10 月 28 日，中央人民政府门户网站（http：//www. gov. cn/zxft/ft209/content_1748773. htm）；全国人民代表大会：《中华人民共和国国民经济和社会发展第十三个五年规划纲要》（2016 年 3 月 16 日），2016 年 3 月 17 日，新华网（http：//news. xinhuanet. com/politics/2016lh/2016 – 03/17/c_1118366322. htm）。

金不做积累，追求当期财务平衡；基金积累制是当期缴费、远期支出，资金完全积累，追求长期纵向收支平衡；部分积累制是现收现付制和基金积累制的结合，也就是说，将一部分资金用于当期支出，将余下资金进行积累和投资，用于未来支出。

不同资金使用方式各有优缺点。对于现收现付制，其再分配作用较强，而且管理较为简单，但缴费激励较弱，容易产生逃避费的问题，而且难以应对人口老龄化的挑战。相比之下，基金积累制不受人口年龄结构的影响，积累的资金也有益于资本市场的发展，但其不具有再分配功能，也易受通货膨胀的影响，存在保值增值的风险。

在20世纪80年代以前，受德国的影响，大多数国家的社会保险都采用现收现付制。而从20世纪80年代开始，一些国家对基金积累制进行了探索，比较典型的是智利养老保险的私有化改革。这项改革将智利的养老保险从现收现付制改变为基金积累制，个人缴纳养老保险费，并存入名下的个人账户进行积累，个人账户的资金由私人基金管理公司运营和投资，个人在达到一定年龄和缴费年限后，可以从个人账户中支取养老金。在基金积累制下，参保者的权利和义务完全对等，没有再分配性质。

借鉴国际经验，中国在建立现代社会保险制度时，引入了“社会统筹与个人账户相结合”的部分积累制。具体而言，养老保险和医疗保险实行部分积累制，失业保险、工伤保险和生育保险实行现收现付制。在养老和医疗保险中，社会统筹采用现收现付制，类似于资金的“公共池”，当期缴费（主要是企业缴费和财政补贴）用于发放当期老年人的养老金或报销当期患病者的医疗费用，这部分缴费与待遇的关联不是十分紧密，具有较强的再分配功能。个人账户采用基金积累制，主要由参保者本人的缴费构成，用于支付其本人退休后的养老金或生病时的医疗支出，不用于其他社会成员。根据中国社会保险制度的设计，在部分积累制中，现收现付制的比例较大，基金积累制的成分较少。换言之，社会统筹的份额高于个人账户。例如，在城镇职工基本养老保险中，企业缴费（职工工资的20%）进入社会统筹，个人缴费（工资的8%）进入个人账户。[①] 在城镇职工基本医疗保险中，职工工资的4.2%（单位缴费的70%）划入社会统筹，工资的3.8%（单位缴费的30%和全部个人缴费）划入个人账户。[②]

虽然在制度设计上城镇职工基本养老保险的个人账户是基金积累制，但由于该制度建立初期存在"隐性历史债务"，而且人口老龄化加剧给社会统筹部分的养老金收支平衡带来巨大压力，现实中个人账户的资金并没有真正积累和投资，而是也用于当期老年人的养老金发放，进而造成了个人账户"空转"的现象。[③] 目前，中国已有13个省（自治区、直辖市）开展了做实个人账户的试点。[④] "十三五"期间，中国会继续完善职工养老保险的个人账户制度。[⑤]

---

① 参见中华人民共和国中央人民政府《国务院关于完善企业职工基本养老保险制度的决定》（2005年12月3日），2005年12月14日，中央人民政府门户网站（http://www.gov.cn/zwgk/2005-12/14/content_127311.htm）。

② 参见中华人民共和国中央人民政府《国务院关于建立城镇职工基本医疗保险制度的决定》（1998年12月14日），2005年8月4日，中央人民政府门户网站（http://www.gov.cn/banshi/2005-08/04/content_20256.htm）。

③ 参见赵耀辉、徐建国《我国城镇养老保险体制改革中的激励机制问题》，《经济学》（季刊）2001年第1卷第1期；孙祁祥《"空账"与转轨成本——中国养老保险体制改革的效应分析》，《经济研究》2001年第5期。

④ 试点省（自治区、直辖市）包括辽宁、吉林、黑龙江、天津、山西、上海、江苏、浙江、山东、河南、湖北、湖南和新疆。

⑤ 参见全国人民代表大会《中华人民共和国国民经济和社会发展第十三个五年规划纲要》（2016年3月16日），2016年3月17日，中国人大网（http://www.npc.gov.cn/wxzt/gongbao/2016-07/08/content_1993756.htm）

（二）受益条件

社会成员参加社会保险，并在年老、生病、工伤、失业和生育时享受社会保险的待遇。但是，并不是所有参保者都能享受待遇，这需要一定的条件。除了依规定参保缴费之外，还有其他一些受益条件，以保证社会保险资金的合理使用，维持资金的收支平衡，避免道德风险。

例如，大多数建立了失业保险制度的国家（如英国、美国和德国等），在发放失业保险金时，都会设定“非自愿失业”和“积极寻找工作”的条件。[①] 这是为了避免道德风险，出现“失业陷阱”和“养懒汉”等情况，不仅浪费了大量的失业保险资金，也对劳动力市场产生负面影响。与这些国家相似，中国的失业保险也制定了这些条件，以便在保障失业人员基本生活的同时促进再就业（见表1－5）。

医疗保险也存在道德风险的问题。由于医疗保险会为患者报销一些医疗费用，改变了医疗服务价格，因此患者可能会过度消费，出现“小病大治”等情况，浪费医疗资源和医疗保险资金。[②] 对此，应提高患者的自付比例、采用社会统筹与患者共同保险的方式，来控制患者的道德风险。[③] 应经济体制改革的要求，中国职工的医疗保险制度从几乎免费看病的劳保医疗转变为患者承担一定医疗费用的职工基本

---

① 参见杨斌、丁建定《国外就业保障的发展及对中国的启示——以美国、英国和德国为例》，《理论月刊》2016年第5期。

② Arrow K. J., "Uncertainty and the Welfare Economics of Medical Care", *American Economic Review*, 1963, Vol. 53, No. 5, pp. 941－973. Zweifel P., Manning W. G., "Moral Hazard and Consumer Incentives in Health Care", in Culyer A. J. and Newhouse J. P., eds, *Handbook of Health Economics*, 2000, Vol. 1, pp. 409－459.

③ Manning W. G., Newhouse J. P., Duan N. H., Keeler E. B., Leibowitz A., "Health Insurance and the Demand for Medical Care: Evidence from a Randomized Experiment", *American Economic Review*, 1987, Vol. 77, No. 3, pp. 251－277.

医疗保险，起付线、最高支付限额以及报销比例的设计，相当于增加了职工享受医疗保险待遇的资格条件，建立了患者费用分担机制（见表1－5）。实证研究发现，与计划经济时期的劳保医疗相比，职工基本医疗保险的这种设计有效地遏制了患者的过度消费，减少了道德风险。①

表1－5　　中国社会保险制度的受益条件

保险项目		受益条件
养老保险	城镇职工基本养老保险	（1）达到退休年龄：男60岁、女职工50岁、女干部55岁； （2）缴费累计满15年
	城镇居民社会养老保险	年满60岁（不分性别）
	新型农村社会养老保险	年满60岁（不分性别）
医疗保险	城镇职工基本医疗保险	（1）起付标准以下的医疗费用，由个人账户或个人支付； （2）起付标准以上、最高支付限额以下的医疗费用，由统筹基金报销一定比例，个人支付余下部分； （3）超过最高支付限额的医疗费用，统筹基金不予报销，通过商业保险等途径解决②
	城镇居民基本医疗保险	同上
	新型农村合作医疗	同上③

① 参见黄枫、甘犁《医疗保险中的道德风险研究——基于微观数据的分析》，《金融研究》2012年第5期。

② 起付标准在当地职工年平均工资的10%左右。最高支付限额在制度建立初期是当地职工年平均工资的4倍左右，后来提高为6倍左右。

③ 城镇居民医疗保险和新型农村合作医疗的起付标准、支付比例、最高支付限额，与城镇职工医疗保险不同。

续表

保险项目	受益条件
失业保险	（1）缴费满1年； （2）非自愿失业； （3）已办理失业登记，并有求职要求
工伤保险	通过工伤认定
生育保险	生育

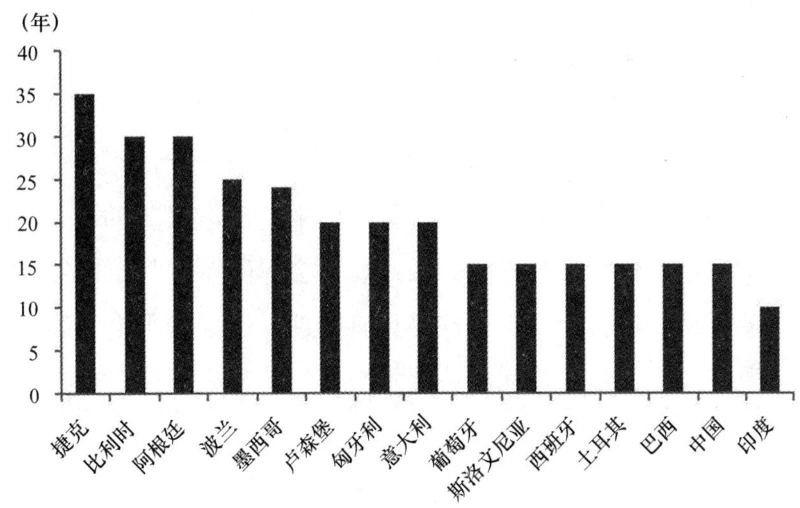

图1－7　中国和部分国家领取养老金的最低缴费年限

资料来源：OECD（2015），*Pensions at a Glance* 2015：*OECD and G20 Indicators*，OECD Publishing，Paris. DOI：http：//dx. doi. org/10. 1787/pension_glance－2015－en。

此外，大部分国家都对养老保险设置了最低缴费年限（见图1－7）。这是因为，一方面，退休人员领取养老金的时间较长，如果缴费年限过短，就会出现权利与义务不对等的情况，也不利于养老保险基金的可持续发展；另一方面，养老金待遇一般与缴费年限挂钩，确保一定的缴费年限，也是为了保障退休人员的养老金待遇不会过低。从图 1 –7 可以看出，与其他国家相比，中国养老保险缴费满 15 年的规定并不苛刻。

（三）待遇水平

对于社会保险制度，待遇水平至关重要。待遇水平的高低，不仅反映了社会保险制度对参保者的保护程度，也反映了制度设计的目标和理念。同时，待遇水平与缴税（费）水平直接相关，也在很大程度上影响社会保险制度的可持续性。

受“福利病”困扰的国家的历史经验表明，社会保险的待遇水平应与经济发展相适应。待遇水平过高，会导致社会保险税（费）过重，进而损害劳动者积极性，同时也易滋生“养懒汉”的现象，大量待遇领取者过于依赖社会保险，最终使社会保险制度甚至国家财政难以持续。另外，社会保险支出往往具有刚性，待遇水平上调容易下调难，因此，应谨慎设定最初的待遇水平。但待遇也不能过低，否则就无法起到很好的保障作用。

中国现代社会保险制度的基本原则之一是“保基本”，即社会保险提供的是基本生活水平的保障。①《社会保险法》也明确提出，“社

---

① 参见中华人民共和国中央人民政府《中华人民共和国社会保险法》2010 年 10 月 28 日，中央人民政府门户网站（http：//www. gov. cn/zxft/ft209/content_1748773. htm）；胡锦涛《坚定不移沿着中国特色社会主义道路前进 为全面建成小康社会而奋斗——在中国共产党第十八次全国代表大会上的报告》，《人民日报》2012 年 11 月 9 日第 2 版。

会保险水平应当与经济社会发展水平相适应”。图 1－8 展示了 1997 年以来中国社会保险支出与人均国内生产总值的动态变化，可以看出，两者的变动趋势十分相近。

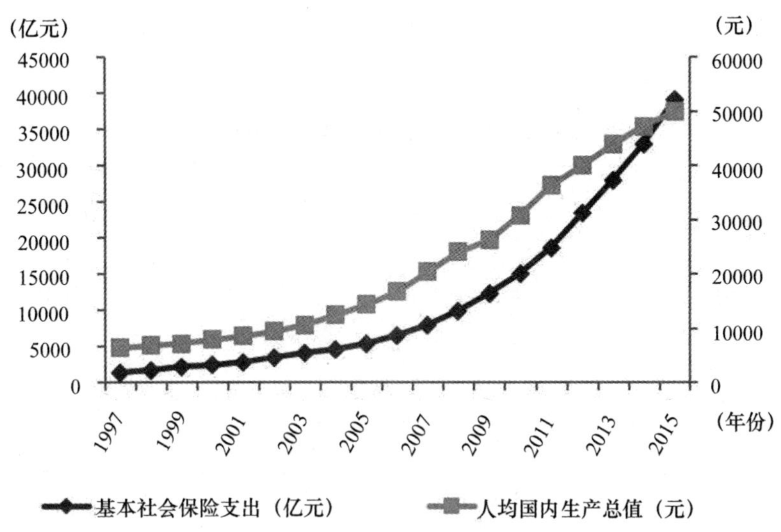

图 1－8　中国社会保险支出与人均国内生产总值

资料来源：中华人民共和国国家统计局，年度数据，2016 年，国家统计局门户网站（http：//data. stats. gov. cn/easyquery. htm？ cn = C01）。

养老保险是社会保险制度的主要组成部分，衡量其待遇水平的一项重要指标是替代率。替代率反映了退休人员退休前后生活水平的变化，反映了养老金对退休生活的保障程度。不同学者对替代率的定义不同，主要有以下四种：（1）退休人员的养老金与其退休前最后一年的工资之比；（2）退休人员的养老金与其退休前终身平均工资之比；（3）退休人员的养老金与其退休前工资最高的一段时间的平均工资之比[①]；（4）退休人员的养老金与在职职工的平均工资之比。[②] OECD采用第二种定义，测算了不同国家的养老保险制度替代率（表1-6）。经比较发现，中国的制度替代率处于较高的水平，比OECD的均值高21.1个百分点，也高于美国、英国、德国、日本和韩国等发达国家的水平。

表1-6　　　　中国和部分国家和地区的养老保险替代率

国家	替代率（%）	国家	替代率（%）
中国	74.0	荷兰	90.5
澳大利亚	44.5	新西兰	40.1
奥地利	78.1	挪威	49.8
比利时	46.6	波兰	43.1
加拿大	36.7	葡萄牙	73.8
智利	32.8	斯洛伐克	62.1
捷克	49.0	斯洛文尼亚	38.4
丹麦	67.8	西班牙	82.1
爱沙尼亚	50.5	瑞典	56.0
芬兰	55.8	瑞士	40.2
法国	55.4	土耳其	75.7
德国	37.5	英国	21.6
希腊	66.7	美国	35.2

① 例如，法国采用这种定义。职工在缴费年限满40年时，可以领取的基本养老金为工作期间工资最高的25年的月平均工资的50%左右。

② 参见王晓军《对我国城镇职工基本养老保险制度收入替代率的定量模拟分析》，《统计研究》2002年第3期；李珍、王海东《基本养老保险目标替代率研究》，《保险研究》2012年第1期。

续表

国家	替代率（%）	国家	替代率（%）
匈牙利	58.7	阿根廷	71.6
冰岛	69.2	巴西	69.5
爱尔兰	34.7	印度	96.5
以色列	61.0	印度尼西亚	13.0
意大利	69.5	俄罗斯	75.2
日本	35.1	沙特阿拉伯	59.6
韩国	39.3	南非	10.5
卢森堡	76.8	OECD 平均	52.9
墨西哥	25.5	欧盟	59.0

注：这里的养老保险替代率，是养老金与个体一生平均收入之比，养老金和收入均未扣除税费，因此是总替代率的概念（gross pension replacement rates），而且是第一支柱的情况，不包括职业年金和个人储蓄。表中数字展示的是个人收入等于社会平均收入的男性的情况，而且是当期就业人员未来替代率的预测值，不是已经退休人员的实际替代率。

资料来源：OECD（2015），*Pensions at a Glance 2015*：*OECD and G20 Indicators*，OECD Publishing，Paris. DOI：http：//dx. doi. org/10. 1787/pension_ glance－2015－en。

五 管理机构

社会保险的管理机构是依法发布并执行有关政策、负责社会保险业务办理、管理社会保险资金的主体。鉴于社会保险的强制性和普遍性等性质，社会保险的管理主体一般是政府部门。

从国际情况来看，一些国家的社会保险管理机构较为集中，如新加坡的中央公积金局。而一些国家的社会保险管理机构相对分散。例如，在德国，劳动和社会事务部负责管理养老保险和工伤保险等事务，联邦卫生部负责医疗保险，联邦劳动服务局则负责失业保险相关事务；在这三个部门下，有很多专设管理机构，负责不同保险项目、不同地区的事务。

中国的社会保险体系，主要由人力资源和社会保障部（以下简称人社部）管理。其中，医疗保险比较特殊，由人社部与国家卫生和计划生育委员会（以下简称卫计委）同时管理。具体而言，城镇的医疗保险（含职工和居民），由人社部负责；而新型农村合作医疗，由卫计委管理。2016 年，国务院发布《关于整合城乡居民基本医疗保险制度的意见》（国发〔2016〕3 号），提出要整合城镇居民基本医疗保险和新型农村合作医疗，建立统一的城乡居民基本医疗保险制度。但文件并未明确整合后的管理权。在各地整合的实践中，大部分省份将整合后的医疗保险管理权划归人社部门，但也有少数地区（如陕西省等）划归卫生部门。[①]

在人社部和卫计委的管辖下，各地设立社会保险经办机构，负责登记、核定基数、缴费、支付待遇、记录、信息公开、咨询等具体事务。其中，关于缴费环节，存在两类征缴机构，即社会保险经办机构和税务部门。[②] 社会保险制度建立后，各地的征缴机构在社会保险经办机构和地税之间有所选择和调整，2002 年以后大体保持稳定，只有少数地区（如宁夏等）的征缴机构发生了变动。根据人社部的资

① 参见金维刚《城乡居民医保整合并归口人社部门统一管理已形成主流趋势》，《中国医疗保险》2016 年第 9 期。

② 参见中华人民共和国中央人民政府《社会保险费征缴暂行条例》（1999 年 1 月 22 日），2005 年 8 月 4 日，中央人民政府门户网站（http://www.gov.cn/banshi/2005-08/04/content_20250.htm）。

料，2016年，北京、天津、山西、吉林、上海、江西、山东、河南、广西、四川、贵州、西藏和新疆13个省份，各项社会保险费（含居民）全部由社会保险经办机构征收；其余18个省份依险种或市县的不同，既有社会保险经办机构征收的部分，也有地税征收的部分。从不同险种的保险费来看，对于城镇职工养老保险，14个省份由社会保险经办机构征收，17个省份由地税征收；对于机关事业单位养老保险，7个省份由地税征收，其余24个省份由社会保险经办机构征收；对于城乡居民养老保险，除内蒙古以外，其余地区都由社会保险经办机构征收；对于城镇职工医疗保险、工伤保险和生育保险，18个省份由社会保险经办机构征收，其余13个省份由地税征收；对于城乡居民医疗保险，27个省份由社会保险经办机构征收，4个省份由地税征收；对于失业保险，14个省份由社会保险经办机构征收，17个省份由地税征收。究竟是由地税征收更有效，还是由社会保险经办机构征收更有效；征缴机构是否应统一，统一到哪个机构等问题，目前存在争论。①

各地征缴的社会保险费形成了社会保障基金，由地方的社会保险经办机构管理，实行属地管理和分账管理。此外，在中央层面，中国还设立了全国社会保障基金，由全国社会保障基金理事会负责管理。全国社会保障基金由中央财政预算拨款、国有资本划转、基金投资收益和以国务院批准的其他方式筹集的资金构成，是社会保障储备基金，用于人口老龄化高峰时期的养老保险等社会保障支出

---

① 参见刘军强《资源、激励与部门利益：中国社会保险征缴体制的纵贯研究（1999—2008）》，《中国社会科学》2011年第3期；彭雪梅、刘阳、林辉《征收机构是否会影响社会保险费的征收效果？——基于社保经办和地方税务征收效果的实证研究》，《管理世界》2015年第6期。

的补充和调剂。[①] 除了运营全国社会保障基金以外，经国务院批准，全国社会保障基金理事会还可以接受省级人民政府的委托，来管理运营地方的社会保障基金。目前，全国社会保障基金理事会已与北京、上海、广东、山东等7个省市签订投资协议，受托投资运营地方养老保险基金。

① 参见中华人民共和国中央人民政府《全国社会保障基金条例》（2016年3月10日），2016年3月28日，中央人民政府门户网站（http：//www.gov.cn/zhengce/content/2016－03/28/content_5059035.htm）。

第二章

世界社会保险制度的发展

◇第一节　世界社会保险制度的发展历程

以1883年德国的《疾病保险法》为标志，世界上建立了第一个正式的社会保险制度。此后，越来越多的国家建立了社会保险制度，社会保险制度不断发展完善。目前，已有179个国家和地区建立了社会保险制度。其发展历程可大致划分为四个阶段：初建期（1883—1934年）、发展期（1935—1947年）、繁荣期（1948—1979年）、改革期（20世纪70年代末至今）。梳理不同阶段的特点，有助于掌握社会保险制度在世界范围内的发展路径。

一　世界社会保险制度的初建期

1883—1934年是世界社会保险制度的初建期。标志性事件是1883年德国颁布了《疾病保险法》，德国成为世界上第一个建立社会保险制度的国家。其后，德国又颁布了《工伤事故保险法》（1884年）和《老年和残障保险法》（1889年）。到19世纪80年代末，德国率先建立了医疗保险、工伤保险和养老保险，为现代社会保险制度提供了一个基本框架。1911 年，德国又将上述三部法律合并编纂为《帝国保险法》。同年，德国还颁布了《职员保险法》。1927 年，德国又颁布了《职业介绍与失业保险法》，建立了失业保险。

在德国的社会保险项目中，雇主和雇员一起缴费，并形成社会保险基金，在雇员发生疾病、工伤事故、年老、失业等风险事件时，由社会保险基金给予补偿。这种制度设计为很多国家后续建立社会保险制度提供了模板，中国就是其中之一。

不过，德国当时的社会保险制度也存在一些问题，一是覆盖面较窄，只为有正常工资收入的工人提供社会保险，很多工资水平较低的工人、临时工和季节工等没有被纳入保险范围；二是限制条件带有政治色彩，积极参加工人运动的工人被排除在制度之外。这与德国当时的经济社会背景和政府建立社会保险制度的初衷有关。当时德国的无产阶级力量强大，工人运动不断，而新兴资产阶级的力量则相对薄弱，为了缓和劳资矛盾、减少工人运动，在德国新历史学派的建议下，政府出台了一系列包括社会保险在内的社会政策。从这个角度来看，德国的社会保险制度是政治斗争的产物，是政府管理社会的政治工具。提高工人福利不是本质目的，只是附带结果。

继德国之后，其他欧洲国家也纷纷出台单项社会保险立法，建立了社会保险制度。例如，丹麦分别于 1891 年、1892 年、1898 年、1907 年建立了养老保险、医疗保险、工伤保险、失业保险。英国分别于 1897 年、1908 年、1911 年、1925 年建立了工伤保险、养老保险、残障保险和医疗保险及失业保险、老年保险和遗属保险。瑞典分别于 1901 年、1913 年、1931 年、1934 年建立了工伤保险、养老保险、医疗保险、失业保险。

二　世界社会保险制度的发展期

1935—1947 年是世界社会保险制度的发展期。标志性事件是 1935 年美国颁布了《社会保障法》（*The Social Security Act*），这是第一部完整的社会保障法，该法建立了一揽子的社会保障制度，其中包含两个社会保险项目，即养老保险和失业保险。不同于德国单项立法，美国的社会保险制度以综合性法律为基础。

而且，美国建立社会保险制度的背景与目的也与德国不同。德国的社会保险制度是面对高涨的工人运动而生，是一种政治工具；而美国的社会保险制度则更多的是一种调控经济的手段。在 1929 年之前，美国崇尚自由主义的理念，认为市场是有效的，政府不应干预经济运行。但 1929 年爆发的经济危机使美国重新审视市场的有效性及政府的作用。凯恩斯主义认为，这次经济危机的根源在于有效需求不足，因为需求不足，所以工厂倒闭、工人失业、贫富两极化，进而进一步导致需求减少，经济陷入恶性循环。1933 年，罗斯福出任美国总统，面对经济萧条、失业猛增的情况，实施了“罗斯福新政”，体现了凯恩斯主义的思想，刺激总需求进而拉动经济回升。其中，建立社会保障制度是“罗斯福新政”的一个重要组成部分，旨在通过增加老年、贫困、失业群体的收入来增加总需求，并在 1935 年进行立法。因此，从总体上看，美国的社会保险制度在建立之初主要起到宏观经济调控、推动经济稳定复苏的作用。

1929 年的经济危机虽然起源于美国，但后来也传导到其他国家，成为世界性的经济危机。主要工业国都面临着有效需求不足的问题。所以，在此时期，很多国家都效仿美国，纷纷采用凯恩斯主义的主张，增加社会保险的支出，包括增加社会保险项目、扩大社会保险覆盖面、提高保障的水平等。例如，日本分别在1938年、1941年、1947年建立了国民健康保险、职工养老保险和失业保险。这个时期，社会保险制度的发展速度很快。

三　世界社会保险制度的繁荣期

1948—1979年是世界社会保险制度的繁荣期，标志性事件是英国在1948年第一个宣布建成了“福利国家”。所谓“福利国家”，根据英国工党在1945年竞选宣言中的表述，就是“使公民普遍享受福利，使国家负担起保障公民福利的责任”。其思想源于1942年的贝弗里奇报告，即《社会保险和相关服务》，其中提出了一套“从摇篮到坟墓”的社会福利制度，包括9种社会保险待遇。这是贝弗里奇在总结英国第二次世界大战前社会问题以及当时社会保险制度弊端的基础上，对战后社会保险制度及相关社会服务的重构方案。1945年，英国工党当选为执政党之后，以贝弗里奇报告的思想为基础，颁布了一系列社会法案，包括《国民保险法》和《国民卫生保健服务法》等，规定了养老、伤残、失业、生育和免费医疗等保险内容，到1948年建成了“福利国家”。

在这个时期，工业国大多加入福利竞赛，提高社会保险的保障水平。继英国之后，瑞典、丹麦、挪威、芬兰、冰岛等北欧国家宣布实施“普遍福利政策”并建成了“福利国家”，北欧模式成为“福利国家”的典范。与此同时，很多发展中国家也纷纷建立了社会保险制度。例如，1952年，印度建立了雇员公积金计划，这是印度最早的养老保险项目。马来西亚在1951年建立了公积金计划，并于1969年建立了综合性的社会保险制度，包括养老保险和工伤保险。埃及在1955年建立了公积金计划，1975年建立了公务员、公共部门和私营部门雇员的养老保险，1978年进一步将移民工人纳入养老保险范畴。在这个时期，社会保险发展成为一项世界性的社会经济制度。

四　世界社会保险制度的改革期

1979年之后，世界社会保险制度进入改革期，标志性事件是1979年英国对社会养老保险进行私有化改革。其实社会保险制度一直处于改革之中，只是在1979年以前，都是“做加法”的改革，即建立或增加社会保险项目、扩大覆盖面、增加社会保险支出等；而在1979年之后，在一些国家继续“做加法”的同时，另一些国家开始“做减法”的改革，主要是对社会保险项目增收减支，或者通过私有化改革来减少政府的责任。

对于“做减法”的改革，主要有两个驱动因素：一是经济增长减速；二是人口老龄化问题凸显。20世纪50—60年代，经济高速增长，社会保险支出也随之大幅增长。但是，1973—1974年的石油危机导致了“滞胀”，经济增长放缓，高水平的社会保险支出与经济发展水平不相适应，给财政带来沉重负担。与此同时，人口老龄化问题开始显现，意味着养老保险和医疗保险的刚性支出将会增加，这也给财政造成巨大压力。此外，高水平保障所产生的“福利病”以及高税收带来的效率损失也饱受诟病。在此背景下，人们对社会保险制度改革的呼声很高，并出现了新自由主义的思潮，主张减少政府干预、减少社会保险支出、减少税收，以提高效率，推动经济增长。

第一个“福利国家”英国率先进行了“做减法”的改革。1979

年，推崇新自由主义的撒切尔夫人执政，对养老保险进行私有化改革。具体是通过税收优惠政策鼓励职工从社会养老保险中退出，加入企业年金计划或建立个人账户。英国的改革掀起了世界范围的私有化改革的浪潮，智利和阿根廷等20多个国家先后对社会保险制度进行了私有化改革。[①] 其中，一些国家对养老保险实行完全的基金积累制（完全私有化），如智利、墨西哥和哥伦比亚等；一些国家则建立了包括现收现付制和基金积累制在内的多支柱养老保险体系，如秘鲁和阿根廷等。1994年，世界银行在《防止老龄危机》的报告中建议各国建立“三支柱”的养老保险制度，包括社会养老保险（公共养老金）、企业年金或个人账户、个人自愿性储蓄。美国的养老保险就是这种“三支柱”模式的典范，即社会养老保险（OASDI）、企业养老金计划（401k）、个人储蓄（IRA）。

在实施新自由主义政策、“做减法”的国家，政府在社会保险方面的作用减小，随后失业率居高不下和贫富两极分化等社会问题十分突出。20世纪90年代开始，继荷兰工党在大选中获胜之后，瑞典、丹麦、芬兰和比利时的社会民主党相继上台，英国工党、法国民主党、德国社会民主党、意大利左翼民主党也开始执政。他们综合了新自由主义和政府干预思想，采取折中的“第三条道路”发展策略，在经济增长和社会公平之间寻找平衡点，强调在社会保险制度中政府和市场应同时发挥作用，政府和个人共同参与。在此背景下，美国的克林顿政府和小布什政府以及英国的布莱尔政府等对本国的社会保险制度进行了改革，包括扩大医疗保险范围、逐步废除固定退休年龄制等。拉美国家也对养老保险制度进行了改革，包括加强第一支柱以及

① 参见李珍《关于社会养老保险私有化的反思》，《中国人民大学学报》2010年第2期。

财政加强对低收入群体的投入等。2005 年，世界银行在《21 世纪的老年收入保障——养老金制度改革国际比较》中，进一步将“三支柱”扩展成“五支柱”，添加了“零支柱”和“第四支柱”。其中，“零支柱”是非缴费型养老金，为低收入老年人提供最低生活保障；“第四支柱”是非正规的养老保障，包括家庭养老、老年医疗服务和住房政策等。

在“做加法”方面，主要是一些新兴市场国家和地区，随着市场经济的发展以及财政收入的增长，投入更多财力建设社会保险制度，如韩国和中国等。以韩国为例，在 1979 年之前，韩国的养老保险只覆盖特殊行业（公务员、军人、私立学校教职工等）。1988 年，韩国建立了国民养老金制度，经过多年的发展，覆盖范围从 10 名职工以上的单位逐步扩展到 18—59 岁的所有国民（除去特殊行业人员仍参加行业养老金制度）。与养老保险相似，韩国的医疗保险覆盖面也逐步扩大，从大企业职工扩展到中小企业职工、政府雇员及个体户，到 1989 年医疗保险实现全民覆盖。

此外，在 2008 年国际金融危机爆发之后，大多数国家都增加了社会保险支出或者减少社会保险缴费，以此来应对金融危机。例如，澳大利亚、法国、智利和孟加拉国等提高了养老金水平，美国、意大利、菲律宾、巴基斯坦和印度等扩大了养老保险和医疗保险的范围，中国、德国和西班牙等减少了社会保险缴费。①

① 参见国际劳工组织《世界社会保障报告 2010/2011》，国际劳工组织出版物，第 113 页。

第二节　典型的社会保险模式

一　国家保险型

国家保险型模式是由苏联创建并在20世纪中期被其他社会主义国家效仿的模式。这种模式的特点主要体现在以下方面：(1) 以生产资料公有制为基础，与高度集中的计划经济体制相适应；(2) 政府和企业承担支出责任，个人无须缴纳社会保险费；(3) 保障对象是全体公民，具有普遍性；(4) 工会参加相关的决策和管理。

这种模式曾经被社会主义国家广泛采用，给人们提供了较好的保护和福利。但随着经济发展，这种模式超过了经济基本面的承受力，经过多年的实践，逐渐随着苏联解体和东欧剧变而被摒弃。

中国在计划经济时期的劳动保险，就属于这种国家保险型模式。虽然由企业运行管理，但最后的出资人实际是政府。而且，不仅参保职工可以享受负伤、残疾、疾病、死亡、养老和生育等保险待遇，其直系亲属也可享受一定的保险待遇。这种政府大包大揽的模式，使财政不堪重负，也在财政紧张时期难以维持正常支出水平，难以提供有效保障。因此，随着市场经济转型和发展，中国转变了政府在社会保险领域承担无限责任的做法，逐步建立了现代社会保险制度，由政府、单位（或村集体）和个人共同承担社会保险出资责任。

二　社会保险型

社会保险型是最早出现的社会保险模式，它源于19世纪80年代的德国，后来被大部分国家采用，既包括美国和日本等发达国家，也包括一些发展中国家。这种模式主要有以下几个特点：（1）以劳动者为核心，围绕着劳动者在年老、疾病、失业、工伤等方面的风险设计社会保险项目；（2）强调责任分担，雇主和劳动者是社会保险缴费的主体，国家财政给予适当补贴，并不大包大揽；（3）强调权利和义务的对等，即劳动者享有的社会保险待遇与其缴费或收入情况相联系，不缴费就无法享受待遇；（4）具有互助共济、风险共担的性质，雇主和劳动者的缴费一般会形成社会保险基金，当某个劳动者发生疾病或工伤等风险事件时，社会保险基金就会为其提供相应的保险待遇，社会保险基金在同一统筹地区的劳动者之间调剂使用；（5）社会保险基金的使用，一般以现收现付制为主，即当期缴费主要用于当期支出，不做长期积累。

从社会保险型模式的起源来看，可以认为它是工业化的产物，是在工业化发展到一定程度、雇主和个人具备一定经济承受力的情况下实行的。具体以德国的养老保险为例说明这种模式的特点。（1）从缴费来看，德国的企业和职工都要缴费，两者的缴费率大体相当，受人口老龄化的影响，从20世纪90年代开始，德国的养老保险缴费率一直呈上升趋势，1993—2000年为17.5%，此后一直保持在19%以上，2007—2011年达到19.9%，近两年有所下降，2015年为18.7%。缴费基数是职工的月税前总收入，存在上限和下限，由联邦政府根据上一年职工工资水平来确定。（2）从养老金待遇来看，德国的养老保险实行现收现付制，当期企业和职工的缴费用于发放当期退休人员的养老金，体现了互助共济性。养老金的数额，与退休人员在退休前的工资点数、实时养老金值和类型指数有关。其中，工资点数体现了权利和义务对等的原则，参保人的缴费工资越高，缴费年限越长，工资点数就越高。实时养老金值由联邦政府确定，与上两年社会平均工资、缴费率及人口结构有关。类型指数则反映了参保人的身体和家庭状况。（3）不仅养老金的水平与缴费有关，受益条件（或领取养老金的资格）也和缴费有关，这充分体现了权利与义务对等的特点。其中，领取常规养老金的最低缴费年限是 5 年，领取失业养老金的最低缴费年限是 15 年。（4）政府对养老保险给予一定补贴，但不是最主要的资金来源。资金主要还是源于企业和职工的缴费。近年来，人口老龄化加剧导致支出增加，同时缴费率再提高的空间有限，政府补贴占养老保险收入的比例有所提高，不过也没有超过 25%（2013 年）。（5）养老保险的缴费形成了养老保险基金，由养老保险基金会负责管理（最初由行业工会创办）。2005 年以后，德国一共有 4 个联邦层面的基金会（联邦雇员保险基金会、联邦矿工基金会、海员基金会、铁路雇员基金会）和 22 个州层面的基金会。政府不参与养老保险费的征缴、管理和待遇发放等事务，只负有监督的职责。①

三　福利国家型

福利国家型的模式，源于英国。英国为全体公民提供了一套“从摇篮到坟墓”的社会保障制度，其中，国民保险计划（包括养老、失

---

① 参见《德国基本养老保险制度概况》，2016 年 1 月 22 日，中国财政部（http://zys.mof.gov.cn/pdlb/tszs/201601/t20160122_1655079.htm）。

业和生育保险等）以及国民医疗保健服务属于社会保险的范畴。继英国宣布建成“福利国家”之后，西欧和北欧等国也先后宣布成为“福利国家”。这种模式的特点主要包括：（1）普遍覆盖，全民共享，再分配性质较强；（2）保障水平较高，同时税收也较高，财政补贴较多。

在20世纪50—60年代，“福利国家”的理念盛行，发达国家都力争为本国人民提供高水平的保障。然而，到20世纪70年代，随着石油危机的爆发以及“福利病”等问题的显现，建设“福利国家”的热情逐渐冷却，“福利国家”开始开源节流，限制社会保障支出。例如，1979年撒切尔夫人率先对英国的养老保险制度进行私有化改革，鼓励劳动者从国家养老金计划中“协议退出”，进入职业养老金或个人养老金计划。英国的社会保险支出主要有两个资金来源：一是雇主和劳动者缴纳的国民保险税；二是一般财政收入。在改革过程中，国民保险税的税率呈上升趋势，而且，英国将超过一定数额的社会保险待遇也纳入了个人所得税的征税范畴，所筹集的税收收入定向用于养老保险和医疗保险（基本免费）的支出。进入20世纪90年代，人口老龄化加剧、失业率居高不下、两极分化严重等问题日益突出，为了应对这些情况，英国进一步对社会保险制度进行了改革，包括强制个人储蓄、提高退休年龄、降低失业待遇以鼓励就业等。不过，英国的上述改革并未从根本上改变“福利国家”的本质，英国还是属于“福利国家”，政府仍在社会保险领域发挥重要作用，为公民提供较高水平的保障。

从历年政府社会性支出占GDP比重的情况来看，英国、瑞典、芬兰等“福利国家”的支出规模一直维持在较高水平，而且总体上呈上升趋势。“福利国家”的支出水平高于美国和日本等社会保险型国家。不过德国的支出水平也比较高，这说明即便是对于采用同一种社会保险模式的国家，其具体的制度安排和支出水平也可能存在较大差异，这与具体的国情有关（见表2－1）。

表2－1　1980—2016年典型国家政府社会性支出占GDP的比重（%）

国家＼年份	1980	1985	1990	1995	2000	2005	2010	2015	2016
英国	15.6	18.2	15.2	18.3	17.7	19.4	22.8	21.5	21.5
奥地利	22.0	23.3	23.2	26.0	25.5	25.9	27.6	28.0	27.8
比利时	23.1	25.6	24.4	25.2	23.5	25.3	28.3	29.2	29.0
丹麦	20.3	19.3	22.0	25.5	23.8	25.2	28.9	28.8	28.7
芬兰	17.7	21.7	23.3	28.9	22.6	23.9	27.4	30.6	30.8
瑞典	24.8	27.0	27.2	30.6	26.8	27.4	26.3	26.7	27.1
希腊	9.9	15.4	15.7	16.6	18.4	20.4	23.8	26.4	27.0
德国	21.8	22.2	21.4	25.2	25.4	26.3	25.9	25.0	25.3
美国	12.8	12.8	13.2	15.1	14.3	15.6	19.3	19.0	19.3
日本	10.2	11.1	11.1	14.1	16.3	18.2	22.1	—	—
韩国	—	—	2.7	3.1	4.5	6.1	8.3	10.1	10.4
智利	—	—	9.8	11.0	12.7	8.7	10.5	11.2	—
墨西哥	—	1.7	3.2	4.1	4.8	6.3	7.5	—	—
OECD平均	14.9	16.5	16.9	18.8	18.0	18.8	21.1	21.0	21.0

资料来源：OECD数据库，https：//data.oecd.org/socialexp/social-spending.htm。

四　强制储蓄型

强制储蓄型的模式，与社会保险型及福利国家型有着巨大差异。这种模式源于新加坡的公积金制度，后来在智利私有化改革中被采用。这种模式的特点主要包括：（1）强调自我负责，而不是互助共济，因而风险无法在不同群体之间分散，这与其他社会保险模式不同；（2）建立个人账户，资金完全积累，实现个人一生收支的纵向平衡；　（3）资金进入资本市场，实现保值增值，避免贬值风险；（4）主要适用于养老保险，这是因为养老保险具有长期积累性，就这一点而言，强制储蓄型一般不是一国整个社会保险制度的模式，而只是其中某些保险项目的模式；（5）政府主要起到监督的作用，监督个人账户积累资金的管理和运营，一般不直接承担出资责任。

与其他模式相比，强制储蓄型模式的政府干预程度较低，劳动者自我负责的激励较强，比较有效率，也能应对人口老龄化的风险。但是，这种模式缺乏再分配性质，对公平的作用不大。因此，这种模式只被新加坡等小国采用，或者在智利等国的个别社会保险项目中实施。下面以新加坡和智利为例，说明这种模式的特点。

新加坡从1955年开始实行中央公积金制度，这是一种家长式的强制储蓄。政府强制雇主和劳动者共同缴费，并以劳动者个人的名义存入中央公积金，由中央公积金局集中管理和运营。而且，缴费率逐年提高。1955年的缴费率是10%（雇主和个人各缴纳5%），目前在35%左右，不同年龄段的劳动者适用的缴费率不同，年龄越大，缴费率越低。最初，中央公积金是强制养老储蓄，后来逐渐发展成综合的社会保障制度，包括养老、医疗、住房和子女教育等内容。目前公积金包括四个账户，分别是：普通账户（ordinary account），资金可用于购买政府组合房屋（类似于中国的经济适用房）、人寿保险和子女教育支出等；专门账户（special account），资金用于积累退休金；医疗储蓄账户（medisave account），资金用于医疗服务；退休账户（retirement account），资金来源于专门账户，在个人年满55岁时建立，年满62岁时开始发放养老金。公积金账户中积累的资金，主要通过两种方式进行投资以保值增值：一是中央公积金局通过新加坡政府投资管理公司进行投资，二是个人自主投资。第一部分的资金，全部投资于非交易型政府债券，并按记账利率计息。其中，普通账户的记账利率是2.5%，其他三个账户是4%。第二部分的资金，主要来源于普通账户和专门账户，投资比重较小，而且投资限制较多。到2012年，普通账户和专门账户只有大约30%的资金用于自主投资，大部分的资金都由中央公积金局运作，个人获得无风险的记账利率。考虑到通货膨胀等因素，公积金的实际回报率较低。此外，新加坡政府对社会保险的投入较小，财政补贴较少。2000年，新加坡政府对社会保险的支出占GDP的比重仅为1.61%。到2011年，这一比例升至2.83%，仍然处于较低的水平，其中养老方面的支出占GDP的比重为0.7%，医疗支出占比为1.2%。①

智利是拉美国家中最早建立社会保险制度的国家（1924年）。20世纪80年代初，智利对养老保险进行了私有化改革，实行个人账户制，资金完全积累，用于发放个人退休后的养老金，没有社会互助的功能。不过，与新加坡的情况不同，智利只有养老保险和医疗保险采用强制储蓄型的模式，工伤保险和失业保险等还是采用传统的社会保险型模式。另外，智利的强制储蓄型制度与新加坡还存在以下几点不同：（1）雇主不缴费，只有个人缴费，养老缴费率是10%，医疗缴费率是7%；（2）个人账户的资金，由基金公司进行市场化投资，政府只起到监管的作用，不直接参与资金的投资运营。此外，智利政府对社会保险的补贴力度强于新加坡。例如，2000年，智利政府对社

① 国际劳工组织数据库，2016年，国际劳工组织门户网站（http://ilo.org/gimi/gess/ShowSearchIndicators.action）。

会保险的支出占 GDP 的比重为 12.81%，比新加坡高 11.2 个百分点；2011 年，智利政府社会保险支出占比为 10.43%，其中养老支出占比 3.30%，医疗支出占比 3.63%，均高于新加坡的水平。①

第三节　影响世界社会保险制度发展的经济学思想

一　初建期的经济学思想

（一）自由主义

亚当·斯密在《国富论》中提出，市场是“看不见的手”，能够合理配置资源。他反对政府对一般经济活动进行干预。但是，这不是绝对的。他认为，政府有三大职能：第一，保护本国社会的安全，使之不受其他社会的暴行与侵略；第二，保护人民，不使社会中任何人受到其他人的欺辱与压迫，要设立一个严正的司法行政机构；第三，建立并维持某些公共机关和公共工程。②

当时在亚当·斯密思想的影响下，古典经济学派主张自由放任主义，反对政府进行收入再分配，反对进行社会救助。英国于 1601 年颁布了旧的《济贫法》，统一了各教区的济贫制度，这是世界上首次出现国家在社会保障方面的立法。但是，古典经济学派认为，该法阻碍了居民的自由流动，阻碍了劳动者对就业的自由选择，主张废除该

---

① 国际劳工组织数据库，2016 年，国际劳工组织门户网站（http：//ilo.org/gimi/gess/ShowSearchIndicators.action）。

② 参见亚当·斯密《国民财富的性质和原因的研究（下）》，商务印书馆 1994 年版，第 254—284 页。

法。在此情形下，虽然英国最早出现了社会保障制度的雏形，但受自由主义思潮的影响，英国并没有成为第一个建立现代社会保障制度的国家。

（二）德国新历史学派

19 世纪初期，德国的经济学家用旨在保护和发展德国民族经济的保护主义或国家干预主义来对抗英法发达资本主义国家推行的经济自由主义政策，德国历史学派应运而生。到 19 世纪 70 年代，演变成德国新历史学派，代表人物主要有施穆勒等。

德国新历史学派主张国家至上，认为国家应直接干预经济生活，负起“文明和福利”的职责。他们认为，在进步的文明社会中，国家的职能应不断增加，凡是个人努力难以或不能实现的目标，都应由国家来实现。同时，他们认为，劳资矛盾是当时德国面临的最严重的社会经济问题。为了解决这个问题，他们主张由国家实施社会保险等社会政策，并强调了建立社会保险制度的必要性。

德国新历史学派的主张，被当时的俾斯麦政府所接受，成为德国颁布《疾病保险法》等一系列社会保险法律的理论依据，使德国成为世界上第一个建立社会保险制度的国家。不过，德国当时实施的社会保险政策，目的是缓和日益突出的劳资矛盾，而不是针对收入不均的现状以促进公平分配。德国新历史学派的主张，是当时欧美等西方资本主义国家建立初级的社会保险制度的思想基础。

二 发展与繁荣期的经济学思想

（一）福利经济学

福利经济学是现代经济学的一个分支，其思想源于英国，后在法国、瑞典和美国等国传播。1920 年，庇古的《福利经济学》出版，标志着福利经济学的产生。庇古也被称为“福利经济学之父”。庇古的福利经济学，相对于之后的福利经济学而言，被称为旧福利经济学。庇古认为，社会福利主要与两方面因素有关：一是国民收入的绝对额，二是国民收入在社会成员中的分配。根据边际效用递减法则，收入均等化有助于实现社会福利最大化。因此，庇古主张国家实行社会保险制度，由政府进行收入再分配，最终实现收入均等化，以增加社会福利。旧福利经济学阐述了收入分配与社会福利之间的关系，进而说明了建立具有收入分配功能的社会保险制度的意义，这种收入均等化的思想为“福利国家”的建立提供了理论基础，并促使英国在第二次世界大战之后重塑社会保险制度，成为世界上第一个“福利国家”。

从 20 世纪 30 年代开始，一些经济学家陆续对旧福利经济学进行修改和补充，并发展成为新福利经济学派，包括勒纳、希克斯、伯格森、萨缪尔森等。与旧福利经济学相比，新福利经济学更重视公平与效率的协调。例如，伯格森和萨缪尔森提出社会福利函数，认为应将所有可能影响福利的因素包括进来，而且社会福利是个人福利的总和，实现个人福利最大化，才能实现社会福利最大化。因此，政府不应限制个人的自由选择。而且，他们认为，“合理”的收入分配能够增加社会福利，而不是“均等化”的收入分配。与旧福利经济学相比，新福利经济学更注重市场机制，对社会公平的讨论减少，进而引发了政府对社会保险制度的效率与公平的思考和权衡。

（二）瑞典学派

瑞典学派产生于 19 世纪末 20 世纪初，在 20 世纪 30 年代得到发展，其核心的“社会民主主义”理论是瑞典社会保险制度的理论基础。瑞典学派主张收入均等化，建立“福利国家”。他们认为，国家应承担环境保护、提供公共产品、收入分配和经济稳定的责任。在他们的理念中，一个理想的社会，应将福利普遍给予全体社会成员，使人人得到幸福。在这种理念下，瑞典建立了一套“从摇篮到坟墓”的社会保障制度，成为“福利国家”的典范。与英国相比，瑞典的社会保障制度的保障水平更高、覆盖面更宽、项目更齐全。

虽然旧福利经济学和瑞典学派都主张收入均等化，但两者的目的不同：前者的目的是增加社会总福利，实现社会福利最大化；而后者的目的是使公民普享社会福利，实现福利的均等化。

（三）凯恩斯主义

1929 年爆发的经济危机催生了凯恩斯主义。面对当时的经济萧条状况，凯恩斯主义主张通过国家干预扩大有效需求，其中，建立社会保险制度就是一项重要举措。凯恩斯主义认为，建立养老保险和失业保险等，一方面是将富人的部分收入转移给穷人，由于穷人的边际消费倾向更高，这样可以提高整个社会的平均消费倾向；另一方面也可起到“自动稳定器”的作用，熨平经济波动。虽然凯恩斯主义主张扩大财政支出、提高福利水平，但其根本目的不是出于对公民福利的关心，而是为了刺激需求和保持生产，以实现充分就业和经济增长。凯恩斯主义的思想，最早在美国的社会保险制度中付诸实践，后来也直接推动了世界范围内社会保险制度的建立。

三 改革期的经济学思想

（一）新自由主义

20 世纪 70 年代西方发达国家经济出现“滞胀”，新自由主义开始盛行。新自由主义带有反凯恩斯主义的色彩，反对国家干预经济，相信市场机制的自发调整功能，认为社会保障破坏了市场的作用，影响了自由竞争的市场秩序；其反对“福利国家”，主张社会保险的市场化。一个有名的代表人物是哈耶克。他强调机会均等，反对收入平均，反对将收入再分配作为社会保险制度的目标。他认为，政府可以为穷人提供救济，使其维持生计，但不能让其分享较富裕者的财富。在他的理念中，现收现付制的社会保险并不是真正的保险，而是借保险之名，进行收入再分配，而这对富人是不公平的。他也反对强制性的社会保险制度，认为个人被剥夺了自由选择权。此外，他提出，政府不应是唯一提供社会保险的机构，不能造成垄断，应主要由家庭和市场提供保障，在出现家庭保障不足或市场失灵时，政府再暂时介入。

（二）信息经济学

20 世纪 80 年代，信息经济学成为主流经济学的一个分支，主要讨论信息不对称的情况下如何签订及履行契约的问题。根据信息经济学的理论，商业保险市场存在市场失灵。由于商业保险是个人自愿向商业保险公司购买，个人和保险公司存在非对称的信息，容易出现逆向选择和道德风险。例如，风险较高的人（如健康状况较差的人）更愿意购买商业保险，而风险事件发生的概率更多的是个人私有信息，保险公司考虑到这一点，会提高价格，这就会进一步挤出风险较低的人，导致最后只有风险很高的人才愿意购买保险，这减弱了商业保险风险分散的作用。政府建立强制性的社会保险制度，就可以防止出现上述逆向选择的问题。无论个人风险高低，都强制参加社会保险，这就能很好地起到分散风险的作用。虽然收集信息、完善商业保险合同也是一个可行选择，但这大大提高了交易成本，包括信息搜寻成本和谈判成本等。因此，从信息经济学的角度来看，建立社会保险可解决市场失灵。

（三）第三条道路

在20世纪初，就出现了“第三条道路”这个术语。经过多年的发展，到20世纪末，“第三条道路”思想对西方国家产生巨大影响。“第三条道路”是将效率和公平、自由市场和国家干预相结合，从中寻找平衡点的一种理论。1998年，吉登斯出版了《第三条道路：社会民主主义的复兴》，并且与美国总统克林顿和英国首相布莱尔一起参加了“第三条道路”国际研讨会，其思想在很大程度上影响了美国和英国的社会保险政策。例如，克林顿曾提出，美国的政策是介于自由放任资本主义和福利国家之间的“第三条道路”。在社会保险方面，“第三条道路”主张国家和个人共同承担责任。相比于“福利国家”模式，“第三条道路”特别强调个人在社会保险中的作用，并鼓励私营机构参与社会保险相关事务，引进市场竞争机制。

第 三 章

中国社会保险制度的发展

◇第一节　计划经济时期的社会保险制度

新中国成立初期，实行计划经济体制，政府采取高度集中控制和管理的经济运行模式，其体制特点也体现在社会保险领域。从总体上看，计划经济时期的社会保险制度属于国家保险型模式，与苏联相仿。

一　计划经济时期城镇社会保险制度

1949 年，新中国成立。在成立之初，政府就十分重视劳动者的保护和福利。1949 年，中国人民政治协商会议第一届全体会议通过了《中国人民政治协商会议共同纲领》，起到临时宪法的作用，其中提到“逐步实行劳动保险制度”。1954 年在第一部宪法中，第九十三条明确规定“劳动者在年老、疾病或者丧失劳动能力的时候，有获得物质帮助的权利。国家举办社会保险、社会救济和群众卫生事业，并且逐步扩大这些设施，以保证劳动者享受这种权利”。

1951 年，政府颁布《劳动保险条例》，正式建立了全国统一的劳动保险制度。这是计划经济时期的城镇社会保险制度。劳动保险在疾病、残疾、生育和养老等方面为职工提供物质帮助，职工的直系亲属在医疗、生育和死亡等方面也可享受一定的待遇。初建时，劳动保险覆盖的企业对职工人数有要求，是在职工百人以上的国营、公私合营、私营和合作社经营的企业实行。之后，在 1953 年和 1956 年，政府两次修正《劳动保险条例》，劳动保险覆盖范围扩大，最后在生产资料私有制的社会主义改造基本完成后，全部国营企业都实行了劳动保险制度，一些规模较大的集体所有制企业也实行了该制度。根据统计，到 1956 年，全国 94% 的职工都享受了劳动保险的保障。①

劳动保险费由企业支付，职工个人无须支付。具体而言，劳动保险费由两部分组成，一部分由企业直接支付，另一部分由企业缴纳劳动保险金，交给工会。其中，劳动保险金按月缴纳，是企业工资总额的 3% 。30% 的劳动保险金上交全国总工会，作为劳动保险总基金，由全国总工会在全国范围内调剂使用，剩余 70% 由本企业工会使用。从劳动保险金的使用来看，劳动保险是社会保险（30% 的部分）和企业保险（70% 的部分）的混合。前者可以在全社会分散风险，而后者只能在同一个企业内部对职工的风险进行分摊。

在 1951 年对企业职工建立劳动保险制度之后，政府也为机关事业单位工作人员建立了退休金制度和公费医疗制度。② 与劳动保险相

---

① 参见李珍《社会保障理论》第 3 版，中国劳动社会保障出版社 2013 年版，第 38 页。

② 参见中央人民政府政务院《关于全国各级人民政府、党派、团体及所属事业单位的国家工作人员实行公费医疗预防的指示》，《人民日报》1952 年 6 月 28 日第 1 版；国务院《关于颁发国家机关工作人员退休、退职、病假期间待遇等暂行办法和计算工作年限暂行规定的命令》，1955 年 12 月 29 日，广西政府法制网（http：//www. gx-law. gov. cn/a38/43. jhtml）

似，由单位（财政）支付费用，个人无须承担费用。

到1969年，劳动保险制度发生重大变化，劳动保险基金停止提取。1969年，财政部颁布《关于国有企业财务工作中几项制度的改革意见》，其中规定“国有企业一律停止提取劳动保险基金，企业的退休职工、长期病号工资和其他劳动保险开支在营业外列支”，即直接扣减企业利润。这意味着，劳动保险的社会统筹功能消失，完全由企业为职工提供保障，劳动保险从社会保险与企业保险的混合转变为企业保险。但是，在计划经济时期，国有企业不是自负盈亏的主体，企业支付给职工的保险待遇，实际上都是国家财政支付的，只是在形式上由企业发放。因此，从本质上看，中国在计划经济时期的劳动保险制度属于国家保险型的模式，与苏联相仿。

总体上看，在计划经济时期，中国城镇的社会保险制度主要有以下特点：（1）以劳动保险为主体，与就业相关联，企业职工和机关事业单位工作人员享有保障，其直系亲属也受到一定保护；（2）采用国家保险型模式，财政承担最后的出资责任，但主要由企业运行管理，不同企业提供的保险待遇存在较大差异；（3）劳动保险提供的是“一揽子”保护，是一种综合保险，包括养老、医疗、残疾和生育等内容；（4）由于计划经济时期实行“高就业、低工资、高福利”的政策，劳动保险的覆盖率很高，也没有失业保险的相关内容。

二 计划经济时期农村社会保险制度

在计划经济时期，与城镇社会保险制度不同，农村缺乏真正意义上的社会保险制度，基本是集体经济支持，没有在全社会范围内分散风险。比较典型的是传统农村合作医疗制度，它是随着农业互助合作化运动的兴起而发展起来的。在20世纪50年代中期，当时农村缺医少药的情况较为严重，为了解决这个问题，一些农村开始探索一种互助的医疗保险，由群众和集体筹集一定资金，群众看病的费用由生产大队统一支付或报销一定的比例，基层医疗人员的报酬由生产大队记工分，而且医疗人员采取“半农半医”的形式，有病人就行医，没有病人就参加农业生产，被称为“赤脚医生”。1958年人民公社化之后，这种医疗保险由公社统一实行，社员看病不花钱，由公社从集体经济中开支。在实践中，由于集体经济还比较薄弱，承担社员的全部医疗费用还有一定的困难，就进一步将免费医疗制度改为合作医疗，具体是由每人每月交0.15元作为股金，看病挂号费自付，70%的门诊药费和全部的住院药费都由合作医疗承担。这种合作医疗制度在很大程度上解决了农村缺医少药的问题，受到广大农民的欢迎，很快在全国推广。1965年，毛泽东同志对农村医疗卫生做出两项重要指示，一是组织城市高级医务人员下农村和为农村培养医生的指示，二是把医疗卫生工作的重点放到农村去的指示。这两项指示的落实也推动了农村合作医疗的发展。1979年，农村合作医疗实现制度化，卫生部、农业部、财政部、国家医药总局和全国供销合作总社联合发布了《关于农村合作医疗章程（试行草案）的通知》，对20多年来农村合作医疗制度的实践经验进行总结，在管理、基金、赤脚医生、用药等多方面做出了明确规定。到1980年，全国大约90%的生产大队实行了合作医疗，覆盖了大约85%的农民。[①] 中国农村合作医疗制度在国际上产生很大影响，受到广泛好评。例如，世界银行和世界卫生组织认为它是发展中国家解决卫生经费的典范。

---

① 参见夏杏珍《农村合作医疗制度的历史考察》，《当代中国史研究》2003年第10卷第5期。

但是，进入20世纪80年代以后，农村合作医疗萎缩。这主要是因为农村开始实行家庭联产承包责任制，人民公社制度解体，农村合作医疗缺乏集体经济的支持，而集体经济又是合作医疗的主要资金来源。到20世纪80年代末，合作医疗的参与率仅为4.8%，农民看不起病、“因病致贫”的情况又开始出现。[①]

除了合作医疗以外，在计划经济时期，农村还实行了“五保”制度，由集体经济出资，帮扶农村困难群众。但这主要属于社会救助或集体救助的范畴，不是真正的社会保险。具体而言，1956年，政府发布《高级农业生产合作社示范章程》，其中提到：农业生产合作社应从每年的收入中留出一部分公益金，用来发展合作社的文化、福利事业；在福利方面，合作社对于缺乏劳动力或者完全丧失劳动力、生活没有依靠的老、弱、孤、寡、残疾的社员，在生产和生活上给予适当的安排和照顾，保证吃、穿和柴火的供应，保证年幼的受教育和年老的死后安葬，使生养死葬都有依靠。同年发布的《1956年到1967年全国农业发展纲要》中进一步明确了“五保”的内容，即保吃、保穿、保烧（燃料）、保教（青少年）、保葬。与农村合作医疗相似，20世纪80年代以后，由于缺乏集体经济的资助，农村的“五保”救助进展也十分困难。

总体上看，在计划经济时期，中国农村的社会保险制度比较匮乏，主要是传统合作医疗和“五保”救助，其主要特点如下：（1）集体经济出资，个人交费较少，政府的财政扶持也较少；（2）主要由村集体（公社等）运行，不同集体的制度存在差异，待遇也不尽相同；（3）20世纪80年代以后，家庭联产承包责任制的出

① 参见夏杏珍《农村合作医疗制度的历史考察》，《当代中国史研究》2003年第10卷第5期。

现，使合作医疗和“五保”救助都失去了经济基础，因此在计划经济的后期、市场经济体制实施之前，农民缺乏充分的保障。此外，在计划经济时期，农村养老主要以家庭养老为主，缺乏养老方面的保险制度。

第二节　现代社会保险制度

一　现代社会保险制度的建立背景

计划经济时期的社会保险制度带有鲜明的计划经济色彩，国家或集体承担出资责任，个人几乎不缴费。在计划经济前期，社会保险运行良好，当时人口结构偏年轻，经济发展也较快。但在城镇劳动保险停止提取劳动保险金以及农村实行家庭联产承包制以后，社会保险的发展放缓，社会保险的制度安排与经济体制不相适应，变得难以持续。一方面，计划经济时期，国有企业不是自负盈亏的主体，在停止劳动保险基金的积累和调剂之后，企业提供给本企业职工的保险待遇，实际都由财政最后负担，较高的福利以及大量冗员给财政带来了巨大压力。关于国有企业的冗员规模，据统计，1993 年年底全国城镇国有企业职工共 1.09 亿人，冗员约为 3000 万人，1994 年年底全国国有工业企业的职工共 4600 万人，冗员约为 1500 万人。也就是说，冗员的比例大概在 1/3。[①] 另一方面，农村实行家庭联产承包责任制以后，集体经济的地位和作用减弱，而农村的合作医疗等制度主要依

① 参见陈维政、曹志强、菲利普·赖特《工作分享制——解决国企冗员问题的有效途径》，《管理世界》2000 年第 6 期。

托于集体经济，这使得合作医疗等制度失去了经济基础，在计划经济后期，大部分农民实际上没有被任何保险制度所覆盖。因此，从可持续性的角度来看，社会保险制度需要变革。

另外，人口老龄化也给社会保险的发展带来了压力。1982 年，计划生育成为中国的基本国策，此后中国人口老龄化进程加快。1982 年，65 岁及以上人口占总人口的比例为 4.9%，到 1990 年，这一比例升至 5.6%，到 1999 年，该比例已达到 7.0%，达到了国际上认定老龄化社会的常用标准，中国步入老龄化社会（见图 3-1）。老龄化不可避免地会导致养老和医疗等方面的支出增加，而且这种增加是刚性的，在此情形下，如果社会保险完全由财政负担，其可持续性令人担忧。

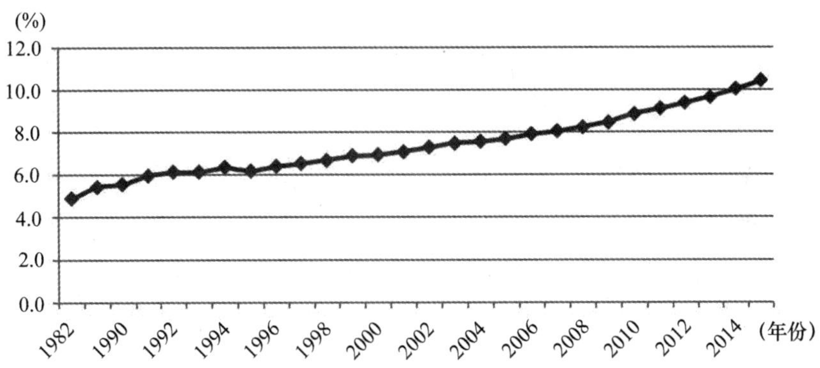

图 3-1　中国人口老龄化进程

资料来源：中华人民共和国国家统计局“年度数据”，2016 年，国家统计局门户网站（http：//data. stats. gov. cn/easyquery. htm？ cn = C01）。

最后，十分重要的是，经济体制从计划经济向社会主义市场经济的转型，直接对现代社会保险制度的建立提出了要求。20 世纪 80 年代以来，中国尝试了一系列的市场化改革，并在 1992 年中共十四大正式确立“我国经济体制改革的目标是建立社会主义市场经济体制”。1993 年《中共中央关于建立社会主义市场经济体制若干问题的决定》明确提出，社会保障制度是社会主义市场经济体制基本框架的构成要素之一。由于社会保险是社会保障制度的一项主要内容，建立适应社会主义市场经济体制的社会保险制度十分重要。计划经济时期的社会保险制度明显不适用于市场经济体制，主要体现在以下几方面：（1）计划经济时期的城镇劳动保险只覆盖国有企业和集体企业，但在市场经济下，私营经济快速发展，其职工却并未被劳动保险覆盖，因此需要对劳动保险进行改革，将各种形式的就业人员都纳入进来。（2）市场经济要求国有企业成为市场化的经营主体，国有企业改革其中一项重要内容就是减员增效，因此出现了大量的下岗失业人员。据统计，到 1999 年年底，全国国有企业已有一半冗员下岗，涉及几千万人。① 而原有的劳动保险中并不包含失业方面的内容，需要建立失业保险项目，对这些下岗失业人员提供失业期间的基本生活保障。这不仅有助于社会稳定，也有利于促进再就业。（3）计划经济时期，城镇和农村的社会保险发展不均衡，城乡差距较大。在市场经济转型期，与农业相比，城市的工业和服务业发展相对较快，这会拉大城乡收入差距（见图 3－2）。从社会公平的角度考虑，应建立农村的社会保险制度，将广大农民群体也纳入保险范围，减少城乡不平等。

1993 年《中共中央关于建立社会主义市场经济体制若干问题的决定》不仅阐明了建立社会保险制度对建立社会主义市场经济体制的意义，也指出了市场经济体制下社会保险的发展方向，包括项目组成、资金来源和管理等。具体包括以下内容：（1）重点完善企业养老

---

① 参见陈维政、曹志强、菲利普·赖特《工作分享制——解决国企冗员问题的有效途径》，《管理世界》2000 年第 6 期。

和失业保险制度，强化社会服务功能以减轻企业负担，促进企业组织结构调整，提高企业经济效益和竞争力；（2）城镇职工养老和医疗保险金由单位和个人共同负担，实行社会统筹和个人账户相结合；（3）对于失业保险制度，保险费由企业按职工工资总额的一定比例统一筹交；（4）普遍建立企业工伤保险制度；（5）在农村地区，养老以家庭保障为主，也可根据农民自愿实行个人储蓄积累养老保险，发展和完善农村合作医疗制度；（6）社会保险基金经办机构在保证基金正常支付和安全性、流动性的前提下，可将社会保险基金用于购买国家债券，确保基金的保值增值，另外应建立社会保险基金的监督组织，监督基金的收支和管理。上述内容为现代社会保险制度的建立搭建了一个初步框架。

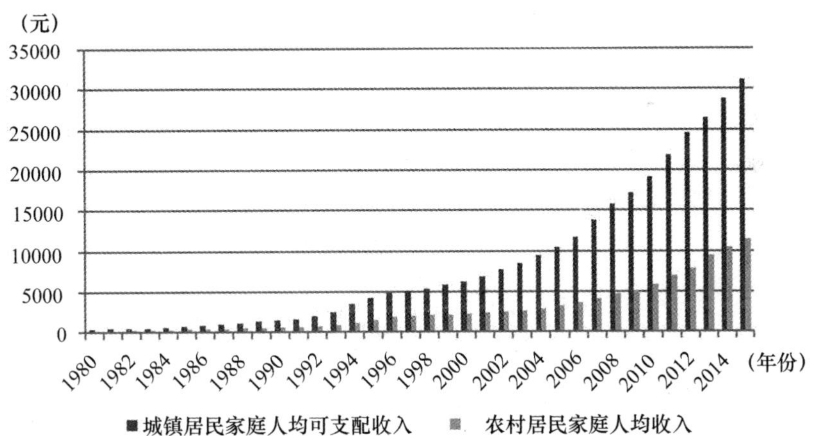

图 3－2　城乡居民收入

资料来源：中华人民共和国国家统计局“年度数据”，2016 年，国家统计局门户网站（http：//data. stats. gov. cn/easyquery. htm？ cn = C01）。

二　城镇社会保险制度的发展

随着从计划经济向社会主义市场经济的转型，在1993年《中共中央关于建立社会主义市场经济体制若干问题的决定》的指导下，在1994—1999年，中国建立了城镇职工的社会保险制度，包括养老保险、医疗保险、失业保险、工伤保险和生育保险。进入21世纪以后，中国又建立了城镇居民的社会保险制度，包括养老和医疗两项保险。目前，城镇社会保险已在制度上覆盖城镇所有群体，其中以城镇职工社会保险发展最早、规模最大。

（一）城镇职工社会保险制度

从城镇职工社会保险制度的具体项目来看，1994年政府发布《企业职工生育保险试行办法》（劳部发〔1994〕504号），建立了生育保险，保障企业女职工在生育期间得到必要的经济补偿和医疗保健，均衡企业之间生育保险费用的负担。在资金来源上，企业缴纳生育保险费，一般不超过企业工资总额的1%，职工个人无须缴费，缴费进入社会统筹账户（生育保险基金）。在资金使用上，生育保险的待遇包括两方面：一是产假期间的生育津贴，按本企业上年度职工月平均工资计发；二是生育医疗费，包括检查费、手术费、住院费和药费等。生育保险的原则是“以支定收、收支基本平衡”。

1996年政府发布《企业职工工伤保险试行办法》（劳部发〔1996〕266号），建立了工伤保险，保障因工作遭受事故伤害或者患职业病的职工获得医疗救治和经济补偿，促进工伤预防和职业康复，分散用人单位的工伤风险。在资金来源上，工伤保险费由企业缴纳，根据不同行业的工伤风险程度实行行业的差别费率，行业内也有不同的费率档次，适用于历史事故发生率不同的企业。职工个人无须缴费，缴费进入社会统筹账户（工伤保险基金）。在资金使用上，工伤保险的待遇包括医疗费、外地就医交通和食宿费、康复治疗费、辅助器具费、生活护理费、一次性伤残补助金、丧葬补助金、供养亲属抚恤金和一次性工亡补助金等。工伤保险的原则是“以支定收、收支基本平衡”。

1997 年政府发布《关于建立统一的企业职工基本养老保险制度的决定》（国发〔1997〕26 号），建立了统一的企业职工基本养老保险制度，采取社会统筹与个人账户相结合的方式，保障退休人员的基本生活。养老保险实行部分积累制，既有现收现付制的成分（社会统筹），也有基金积累制的成分（个人账户）。在资金来源上，企业和职工都要缴费，这与原来的劳动保险不同。企业的缴费是工资总额的 20%，个人的缴费从个人缴费工资的 4% 开始，逐步调整到 8%。每个参保职工会有一个基本养老保险的个人账户，个人缴费全部进入个人账户。最初企业缴费有一部分进入个人账户，其余进入社会统筹，后来企业缴费全部进入社会统筹。在资金使用上，职工退休后，如果符合缴费满 15 年的条件，可以按月领取基本养老金。基本养老金包括来自社会统筹的基础养老金和来自个人账户的个人账户养老金。另外，养老保险的覆盖范围不断扩大，开始是城镇企业职工，后来将灵活就业人员和个体户等其他形式的就业人员也包括进来。

1998 年政府发布《关于建立城镇职工基本医疗保险制度的决定》（国发〔1998〕44 号），建立了城镇职工基本医疗保险制度，保障职工基本医疗需求。与养老保险相似，医疗保险也实行社会统筹和个人账户相结合的办法。在资金来源上，用人单位和个人都需缴费。其中，用人单位的缴费占工资总额的6%左右，并且2/3进入社会统筹，其余进入个人账户；个人缴费占个人工资总额的2%，全部进入个人账户。在资金使用上，社会统筹基金和个人账户有不同的支付范围。具体而言，统筹基金设有起付标准和最高支付限额，起付标准以下的医疗费，从个人账户支付或由个人自付；起付标准至最高支付限额之间的医疗费，由统筹基金和个人按一定的比例共同负担；最高支付限额以上的医疗费，统筹基金不再报销，由商业保险或个人负担。起付标准、最高支付限额以及统筹基金的报销比例，由各地政府按“以收定支、收支平衡”的原则设定。起付标准一般为当地职工年平均工资的10%左右，最高支付限额最初为当地职工年平均工资的4倍，后来提高至6倍。在起付标准和最高限额之间的医疗费，统筹基金一般报销70%，职工自付30%。

1999年政府发布《失业保险条例》（国务院令第258号），建立了失业保险，保障失业人员在失业期间的基本生活，并促进其再就业。在资金来源上，用人单位和个人都要缴费，其中单位缴费率约为2%，个人缴费率约为1%，缴费进入社会统筹（失业保险基金）。在资金使用上，满足一定条件的失业人员，可以领取12—24个月的失业保险金，领取月数与缴费年限有关。而且，失业保险金的标准在最低工资和城市居民最低生活保障标准之间。

城镇职工社会保险具有强制性，城镇所有企业和职工都应参保。图3－3展示了建立至今各项保险的参保职工人数。可以看到，各项保险的参保职工人数均增长很快。其中，养老保险从最初的0.87亿职工参保（1997年），扩大到2.62亿人（2015年）；医疗保险从0.15亿人（1998年）增加到2.14亿人（2015年）；失业保险从0.99亿人（1999年）增加到1.73亿人（2015年）；工伤保险从0.31亿人

（1996 年）增加到 2.14 亿人（2015 年）；生育保险从 0.09 亿人（1994 年）增加到 1.78 亿人（2015 年）。目前，在五项保险中，养老保险、医疗保险和工伤保险的参保人数相对较多，失业保险和生育保险相对较少。

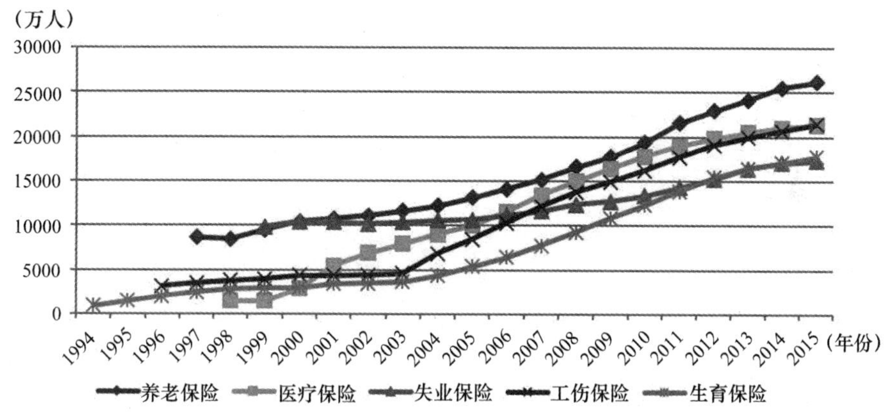

图 3－3　城镇职工社会保险的参保职工人数

资料来源：中华人民共和国国家统计局“年度数据”，2016 年，国家统计局门户网站（http：//data. stats. gov. cn/easyquery. htm? cn = C01）。

从五项保险的参保职工人数可以看出，并不是所有职工都参加了社会保险，否则不同保险的参保人数应是统一值，即职工人数或就业人员数。用参保职工人数除以就业人员数，可以计算出参保率（见图 3－4）。除了失业保险的参保率较为稳定以外，其他四项保险的参保率都呈逐年上升的趋势。城镇职工社会保险制度建立之初，养老保险和失业保险的参保率相对较高，在 40% 左右；而医疗保险、工伤保险、生育保险开始的覆盖面较小，参保率还不到 20%，这与 1993 年《中共中央关于建立社会主义市场经济体制若干问题的决定》中提到的“重点完善企业养老和失业保险制度”相一致。到2015年，养老保险的参保率最高，达到65%；其次是医疗保险和工伤保险，在53%左右；最后是失业保险和生育保险，不足45%。综合五项保险的情况，参保率与100%还有很大的距离，没有应保尽保。虽然职工社会保险是强制参保，但在实践中仍有很多职工没有参保。这与制度的激励机制和执行力度有关，后文将详细讨论。

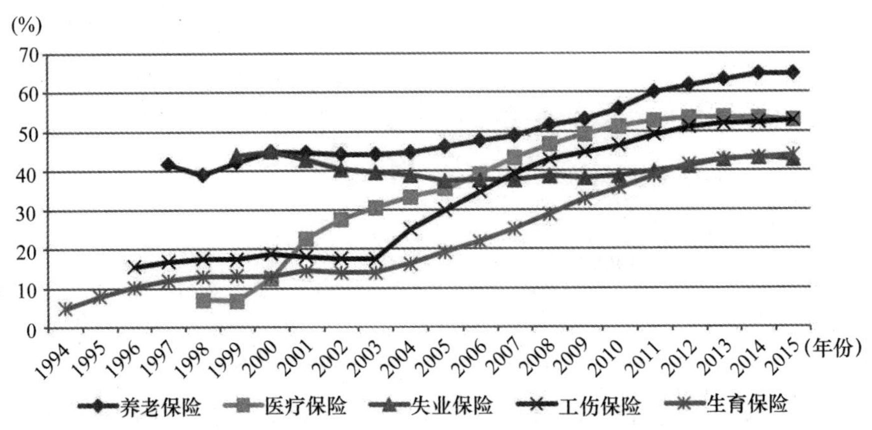

图3－4 城镇职工社会保险的参保率

注：参保率是参保职工人数与城镇就业人员之比。

资料来源：中华人民共和国国家统计局“年度数据”，2016年，国家统计局门户网站（http：//data. stats. gov. cn/easyquery. htm？ cn = C01）。

图3－5展示了城镇职工社会保险基金的收支情况，包括五项保险的收支。可以看到，制度建立至今，社会保险基金收入和支出均逐年快速增长，而且收入高于支出，说明社会保险基金有结余。到2015年，职工社会保险基金收入达41048.1亿元，支出达35090.8亿元，分别占当年GDP的6%和5%。

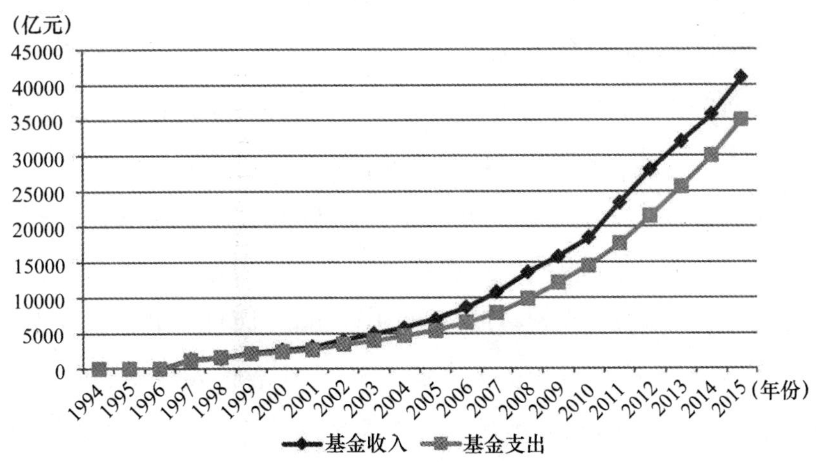

图3－5　城镇职工社会保险基金收支

资料来源：中华人民共和国国家统计局“年度数据”，2016年，国家统计局门户网站（http：//data. stats. gov. cn/easyquery. htm? cn = C01）。

（二）城镇居民社会保险制度

随着经济体制的转型以及城镇职工社会保险制度的改革，一部分城镇非就业居民从原来的劳动保险制度中被排挤出来，不能再依靠直系亲属中的职工享受医疗等待遇，还有一部分城镇居民永久性地退出了劳动力市场，不能参加城镇职工的社会保险。为了满足上述城镇非就业居民的风险保障需求，中国政府探索建立城镇居民的社会保险制度，主要包括养老和医疗这两个方面。

2007年，政府发布《关于开展城镇居民基本医疗保险试点的指导意见》（国发〔2007〕20号），从当年开始城镇居民基本医疗保险试点，再逐步推广至全国。具体的推进方案是：2007年在有条件的省份选择2—3个城市进行试点，2008年扩大试点，2009年试点城市达到80%以上，2010年在全国全面推开，覆盖全体城镇非从业居民。

不同于城镇职工基本医疗保险，城镇居民基本医疗保险是自愿参保，不具有强制性。在资金来源上，以家庭缴费为主，政府给予一定补助。在资金使用上，主要用于参保居民的住院和门诊大病医疗支出，设有起付标准、报销比例和最高支付限额。

自2007年试点开始，参加城镇居民基本医疗保险的人数快速增加。2007年，只有4291万人参加了城镇居民基本医疗保险，但到2015年，已有37689万人参加（见图3－6）。而且，城镇居民基本医疗保险的基金规模也不断扩大。2007年，基金收入和支出分别为43亿元和10亿元；2015年，基金收入和支出分别增长至2109亿元和1781亿元（见图3－7）。

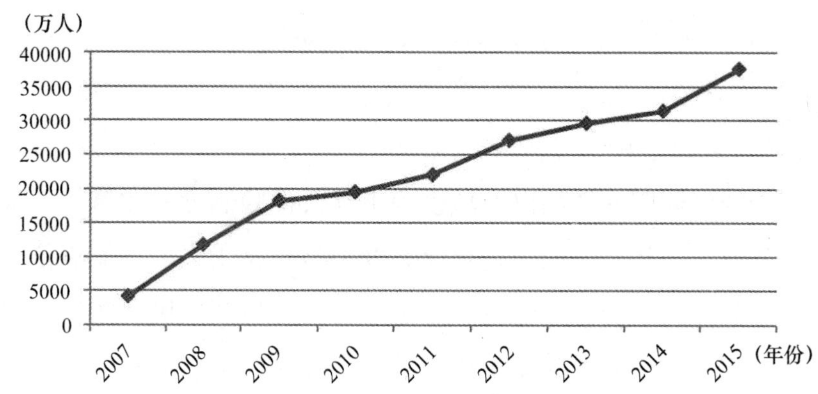

图3－6　城镇居民基本医疗保险的参保人数

资料来源：中华人民共和国人力资源和社会保障部：2007—2016年《人力资源和社会保障事业发展统计公报》，人力资源和社会保障部门户网站（http://www.mohrss.gov.cn/SYrlzyhshbzb/zwgk/szrs/tjgb）。

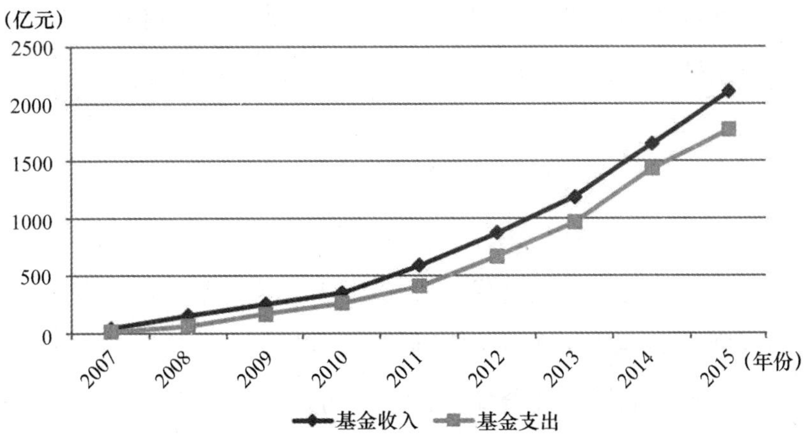

图 3－7　城镇居民基本医疗保险基金收支情况

资料来源：中华人民共和国国家统计局“年度数据”，2016 年，国家统计局门户网站（http：//data. stats. gov. cn/easyquery. htm？ cn = C01）。

2011 年，中央政府发布《关于开展城镇居民社会养老保险试点的指导意见》（国发〔2011〕18 号），从当年起开展城镇居民社会养老保险试点，并计划于 2012 年实现制度全覆盖。城镇居民养老保险也是自愿参加，不具有强制性。在资金来源上，主要依靠个人缴费和政府财政补贴。其中，个人缴费设有不同档次，可自愿选择。政府的补贴包括两部分：一是缴费补贴，二是直接发放基础养老金。参保居民有一个养老保险的个人账户，个人缴费和政府对缴费的补贴都进入个人账户。参保居民年满 60 岁，可以按月领取养老金，包括政府发放的基础养老金和个人账户养老金。在试点当年（2011 年），全国 31 个省份都设立了试点，城镇居民养老保险的参保人数为539万人，基金收入40亿元，基金支出11亿元。[①] 经比较发现，对于城镇非就业居民而言，参加医疗保险的人数较多，参加养老保险的人数较少。

（三）城镇社会保险制度与劳动保险的比较

市场经济下的城镇社会保险制度，与计划经济下的劳动保险有着很大的区别，主要体现在以下方面。

第一，现代的城镇社会保险制度。与社会主义市场经济体制相适应，这一点在制度建立之初就十分明确。例如，在1998年《关于建立城镇职工基本医疗保险制度的决定》中，明确提到要建立适应社会主义市场经济体制，与财政、企业和个人承受能力相符，保障职工基本医疗需求的社会医疗保险制度。而正如前文所述，劳动保险与计划经济体制相适应，但与市场经济发展要求不匹配。

第二，城镇职工社会保险制度包括五项保险，而且是分项推进改革、分项制定政策。这与经济体制改革的循序渐进相一致。而劳动保险是一揽子保险，是综合性的。而且，劳动保险中不包括失业方面的内容，失业保险是在市场经济体制下建立的。

第三，劳动保险不仅为就业人员提供保险待遇，也在医疗等方面为其直系亲属（老人、小孩）提供福利。在现代社会保险制度中，城镇职工社会保险只覆盖职工本人，不包括职工的亲属。但建立了专门针对城镇非就业居民的社会保险制度，职工的亲属可根据需要自愿参加居民社会保险，享受养老和医疗等方面的保障。

---

① 参见中华人民共和国人力资源和社会保障部《2011年度人力资源和社会保障事业发展统计公报》，2012年6月5日，人力资源和社会保障部门户网站（http://www.mohrss.gov.cn/sYrlzyhshbzb/zwgk/szrs/tjgb/201206/t2012/20605_69908.html）。

第四，无论是城镇职工社会保险，还是城镇居民社会保险，都十分重视个人的作用，强调个人出资，与单位和政府共同分担费用。而且，还设置了与缴费相关的受益条件和待遇标准，来激励个人缴费。例如，城镇职工养老保险需缴费 15 年才能领取养老金，个人账户养老金全部来源于个人缴费的积累。而在劳动保险制度下，个人不需缴费就可享受保险待遇。在现代城镇社会保险制度中，政府只给予适当的补助，不是主要资金来源，这一点与劳动保险不同。

第五，劳动保险具有很强的再分配性质，这与计划经济下的平均主义思想有关。而现代城镇社会保险虽然也有再分配的功能，但也强调权利和义务的对等。劳动保险实行现收现付制。而在城镇社会保险制度中，既有现收现付制，也有基金积累制。例如，在城镇职工社会保险中，养老保险和医疗保险属于部分积累制，工伤保险、失业保险和生育保险属于现收现付制。

三 农村社会保险制度的发展

与城镇不同，农村长期以来一直缺少真正的社会保险制度。计划经济时期的旧农村合作医疗制度，更多的是一种集体保障，不是社会保险。实行家庭联产承包责任制之后，依托于集体经济的保障制度失去了经济基础。随着从计划经济向市场经济的转型以及城乡收入差距的不断扩大，广大农民对社会保险的需求也越来越迫切。到 20 世纪末 21 世纪初，农民“因病致贫”的问题越发严重。1998 年，在农民贫困原因的构成中，15.2% 是因为疾病。到 2003 年，该比例升至

30.0%。[①] 在此情况下，中国建立了现代农村社会保险制度，保障农民的看病和养老等需求。

2003年，政府发布《关于建立新型农村合作医疗制度的意见》(国办发〔2003〕3号)，提出从2003年开始，各地区至少选择2—3个县（区、市）进行试点，逐步推开，到2010年实现全国的制度全覆盖。新型农村合作医疗（以下简称新农合）制度，是农民以家庭为单位自愿参加，不具有强制性。在资金来源上，个人缴费、集体扶持和政府补贴相结合，其中个人缴费较少，政府补贴较多。在资金使用上，也设有起付标准、报销比例和最高支付限额，这与城镇基本医疗保险相似，但具体标准不同。最初，新农合主要解决农民的大病医疗费用，减缓"因病致贫"的问题，后来随着经济发展水平和新农合筹资水平的提高，新农合不仅覆盖住院和门诊大病，也对普通门诊提供医疗保障。

新农合的发展较快，2004年全国有333个县实施了新农合制度，到2013年，新农合已覆盖全国2489个县；参合人数从0.8亿人(2004年）增加到8.0亿人（2013年)，参合率也相应地从75.2%提升到99.0%；2004年有0.76亿人次享受了新农合的医疗补偿，到2013年增加到19.4亿人次。[②]

2009年，中国开始在农村建立新型农村社会养老保险制度，以解决农民老有所养的问题。标志性事件是政府发布《关于开展新型农村社会养老保险试点的指导意见》（国发〔2009〕32号)。该文件提

---

① 参见卫生部统计信息中心《第三次国家卫生服务调查分析报告》，《中国医院》2005年第9卷第1期。

② 资料来源：中华人民共和国国家统计局"年度数据"，2016年，国家统计局门户网站（http：//data. stats. gov. cn/easyquery. htm? cn = C01)。

出，在2009年试点应覆盖全国10%的县（区、市），之后逐步扩大试点，到2020年基本实现对农民的全覆盖。新型农村社会养老保险制度也是由农民自愿参加，不具有强制性。在资金来源上，采取个人缴费、集体补助和政府补贴相结合的筹资方式。与城镇居民养老保险相似，新型农村社会养老保险的个人缴费也设置了不同的档次，个人可自由选择；政府补贴也包括缴费补贴和基础养老金两个部分。在资金使用上，每个参保农民都有一个养老保险的个人账户，个人缴费、集体补助和政府的缴费补贴都进入个人账户，并在参保者年满60岁时发放个人账户养老金。同时，财政发放基础养老金。到2011年年底，全国81.5%的县建立了新型农村社会养老保险制度，参保人数达3.3亿人，基金收入和支出分别为1069.7亿元和587.7亿元。

四　城镇居民社会保险与农村社会保险的统一

城镇居民社会保险和农村社会保险，都由养老保险和医疗保险组成，资金筹集和使用方式也十分相近。因此，有些地区将城镇居民社会保险和农村居民社会保险合并实施。从时间上看，农村居民社会保险的建立早于城镇居民；医疗保险的建立早于养老保险。

继2003年建立新农合、2007年建立城镇居民医疗保险之后，2009年政府发布《关于深化医药卫生体制改革的意见》，其中提出要探索建立城乡一体化的基本医疗保障管理制度。到2011年年底，全国有189个县开展了医疗保险城乡统筹的探索，合并实施了城乡居民医疗保险。2016年，城乡居民合并实施医疗保险的方向更加明确，政府发布《关于整合城乡居民基本医疗保险制度的意见》（国发〔2016〕3号），明确提出要整合城镇居民基本医疗保险和新农合这两项制度，建立统一的城乡居民基本医疗保险制度，并强调这对医药卫生体制改革、城乡公平、增进居民福利有着重要意义。在整合时，要做到“六个统一”，包括统一覆盖范围、统一筹资政策、统一保障待遇、统一医保目录、统一定点管理、统一基金管理。目前，根据人社部的统计，全国已有天津、上海、浙江、山东、广东、重庆、青海、宁夏8个省（自治区、直辖市）和部分市县实现了城乡居民基本医疗保险制度的整合，其他地区的整合工作正在推进。

2009 年新型农村社会养老保险在全国开展试点，2011 年城镇居民社会养老保险开始试点，到 2011 年年底，全国有 683 个县合并实施了城乡居民社会养老保险。2014 年，政府发布《关于建立统一的城乡居民基本养老保险制度的意见》（国发〔2014〕8 号），决定将新型农村社会养老保险和城镇居民养老保险合并实施，在全国范围内建立统一的城乡居民基本养老保险制度，并对参保范围、基金筹集、养老待遇标准、领取条件、制度衔接、基金管理等做出了明确的规定。到 2015 年年底，全国城乡居民基本养老保险的参保人数达到 5 亿人，基金收入和支出分别达到 2855 亿元和 2117 亿元。①

① 参见中华人民共和国人力资源和社会保障部《2015 年度人力资源和社会保障事业发展统计公报》，2016 年 6 月 1 日，人力资源和社会保障部门户网站（http：//www. mohrss. gov. cn/sYrlzyhshbzb/zwgk/szrs/tjgb/201606/t20160601_24/070. html）。

◇第三节　社会主义初级阶段社会保险制度的基本原则

一　基本原则的制定

在探索建立现代社会保险制度时，对于每项保险的建立，政府都规定了一些基本原则。例如，城镇职工基本养老保险的基本原则是"建立适应社会主义市场经济体制要求、适用城镇各类企业职工和个体劳动者、资金来源多渠道、保障方式多层次、社会统筹与个人账户相结合、权利与义务相对应、管理服务社会化的养老保险体系，企业职工养老保险要贯彻社会互济与自我保障相结合、公平与效率相结合、行政管理与基金管理分开等原则，保障水平要与我国社会生产力发展水平及各方面的承受能力相适应"①。城镇居民养老保险和新型农村社会养老保险的基本原则是"保基本、广覆盖、有弹性、可持续"②。

在现代社会保险制度基本成形之后，政府对各项社会保险的基本

① 参见国务院《国务院关于建立统一的企业职工基本养老保险制度的决定》（1997 年 7 月 16 日），2002 年 2 月 28 日，人民网（http：//www. people. com. cn/GB/shizheng/252/7486/7498/20020228/675965. html）。

② 参见中华人民共和国中央人民政府《国务院关于开展城镇居民社会养老保险试点的指导意见》（2011 年 6 月 7 日），2011 年 6 月 13 日，中央人民政府门户网站（http：//www. gov. cn/zwgk/2011 －06/13/content_1882801. htm）；中华人民共和国中央人民政府《国务院关于开展新型农村社会养老保险试点的指导意见》（2009 年 9 月 1 日），2009 年 9 月 4 日，中央人民政府门户网站（http：//www. gov. cn/zwgk/2009 －09/04/content_1409216. htm）。

原则进行了总结和归纳，并得到一般性的总原则。具体而言，2010年10月28日中国通过了《社会保险法》，并于2011年7月1日开始实施。其中规定了社会主义初级阶段社会保险制度的基本原则，即“广覆盖、保基本、多层次、可持续”，并指出社会保险水平应与经济社会发展水平相适应。2012年中共十八大进一步将社会保险的基本原则修正为“全覆盖、保基本、多层次、可持续”，即将“广覆盖”进一步发展成“全覆盖”。

二 基本原则的内涵

在多年探索与实践的基础上，结合其他国家的经验教训，中国提炼出的社会保险基本原则是“全覆盖、保基本、多层次、可持续”。其中，“全覆盖”是指社会保险制度应覆盖城乡所有群体。从现代社会保险制度建立的历程来看，社会保险从城镇扩大到农村，从企业职工扩大到包括灵活就业人员和个体户在内的所有就业人员，从就业人员扩大到城乡非就业居民。目前，社会保险已在制度上实现“全覆盖”。这有利于社会公平，也减少了效率损失。例如，企业职工和其他形式的就业人员适用相同的社会保险制度，可以减少个人在就业选择上的扭曲。一些针对发展中国家的研究发现，如果正式职工和非正式就业人员的社会保险制度不同，那么社会保险的相关调整会影响个人在正式和非正式之间的就业选择。[①]

“保基本”是指社会保险的保障水平要与经济发展水平相一致，

① Camacho, A., Conover E., and Hoyos, A., “*Effects of Colombia's Social Protection System on Workers' Choice between Formal and Informal Employment*”, *World Bank Economic Review*, 2014, Vol. 28, No. 3, pp. 446 – 466.

不能超越经济发展而提供过高的福利。这主要是总结“福利国家”的教训而形成的理念，并在建立各项保险的政策文件中反复强调。社会保险只是提供基本水平的保障，如果人们有更高的保障需求，应通过补充保险或商业保险来解决。这是考虑到，一方面，如果社会保险的保障水平过高，再与第一条基本原则“全覆盖”相结合，那势必要提高社会保险的缴费率或者征收更多的税收来提供资金，否则就会给财政带来不可持续的风险，但是过高的缴费率和税率会在劳动力市场上产生更大的扭曲；另一方面，社会保险的保障水平过高，也会出现“养懒汉”的现象，从长期来看，不利于经济发展。此外，社会保险的保障水平也不宜太低，否则就起不到有效的保护作用。提供基本生活水平的保障，是比较合适的。这个“保基本”的标准，需要通过考察当地的平均工资和消费情况来设定。

“多层次”是指由政府提供基本层次的保障，由市场提供更高层次的保障。从“福利国家”的情况来看，不应只由政府提供保障，而是个人和市场都来参与。例如，对于养老保险，世界银行曾提出“三支柱”的养老保险体系，包括社会养老保险、企业补充养老保险和个人储蓄性养老保险（如商业保险等）。很多国家采用了这种“多层次”的设计思路，中国也是如此。中国的养老保险体系也由社会养老保险、企业年金（或职业年金）以及商业养老保险组成，不过社会养老保险所占比重较大，而后两个支柱的比重相对较小。“多层次”的基本原则，实际上是在政府和市场中划分边界，政府“保基本”，这部分供给和需求更具有公共产品的特征，应由政府提供，更高的需求由市场来满足。

“可持续”是指在长期内，经济发展要能够负担得起社会保险的支出。社会保险制度应具有可持续性，是一项长期稳定的制度，尤其是在财务方面。这条基本原则其实和前三条原则紧密相关。在“全覆盖”的前提下，只有“保基本”和“多层次”才能实现“可持续”。如果提供较高的福利而且只依赖政府，特别是在人口老龄化加剧、福利刚性支出增加的背景下，这种社会保险制度会难以持续。

第四节 中国社会保险制度的特点与国际比较

在计划经济时期，中国的社会保险制度属于“国家保险型”，国家财政是提供社会保险的主体。随着社会主义市场经济体制的建立，中国的社会保险制度不断变革，目前已建立起与市场经济相适应的现代社会保险制度。中国现代社会保险制度属于社会保险型，这也是世界上大多数国家采用的模式。不过，没有任何一个国家的社会保险制度是相同的。下面就中国现代社会保险制度的主要特点进行分析，并进行国际比较。

一 中国的社会保险缴费率较高

从整体上看，中国现代的社会保险制度，其资金主要来源于单位和个人的缴费，财政只是提供适当的支持。但与其他国家相比，中国的社会保险缴费率较高，单位和个人的缴费负担较重。这主要体现在城镇职工社会保险制度上。对于职工社会保险，中国的缴费率达到41%，高于OECD的平均水平（25.2%），也高于世界上大部分国家的缴费率（见图3－8至图3－11）。

具体而言，与亚洲国家和地区相比，从图3－8可以看出，中国的缴费率最高，比新加坡和印度高 5—6 个百分点，比日本和韩国分别高 22 个和 30 个百分点，比中国台湾和香港分别高 22 个和 31 个百分点。

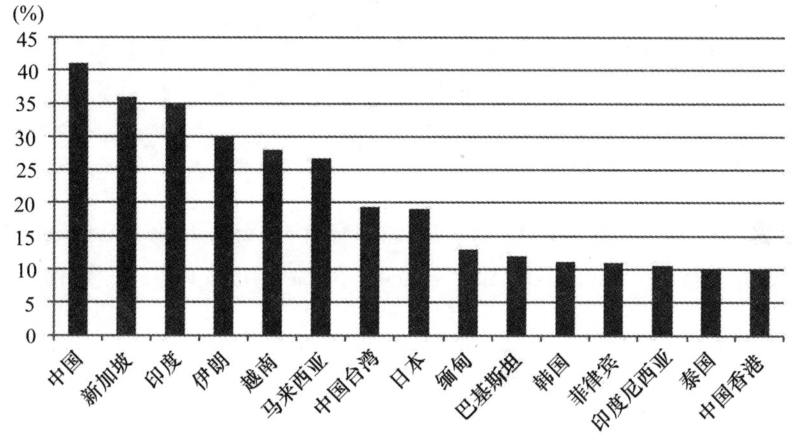

图 3－8　中国城镇职工社会保险的缴费率与亚洲主要国家和地区的比较

资料来源：Social Security Administration，*Social Security Programs Throughout the World*：*Asia and the Pacific*，*2014*。

与欧洲的一些国家相比，从图 3－9 可以看出，中国的缴费率高于欧洲大部分国家的水平，只低于法国（46%）和匈牙利（42%）这两国。具体来看，中国的缴费率与意大利、奥地利、德国和西班牙等国较为接近，但明显高于比利时、挪威、冰岛、卢森堡、爱尔兰和丹麦等国，其中比丹麦高 33 个百分点。另外，中国的缴费率比“福利国家”（如英国、瑞典、挪威、冰岛等）明显要高。

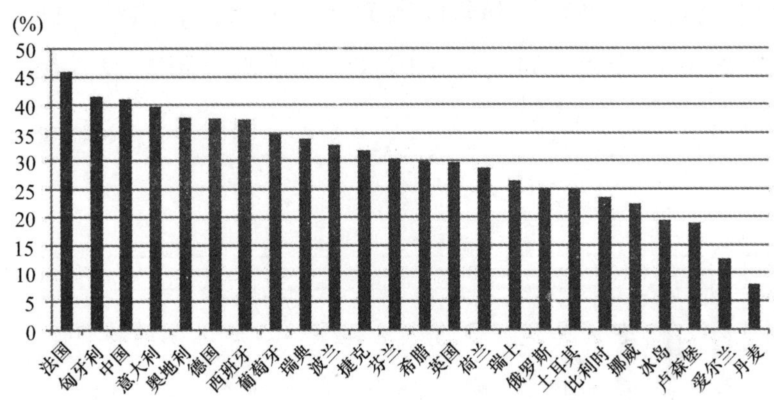

图 3－9　中国城镇职工社会保险的缴费率与欧洲主要国家的比较

资料来源：Social Security Administration，*Social Security Programs Throughout the World：Europe*，*2016*。

与美洲的一些国家相比，从图 3－10 可以看出，中国的缴费率最高，比巴西和哥伦比亚高 12 个百分点，比阿根廷和智利高 19—20 个百分点，比美国和加拿大高 25—26 个百分点，比墨西哥高 32 个百分点。其中，美国和加拿大等国的补充保险和商业保险较为发达，社会保险在整个保险体系中的比重相对较低，相应地，社会保险缴费率也相对较低。而智利、阿根廷和墨西哥等国，社会保险的市场化、私有化程度较高，强调个人自我负责，再分配性较弱，不需要设置较高的缴费率来进行收入再分配，因而缴费率较低。

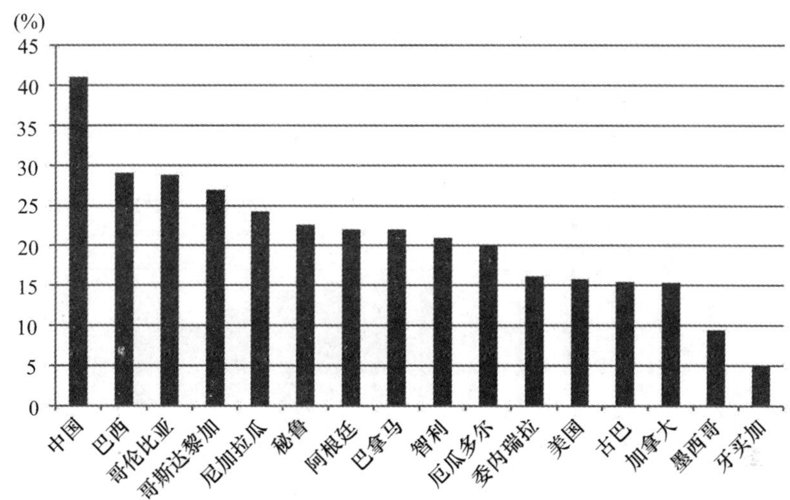

图 3－10　中国城镇职工社会保险的缴费率与美洲主要国家的比较

资料来源：Social Security Administration，*Social Security Programs Throughout the World：The Americas，2015*。

非洲国家也或多或少地建立了社会保险项目，中国的缴费率高于这些非洲国家的水平（见图 3－11）。可以看出，中国的缴费率与埃及较为接近，相差不大（1 个百分点），比坦桑尼亚、尼日利亚、埃塞俄比亚高 20—23 个百分点，比南非高 39 个百分点。

综上所述，无论是与发达国家相比，还是与发展中国家相比，中国的城镇职工社会保险缴费率都处于较高的水平，高于大部分国家。中国之所以设置如此高的缴费率，主要是为了支付隐性养老金债务，也是为了冲销企业在社会保险制度改革、现代社会保险建立初期的拒缴和逃避费的影响。①

① 参见赵耀辉、徐建国《我国城镇养老保险体制改革中的激励机制问题》，《经济学》（季刊）2001 年第 1 卷第 1 期。

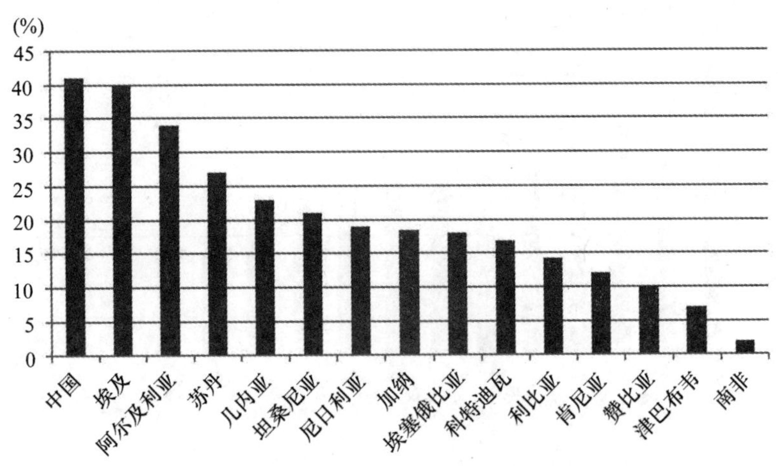

图 3-11 中国城镇职工社会保险的缴费率与非洲主要国家的比较

资料来源：Social Security Administration，*Social Security Programs Throughout the World*：*Africa*，*2015*。

其中，养老保险隐性债务是指，1997 年养老保险制度从以往的现收现付制（计划经济时期）向部分积累制转轨改革，“老人”的养老金和“中人”的过渡性养老金构成了隐性债务。具体而言，该项改革将人群划分成“老人”“中人”和“新人”。“老人”是在 1997 年改革前已经退休的人，“中人”是改革前参加工作、改革后退休的人，“新人”是在改革后参加工作的人。改革后，在养老金待遇上，“老人”仍按老办法发放养老金，仍留在现收现付制下，个人无须缴费，待遇水平不变；而“新人”向个人账户缴费，其所在企业向社会统筹账户缴费，在退休后从社会统筹账户和个人账户中分别获得基础养老金和个人账户养老金；“中人”的缴费与“新人”相似，但“中人”享受视同缴费和过渡性养老金的政策，改革前的工作年限虽然没有缴费，但被视同缴过费来对待，在退休后除了能领取基础养老金和个人账户养老金之外，还有一部分过渡性养老金，是兑现过去在现收现付制下积累的养老金权利的补偿金，或过去无个人账户工作年限的补偿金，这部分来源于社会统筹账户。因此，“老人”和“中人”在现收现付制向部分积累制转轨中发生和积累的一部分养老金权益（“老人”的养老金和“中人”的过渡性养老金），构成了新养老保险制度下的隐性债务，据测算，这笔债务的规模超过上万亿元。[①] 中国政府设置较高的缴费率，是有偿还隐性债务的考虑。

另外，在社会保险制度改革之初，出现了企业拒缴欠缴和逃避费的情况。亏损企业、私营企业、退休人数较少的国有企业尤为明显。[②] 这主要是因为，在新的养老保险制度下，大部分缴费进入社会统筹账户，这部分具有很强的再分配性，即无论缴费多少，同一个统筹地区的职工在退休后都能从社会统筹账户中获得相同数额的基础养老金（当地平均工资的20%）。这实际上是由年龄结构较轻的企业补贴年龄结构较老的企业，由退休人数较少的企业补贴退休人数较多的企业，因此，部分企业不愿缴费。随着人口老龄化的加剧，负担率（退休人数与在职职工人数的比例）不断提高，这进一步减弱了年轻企业的缴费激励。在此情形下，政府设定较高的缴费率，以弥补企业欠缴或逃避费的收入损失。但实际上，较高的缴费率进一步损害了企业和职工的缴费激励，使逃避费的现象变得更加严重。一些研究利用中国企业和职工层面的大量数据，验证了缴费率对逃避费的影响，即提高

① 参见贾康、张晓云、王敏、段学仲《关于中国养老金隐性债务的研究》，《财贸经济》2007年第9期。

② 参见赵耀辉、徐建国《我国城镇养老保险体制改革中的激励机制问题》，《经济学》（季刊）2001年第1卷第1期。

缴费率会使企业和职工拒绝参保或在参保后低报缴费基数。①

二　中国的社会保险是现收现付制与基金积累制的混合

在市场经济时期，中国的社会保险制度中，既有现收现付制的成分，也有基金积累制的成分。具体而言，养老保险和医疗保险属于部分积累制，是社会统筹和个人账户相结合的制度，而社会统筹属于现收现付制，个人账户采用基金积累制。失业保险、工伤保险和生育保险都采用现收现付制，资金进入统筹账户，没有建立个人账户。

因此，中国社会保险是现收现付制与基金积累制的混合。不过，现收现付制所占比重较大，基金积累制所占比重较小。大部分的社会保险缴费都进入统筹账户，只有少部分缴费进入个人账户，而且个人账户的积累性较差。例如，对于城镇职工养老保险，目前职工工资的20%进入社会统筹，工资的8%进入个人账户，社会统筹的规模更大。社会统筹的部分，用于发放当期退休人员的养老金，不做长期积累。而个人账户应做资金积累，直到退休后才允许职工从中领取养老金。但个人账户的资金投资受到很多限制，一直以银行一年期的存款利率计息，直到2015年和2016年才有所放宽，允许各地将养老保险基金

① 参见封进《中国城镇职工社会保险制度的参与激励》，《经济研究》2013年第7期；赵静、毛捷、张磊《社会保险缴费率、参保概率与缴费水平——对职工和企业逃避费行为的经验研究》，《经济学》（季刊）2015年第15卷第1期。

委托给全国社会保障基金理事会进行市场化投资。① 而且，个人账户长期处于“空转”的状态，即个人账户中实际没有资金积累，个人账户的资金都被用于发放当期退休人员的养老金，个人账户实质上只起到了记账的作用，不是真正的基金积累制。个人账户之所以“空转”，是因为各地的统筹账户出现了缺口，统筹部分的资金不足以发放当期养老金，各地便将个人账户资金挪用。目前，全国有 13 个省份（辽宁、吉林、黑龙江、天津、山西、上海、江苏、浙江、山东、河南、湖北、湖南、新疆）开展了做实个人账户的试点，2014 年积累了 5001 亿元。②

现收现付制和基金积累制各有优缺点。其中，现收现付制的再分配功能较强，但易受人口老龄化的冲击，而且缴费激励机制缺位；基金积累制可以应对人口老龄化危机，个体缴费激励较强，但资金保值增值风险较大，而且缺乏再分配功能。从兼顾公平与效率的角度出发，中国的社会保险制度将现收现付制与基金积累制相结合，希望能发挥它们各自的长处，互相补充不足。这也是参考了其他国家经验教训之后的做法。在世界社会保险制度建立之初，大部分国家仿照了德国的做法，实行现收现付制。后来随着 20 世纪 70 年代“滞胀”的出

① 参见中华人民共和国中央人民政府《国务院关于印发基本养老保险基金投资管理办法的通知》（2015 年 8 月 17 日），2015 年 8 月 23 日，中央人民政府门户网站（http：//www. gov. cn/zhengce/content/2015 －08/23/content_10115. htm）；中华人民共和国中央人民政府《全国社会保障基金条例》（2016 年 3 月 10 日），2016 年 3 月 28 日，中央人民政府门户网站（http：//www. gov. cn/zhengce/content/2016 － 03/28/content_5059035. htm）。

② 参见中华人民共和国人力资源和社会保障部《2014 年度人力资源和社会保障事业发展统计公报》，2015 年 6 月 29 日，人力资源和社会保障部门户网站（http：//www. mohrss. gov. cn/sYrlzyhshbzb/zwgk/szrs/tjgb/201506/t20150629_212661. html）。

现，英国率先对养老保险进行私有化改革，鼓励职工退出现收现付制的社会养老保险，加入企业年金计划或建立个人账户，引入基金积累制。智利更是对养老保险进行了彻底的私有化改革，从现收现付制变为基金积累制，养老保险基金没有社会统筹，只有个人账户。不过，值得强调的是，智利的其他保险项目，包括失业保险和工伤保险等，仍是现收现付制，因此，从整体来看，智利的社会保险是混合制。在1981—2008 年，共有 11 个拉丁美洲国家对现收现付制的养老保险制度进行了改革，或多或少地引入了基金积累制。在 20 世纪末 21 世纪初，大部分中东欧国家也进行了类似的改革，如匈牙利、波兰和斯洛伐克等，建立了强制性的个人账户。然而，在最近这些年，随着基金积累制的负面影响突显（如无法进行再分配等），养老保险私有化改革停滞，有些国家（如智利和阿根廷）又进行了相反方向的改革，削减了基金积累制的成分，增加现收现付制的成分。① 因此，从世界社会保险制度的变革来看，社会保险的发展是一个从现收现付制转向现收现付制与基金积累制混合的过程，只是不同国家实施的混合比例不同，有些国家更侧重现收现付制，而另一些国家更偏好基金积累制。

目前，除了新加坡等国采用完全的基金积累制以外，其他大多数国家的社会保险制度都是现收现付制与基金积累制的混合。而且，将这两种模式相结合的做法，不仅体现在养老保险上，也被用于医疗保险和失业保险等其他保险项目。例如，哥伦比亚的失业保险是现收现

---

① ILO，“World Social Protection Report 2014/15：Building Economic Recovery”，Inclusive Development and Social Justice，Geneva：ILO，2014.

付制与基金积累制的混合，巴西和厄瓜多尔的失业保险采用基金积累制。[①]

三　中国的社会保险覆盖城乡所有群体

1994—1999 年，中国建立了全国统一的城镇职工社会保险制度，包括养老、医疗、失业、工伤和生育等内容，覆盖城镇所有企业职工。进入 21 世纪，中国先后为农村居民和城镇非就业居民建立了社会保险制度，主要包括养老保险和医疗保险，而且近期城乡居民的社会保险合并实施。同时，城镇职工社会保险的覆盖范围也在逐渐扩大，农民工、灵活就业人员和个体户等被纳入参保范围，2015 年机关事业单位工作人员的社会保险也与企业职工并轨。[②] 因此，中国的社会保险在制度上覆盖了所有群体。其中，城镇职工社会保险覆盖了各种形式的就业人员，而城乡居民社会保险覆盖了农村居民和城镇非就业居民。

2012 年，国际劳工组织发布了第 202 号建议书《社会保护底线建议书》，其中提出了"普遍保护"的原则，并认为基本社会保险应保障所有居民，包括所有儿童。中国儿童被城乡居民基本医疗保险所覆盖，包括学生，以家庭为单位缴费。与中国相似，很多国家都将儿童纳入医疗保险的范畴，如日本和德国等。此外，一些国家还对抚养

① ILO，"World Social Protection Report 2014/15：Building Economic Recovery"，Inclusive Development and Social Justice，Geneva：ILO，2014.

② 参见中华人民共和国中央政府《国务院关于机关事业单位工作人员养老保险制度改革的决定》（2015 年 1 月 3 日），2015 年 1 月 14 日，中央人民政府门户网站（http：//www. gov. cn/zhengce/content/2015 - 01/14/content_9394. htm）。

儿童的家庭提供津贴，即家庭津贴或儿童津贴。这些国家占比大约为59%，大部分是北美和欧洲国家。[①] 中国并没有建立家庭儿童津贴制度。不过，中国为城镇非就业居民和农村居民建立的社会保险制度的举动为国际劳工组织所称赞，其在2014年的《世界社会保障报告2014/2015》中特别设立一个专栏（专栏4.3），介绍了中国城乡居民社会养老保险制度。除了针对特定老年群体、带有社会救助性质的养老金制度以外，大部分国家的养老保险都与就业相关联，而中国的养老保险参保者不必然是就业人员，非就业居民也可以在政府的扶持下缴费参加养老保险。根据国际劳工组织统计，到2013年年底，在中国15岁及以上年龄的人口中，大约75%都被养老保险覆盖（包括企业职工、机关事业单位和城乡居民的养老保险），其中59%的参保者参加的是城乡居民养老保险。[②] 因此，可以看出，城乡居民养老保险的建立，极大地扩大了中国养老保险的覆盖范围，增强了对老年群体的保护。据统计，如果去掉中国，目前世界上领取养老金的老人占所有退休适龄人口的比重将从51.5%下降到45.6%，15—64岁人口中参加养老保险并缴费的人口占比将从29.7%下降到25.4%；亚太地区养老金领取者的占比将从47%下降到32.4%，缴费者的占比将从25.6%下降到14.4%。[③]

---

① Social Security Administration, *Social Security Programs Throughout the World: Asia and the Pacific, 2014*; *Social Security Programs Throughout the World: Africa, 2015*; *Social Security Programs Throughout the World: The Americas, 2015*; *Social Security Programs Throughout the World: Europe, 2016*, https://www.ssa.gov/policy/docs/progdesc/ssptw/index.html.

② ILO, "World Social Protection Report 2014/15: Building Economic Recovery", Inclusive Development and Social Justice, Geneva: ILO, 2014.

③ Ibid..

四　中国的社会保险提供的是基本水平的保障

中国现代社会保险制度的一项重要原则是“保基本”，即社会保险提供的是基本水平的保障，不是高福利。随着经济的发展，基本水平的标准和内涵在不断变化。从1997年到2015年，中国社会保险支出占GDP的比重从1.7%上升到5.7%（见图3－12），但与OECD国家相比，中国当前的社会保险支出比重仍然较低。以2013年的情况为例进行国际比较。2013年，中国社会保险支出占GDP的比重不足5%，而OECD的平均水平达到16%，美国则超过了25%（见图3－13）。这说明，与OECD国家相比，中国社会保险的保障水平较低。

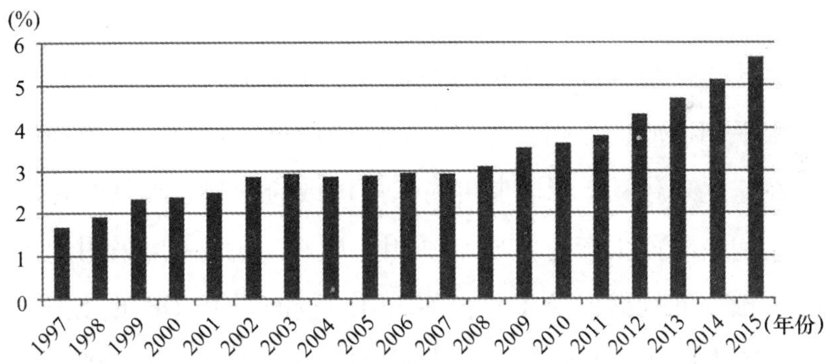

图3－12　中国社会保险支出占国内生产总值（GDP）的比重

资料来源：中华人民共和国国家统计局“年度数据”，2016年，国家统计局门户网站（http：//data. stats. gov. cn/easyquery. htm？ cn = C01）。

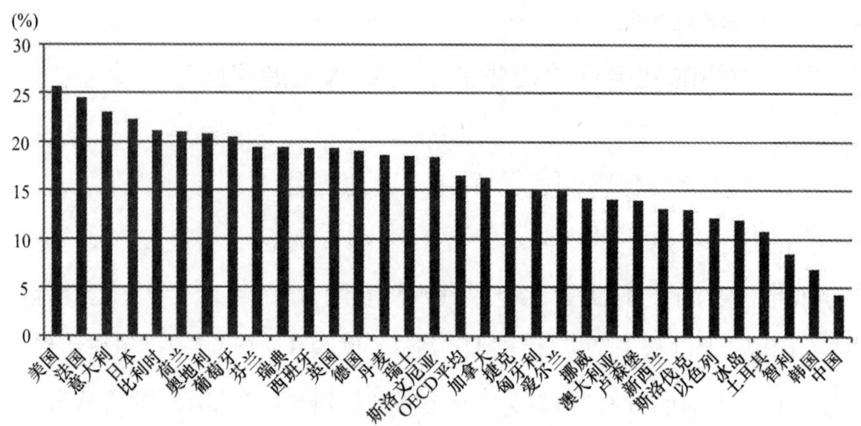

图 3－13　中国与部分 OECD 国家的社会保险支出占 GDP 的比重（2013 年）

注：图中的社会保险支出占比，主要是养老保险、医疗保险和失业保险的占比。

资料来源：经济合作与发展组织（OECD），OECD 数据库，2014 年，OECD 门户网站（http：//stats. oecd. org/）。

世界社会保险制度的变革历程表明，社会保险的保障水平应与经济发展水平相适应，否则会导致社会保险制度不可持续，也损害经济发展。在建立现代社会保险制度时，中国政府一再强调社会保险应与社会主义初级阶段生产力发展水平相适应。① 图 3－14 采用中国和部分 OECD 国家的社会保险支出占 GDP 比重和人均 GDP 的数据，展示了社会保险保障水平与经济发展水平之间的正相关关系。图中的直线是这种关系的拟合线，反映了这些国家的平均水平。可以看到，中国位于线下，说明中国的社会保险支出水平低于平均水平。而美国、法国、意大利、奥地利、比利时、荷兰和丹麦等国位于线上，说明这些

① 参见中华人民共和国中央人民政府《国务院关于建立城镇职工基本医疗保险制度的决定》（1998 年 12 月 14 日），2005 年 8 月 4 日，中央人民政府门户网站（http：//www. gov. cn/banshi/2005－08/04/content_20256. htm）。

国家的社会保险支出水平超过了与经济发展阶段相对应的平均水平，提供了超越经济发展水平的高福利。

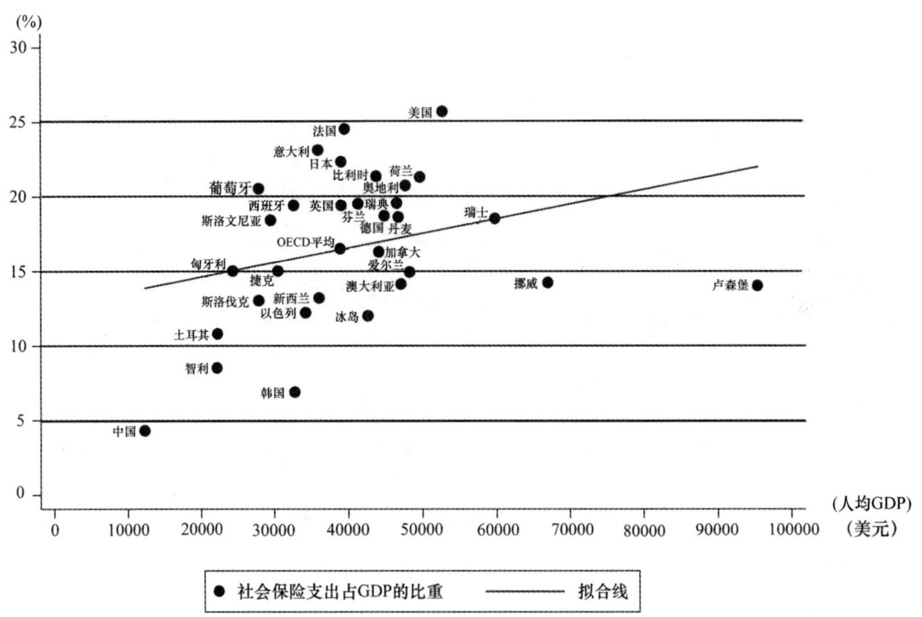

图 3－14　中国与部分 OECD 国家社会保险支出占 GDP 的比重与人均 GDP（2013 年）

注：图中的社会保险支出占比，主要是养老保险、医疗保险和失业保险的占比。拟合线是笔者的估计。

资料来源：经济合作与发展组织（OECD），OECD 数据库，2014 年，OECD 门户网站（http：//stats. oecd. org/）。

中国的社会保险支出占 GDP 的比重虽然相对较低，但足以保障人们的基本生活。以养老保险为例，图 3－15 展示了中国城镇人均养老金、城镇家庭人均消费和城镇在岗职工平均工资之间的关系。可以看出，人均养老金的水平略高于人均消费，但与人均工资存在较大的差距。这说明，城镇基本养老保险的保障水平能够满足消费需求，同时退休人员的收入低于在岗职工的收入，符合公平与效率的要求，说明城镇基本养老保险没有提供过度的、不合理的保障。

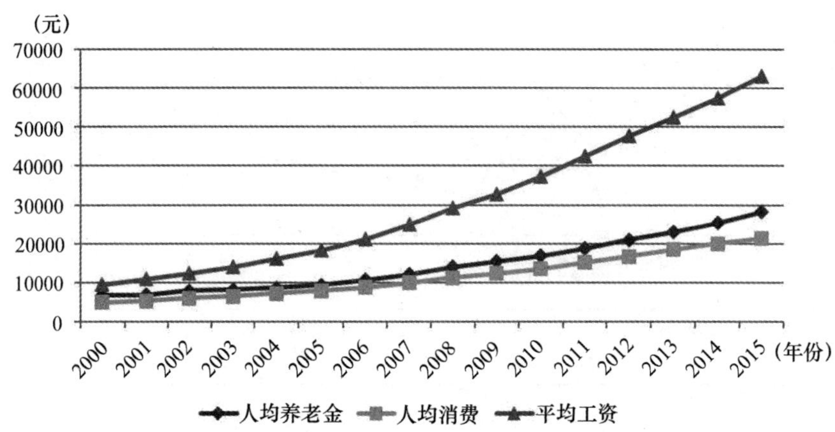

图 3-15 中国城镇的人均养老金、人均消费与平均工资

资料来源：中华人民共和国国家统计局“年度数据”，2016 年，国家统计局门户网站（http://data.stats.gov.cn/easyquery.htm? cn = C01）。

五 城镇企业职工和机关事业单位人员的社会保险制度近期并轨

长期以来，中国城镇职工社会保险制度在社会群体间存在分割，主要体现为养老保险的“双轨制”，即对机关事业单位工作人员和企业职工实行不同的养老保险制度。20 世纪 90 年代，企业职工的养老保险制度不断变革，从现收现付制转向部分积累制，而机关事业单位人员的养老保险仍沿用了计划经济时期的退休金制度。这使得两类就业群体的养老保险缴费和待遇存在较大差距，造成社会不公，也阻碍了劳动力在不同类型单位之间的自由流动。

从资金来源看，机关事业单位人员无须缴纳养老保险费。机关公务员的养老金经费全部来源于财政；对于事业单位工作人员，全额拨款、差额拨款、自收自支事业单位的养老金经费来源有所差异，但大部分也来源于财政。而企业和职工均需缴费，缴费率较高，占职工工资总额的28%左右，并且在缴费满15年之后，职工才能在退休后获得养老金。财政虽然也对企业职工养老保险给予补贴，但投入远远少于机关事业单位养老金。从待遇水平看，机关事业单位人员的养老金相对较高，根据工作年限的不同，机关公务员和事业单位工作人员在退休后分别可以领取其退休前职务工资和级别工资之和或岗位工资和薪级工资之和的80%—90%。[①] 表3－1展示了企业与机关事业单位的养老金水平。可以看出，机关事业单位退休人员的月均养老金（绝对数额）高于企业退休人员，而且机关事业单位的养老金替代率（相对保障程度）也高于企业。因此，虽然企业和职工承担的养老保险缴费负担相对较重，但职工的养老待遇不如无须缴费的机关事业单位人员，养老保险“双轨制”在缴费和待遇两个方面都造成了人群间的分割。

表3－1　　中国企业与机关事业单位的养老待遇

年份	退休人员人均养老金（元/月）			在职职工平均工资（元/月）			养老金替代率（%）		
	企业	事业	机关	企业	事业	机关	企业	事业	机关
2002	599	1009	1022	989	1104	1167	60.6	91.4	87.6
2003	621	1069	1069	1132	1214	1311	54.9	88.1	81.5

① 资料来源：人事部财政部《关于印发〈关于机关事业单位离退休人员计发离退休费等问题的实施办法〉的通知》（2006年6月20日），2013年12月27日，中华人民共和国审计署门户网站（http://www.audit.gov.cn/n577/n704/n705/cb5757/content.html）。

续表

年份	退休人员人均养老金（元/月）			在职职工平均工资（元/月）			养老金替代率（%）		
	企业	事业	机关	企业	事业	机关	企业	事业	机关
2004	647	1129	1162	1297	1374	1489	49.9	82.2	78.0
2005	700	1180	1196	1488	1560	1736	47.0	75.6	68.9
2006	818	1262	1294	1713	1772	1947	47.8	71.2	66.5
2007	925	1543	1639	2004	2150	2397	46.2	71.8	68.4
2008	1100	1628	1740	2363	2480	2822	46.6	65.6	61.7
2009	1225	1778	1876	2635	2838	3116	46.5	62.6	60.2
2010	1362	1895	1982	3021	3201	3376	45.1	59.2	58.7
2011	1511	2073	2167	3502	3605	3692	43.1	57.5	58.7

注：考虑到人员的可比性，表中没有将机关事业单位离休人员的养老待遇纳入分析。如果考虑离休人员，那么机关事业单位的人均养老金水平会更高。养老金替代率，是指机关、事业单位、企业退休人员的养老金与机关、事业单位、企业在职职工平均工资的比例。

资料来源：中华人民共和国人力资源和社会保障部编写《中国人力资源和社会保障年鉴（工作卷）2012》，中国劳动社会保障出版社、中国人事出版社2012年版。

从其他国家的情况来看，机关事业单位工作人员的养老保险制度有三种类型：独立型、统一型和补充差异型。具体而言，独立型是指将机关事业单位工作人员与企业职工区分开来，对其实行完全独立的、与企业职工完全不同的养老保险制度，包括独立缴费和独立待遇；统一型是指不将机关事业单位工作人员与企业职工相区分，对两者实行统一的、完全相同的养老保险制度；补充差异型介于独立型和统一型之间，国家先将机关事业单位工作人员与企业职工一起纳入一个统一的基本养老保险制度，再在此基础上对机关事业单位工作人员实行职业年金制度（补充养老保险）。①

表3－2列示了一些国家的机关事业单位工作人员的养老保险制度类型和筹资方式。可以看出：（1）德国和法国对机关事业单位工作人员实行独立的养老保险制度，但是德国不要求个人缴费，而法国要求个人缴费。（2）美国、英国、瑞典、日本和韩国都对机关事业单位工作人员实行补充差异型的养老保险制度，也就是说，机关事业单位工作人员需要和企业职工一起参加基本养老保险，面临同样的缴费率，享受同样的待遇，在此基础上，机关事业单位工作人员可获得职业年金，而且个人也要向职业年金缴费。（3）新加坡和智利这两个实行完全积累制养老保险的国家，不对机关事业单位工作人员给予特殊对待，而是要求他们与企业职工参加统一的养老保险，并统一缴费。

表3－2　一些国家的机关事业单位工作人员养老保险制度

国家	制度类型	资金筹集方式
德国	独立型	国家税收负担，个人无须缴费
法国	独立型	政府缴纳个人工资的10.8%，个人缴纳7.2%
美国	补充差异型	社会基本养老保险：政府和个人各缴纳个人工资的7.6% 联邦雇员基本养老保险：政府和个人分别缴纳个人工资的10.7%和0.8%
英国	补充差异型	社会基本养老保险：政府与个人分担，总缴费率为19%—34% 职业年金：2002年9月30日之前，政府缴费，个人无须缴费；之后，政府和个人分担
瑞典	补充差异型	政府和个人分担，总缴费率在18.5%左右

①　参见财政部财政科学研究所课题组《我国事业单位养老保险制度改革研究》，《经济研究参考》2012年第52期。

续表

国家	制度类型	资金筹集方式
日本	补充差异型	国民年金计划：政府和个人各缴纳一半国民年金 共济年金计划：政府缴费7.6%，个人缴费7.6% 退休津贴计划：资金来源于税收，是对退休者的一次性待遇支付
韩国	补充差异型	政府缴纳个人工资的5.5%，个人缴纳5.5%（工龄超过33年不再缴纳）
新加坡	统一型	政府和个人共同缴费，总缴费率为30%—40%
智利	统一型	个人缴纳工资的13%，政府无须缴费

资料来源：财政部财政科学研究所课题组：《我国事业单位养老保险制度改革研究》，《经济研究参考》2012年第52期。王延中、龙玉其：《国外公职人员养老保险制度比较分析与改革借鉴》，《国外社会科学》2009年第3期。

因此，从国际经验来看，养老保险制度在社会群体间的分割并不严重。有些国家不存在分割的问题（统一型），有些国家虽然分割但也要求机关事业单位工作人员缴费（独立型且个人缴费），而大部分国家只是在基本养老保险的基础上对机关事业单位工作人员稍作区别对待（补充差异型）。因此，在这些国家，机关事业单位工作人员的缴费和待遇与企业职工的差别不是很大。虽然机关事业单位工作人员的待遇相对较高，但这种适度的差别是可以接受的。① 而中国和德国较为相似，均实行完全独立的机关事业单位工作人员养老保险制度，并且个人无须缴费，这在机关事业单位工作人员和企业职工之间造成了较大的差距，这种情况在其他国家比较少见。

① 参见王延中、龙玉其《国外公职人员养老保险制度比较分析与改革借鉴》，《国外社会科学》2009年第3期。

在此情形下，2008 年，中国政府发布《关于印发事业单位工作人员养老保险制度改革试点方案的通知》（国发〔2008〕10 号），决定推行事业单位养老保险改革，并在山西、上海、浙江、广东和重庆先期开展试点，与事业单位分类改革试点配套推进。[①] 这项改革针对事业单位分类改革后从事公益服务的事业单位及其工作人员，将其适用的退休金制度与企业职工养老保险并轨。然而，改革一直进展缓慢，试点地区的具体实施方案难以出台。[②] 2015 年，政府发布《关于机关事业单位工作人员养老保险制度改革的决定》（国发〔2015〕2 号），将机关公务员也纳入改革范围，而且在全国推广，避免单独对事业单位退休金制度改革引发新的不平衡以及不同地区先改和后改之间的矛盾，促使改革顺利推进。这项改革的主要内容是对机关事业单位人员和企业职工等城镇就业人员实行统一的社会统筹与个人账户相结合的基本养老保险制度，单位和个人都需缴费，而且养老金待遇与缴费相关联。此外，还对机关事业单位人员建立职业年金制度，单位和个人都向职业年金缴费。根据前文分析，这项改革是将机关事业单位人员的养老制度从独立型向补充差异型转变，而补充差异型正是大部分国家采用的模式。在国发〔2015〕2 号文件发布后，各省相继出台了具体的实施办法，养老保险“双轨制”并轨改革正在稳步推进。

---

① 2006 年中央机构编制委员会办公室制定《关于事业单位分类及相关改革的试点方案》（征求意见稿），2008 年十七届二中全会通过《关于深化行政管理体制改革的意见》，2011 年中共中央、国务院发布《关于分类推进事业单位改革的指导意见》（中发〔2011〕5 号），提出要推行事业单位分类改革。具体内容为：按照社会功能将事业单位划分为承担行政职能、从事生产经营和从事公益服务三类。对承担行政职能的，逐步将其行政职能划归行政机构或转为行政机构；对从事生产经营的，逐步将其转为企业；对从事公益服务的，继续将其留在事业单位序列，并强化其公益属性。

② 参见财政部财政科学研究所课题组《我国事业单位养老保险制度改革研究》，《经济研究参考》2012 年第 52 期。

除了养老保险以外，医疗保险和失业保险等其他社会保险在20世纪90年代建立时就将机关事业单位人员和企业职工平等对待。例如，对于医疗保险，在计划经济时期，企业职工享有企业提供的劳保医疗，机关事业单位工作人员享有国家提供的公费医疗。1998年，政府颁布《关于建立城镇职工基本医疗保险制度的决定》（国发〔1998〕44号），指出企业及其职工、机关事业单位及其工作人员，都要参加城镇职工医疗保险。这是用城镇职工医疗保险来取代以往的劳保医疗和公费医疗，在机关事业单位人员和企业职工之间实现医疗制度的并轨。

六　中国的社会保险实行属地管理

中国的社会保险由地方统筹，而非全国统筹。社会保险费的征缴和社会保险待遇的发放都由地方政府管理，这使社会保险制度在地区之间分割开来。一方面，在社会保险缴费率和待遇标准的设定上，各地有一定的自由裁量权，这使得不同统筹地区的缴费率和待遇水平有所不同（见表3－3）；另一方面，各地对社会保险的监管水平和执行力度也存在差异。

目前，在社会保险体系中，养老保险基本实现省级统筹，其他保险仍为县级或地市级统筹。对于养老保险，在制度建立之初，政府就明确提出应逐步提高统筹层次，从县级统筹向省或省授权的地区统筹过渡。[①] 2005年，政府再次提出要在完善市级统筹的基础上，实现省

① 参见国务院《国务院关于建立统一的企业职工基本养老保险制度的决定》（1997年7月16日），2002年2月28日，人民网（http：//www.people.com.cn/GB/shizheng/252/7486/7498/20020228/675965.html）。

级统筹。[①] 2007 年，政府发布《关于推进企业职工基本养老保险省级统筹有关问题的通知》（劳社部发〔2007〕3 号），规定了省级统筹的 6 项标准[②]，提出要加快省级统筹的步伐。根据人社部的统计，2008 年，全国有 18 个省（直辖市）和新疆生产建设兵团实现了养老保险的省级统筹；到 2009 年年底，全国 31 个省（直辖市）和新疆生产建设兵团均已实现养老保险的省级统筹。[③] 然而，对此存在一些争议。具体而言，大部分省市（除陕西、北京、上海和天津以外）只是建立了省级调剂金制度[④]，不是养老保险基金在省级层面的统收统支和统一管理，因此不算真正的省级统筹。[⑤] 审计署在 2012 年的审计中发现，17 个省尚未完全达到省级统筹的标准，其中，一些省份并未实

① 参见中华人民共和国中央人民政府《国务院关于完善企业职工基本养老保险制度的决定》（2005 年 12 月 3 日），2005 年 12 月 14 日，中央人民政府门户网站（http://www.gov.cn/zwgk/2005－12/14/content_127311.htm）。

② 第一，全省执行统一的职工养老保险制度和政策；第二，全省统一企业和职工的缴费率；第三，全省统一养老保险待遇；第四，养老保险基金全省统收统支；第五，全省统一编制和实施养老保险基金预算；第六，全省统一养老保险业务的经办规程和管理制度。

③ 参见中华人民共和国人力资源和社会保障部《2008 年度人力资源和社会保障事业发展统计公报》，2011 年 7 月 23 日，人力资源和社会保障部门户网站（http://www.mohrss.gov.cn/SYrlzyhshbzb/zwgk/szrs/tjgb/201107/t20110723_69905.html）；中华人民共和国人力资源和社会保障部《2009 年度人力资源和社会保障事业发展统计公报》，2011 年 7 月 23 日，人力资源和社会保障部门户网站（http://www.mohrss.gov.cn/SYrlzyhshbzbzwgk/szrs/tjgb/201107/t20110723_69906.html）。

④ 调剂金制度，是指采取省级统一核算、省和地市两级调剂，结余基金由省级授权地市县管理的方式，其中，中央和省级财政补助金以及上解的调剂金由省级统一使用。这是劳社部发〔2007〕3 号文件根据现阶段情况对省级统筹第四项标准的放宽。

⑤ 参见郑秉文《从半数省份养老金收不抵支看中国社保制度的现状与未来》，北京大学中国教育财政科学研究所，51 期讲座，2012 年 4 月 20 日。

现省内养老保险缴费率的统一，有的省内缴费率多达十几种。[①] 这说明，实际上，从全国情况来看，养老保险尚未完全实现省级统筹。医疗保险等其他社会保险的统筹层次更低，基本均未实现省级统筹。以医疗保险为例，绝大多数地区为县级统筹，少数地区为地市级统筹。[②] 2011 年实施的《社会保险法》提出，今后要将养老保险逐步实行全国统筹，其他社会保险逐步实行省级统筹。

表 3 - 3　　中国一些城市的城镇职工社会保险法定缴费率

（2009 年，单位：%）

城市		养老保险	医疗保险	失业保险	工伤保险	生育保险
北京	企业	20	10	1	0.8	0.8
	职工	8	2	0.2	0	0
天津	企业	20	9	2	0.5	0.8
	职工	8	2	1	0	0
长春	企业	21	7	1.5	0.5	0.7
	职工	8	2	1	0	0
长沙	企业	20	7	2	0.5	0.6
	职工	8	2	1	0	0
广州	企业	12	7	0.2	0.4	0.85
	职工	8	2	0.1	0	0

① 参见中国审计署《审计结果公告（2012 年第 34 号）：全国社会保障资金审计结果》，2012 年 8 月 2 日，中央人民政府门户网站（http://www.gov.cn/zwgk/2012-08/02/content_2196871.htm）。

② 参见白重恩《医疗卫生费用或为我国第二大财政风险源》，《中国经济导报》2013 年 7 月 27 日 B01 版。

续表

城市		养老保险	医疗保险	失业保险	工伤保险	生育保险
杭州	企业	15	11.5	2	0.5	0.6
	职工	8	2	1	0	0
上海	企业	22	12	2	0.5	0.5
	职工	8	2	1	0	0
重庆	企业	15	7	2	0.5	0.7
	职工	8	2	1	0	0
厦门	企业	14	7	1	0.25	0.4
	职工	8	2	0.5	0	0

社会保险制度统筹层次较低、在地区间分割的一个主要影响是：职工在跨统筹地区流动时，社会保险关系（特别是社会保险收益）的转移接续存在障碍。一方面，不同统筹地区实行不同的社会保险政策，难以对接。例如，北京对流动人口实行独立的养老保险制度，上海对流动人口实行综合保险制度，对养老、医疗和工伤实行统一保障。[①] 另一方面，属地管理使流入地政府和流出地政府产生不同激励。流入地政府不愿接收社会保险关系，避免增加当地社会保险基金的未来支出负担；流出地政府不愿让参保人员带走缴费。另外，在实践

① 参见北京市劳动和社会保障局《关于印发〈北京市农民工养老保险暂行办法〉的通知》，2001 年 8 月 27 日，法律图书馆网站（http：//www. law-lib. com/law-view. asp? id = 38622）；上海市人民政府《上海市外来从业人员综合保险暂行办法》，2002 年 7 月 22 日，中国上海网（http：//www. shanghai. gov. cn/nw2/nw2314/nw3124/nw3125/nw3129/u6aw1130. html）；上海市人民政府《关于修改〈上海市外来从业人员综合保险暂行办法〉的决定》，2004 年 8 月 30 日，上海市人力资源社会保障局门户网站（http：//www. 12333sh. gov. cn/201412333/xxgk/flfg/szfgz/szfgz/201405/t20140506_1181051. shtml）。

中，办理转移接续的程序较为烦琐，相关政策缺乏明确的具体操作办法，也给转移接续造成了困难。这影响了流动人口的参保积极性。一些研究发现，统筹层次较低导致社会保险关系难以转移接续的问题，是流动人口参保率低的一个重要原因。[①]

流动就业人员对社会保险关系转移接续的需求，主要体现在养老和医疗上。一方面，养老保险和医疗保险实行统账结合的制度，参保人员跨区流动时，社会统筹基金和个人账户如何转移更为复杂；另一方面，在五项保险中，养老保险和医疗保险的覆盖面最广，基金收支规模最大，对政府和参保个体而言，这两项保险都更为重要。

对于养老保险的转移接续，在城镇职工养老保险制度建立之初，政府就规定“职工调动时，个人账户全部随同转移”[②]。2001 年，政府发布了《关于完善城镇职工基本养老保险政策有关问题的通知》（劳社部发〔2001〕20 号），进一步明确了企业职工养老保险转移接续的相关问题。2010 年，实施《城镇企业职工基本养老保险关系转移接续暂行办法》（国办发〔2009〕66 号），规定跨省流动就业的参保人员（含农民工）在流出地社会保险经办机构开具参保缴费凭证，将养老保险关系转移到流入地；在转移时，个人账户全部转移，而且

---

① 参见杨翠迎、郭金丰《农民工养老保险制度运作的困境及其理论诠释》，《浙江大学学报》（人文社会科学版）2006 年第 3 期；郑秉文《改革开放 30 年中国流动人口社会保障的发展与挑战》，《中国人口科学》2008 年第 5 期；刘传江、程建林《养老保险“便携性损失”与农民工养老保障制度研究》，《中国人口科学》2008 年第 4 期；吴冰《农民工“退保潮”因何而起》，《人民日报》2008 年 1 月 8 日第 10 版；徐琴、鲍磊《农民工养老保险参保行为及其影响因素分析——基于江苏五市（县）的调查数据》，《南京师大学报》（社会科学版）2009 年第 5 期。

② 参见国务院《关于建立统一的企业职工基本养老保险制度的决定》（1997 年 7 月 16 日），2002 年 2 月 28 日，人民网（http：//www. people. com. cn/GB/shizheng/252/7486/7498/20020228/675965. html）。

统筹部分可按单位缴费的12%转移；在计算养老保险待遇时，参保人员在各地的缴费年限合并计算，个人账户储存额累计计算；不允许退保。虽然允许转移一部分的单位缴费改变了流入地政府的接收激励，但国办发〔2009〕66号文件没有明确不同统筹地区的社会保险政策存在差异时（如北京和上海），应如何转移接续。该文件的落实效果不好，真正成功办理转移接续关系的人员较少。[①] 人社部社保中心统计数据显示，2011年全国开具基本养老保险参保缴费凭证以转移接续的人中，成功转移的人仅占20%。2011年实施的《社会保险法》从法律层面上对养老保险关系转移接续做出明确规定："个人跨统筹地区就业的，其基本养老保险关系随本人转移，缴费年限累计计算。个人达到法定退休年龄时，基本养老金分段计算、统一支付。"

对于医疗保险的转移接续，2010年政府实施《关于印发流动就业人员基本医疗保障关系转移接续暂行办法的通知》（人社部发〔2009〕191号），规定了城镇职工基本医疗保险、城镇居民基本医疗保险和新农合的参保人员跨地区、跨医疗保险制度的转移接续问题，其中城镇职工医疗保险的个人账户可随同转移。2011年实施的《社会保险法》在法律层面上对医疗保险的转移接续做出明确规定："个人跨统筹地区就业的，其基本医疗保险关系随本人转移，缴费年限累计计算。"另外，《社会保险法》也规定了失业保险的转移接续办法，与医疗保险相似。

从国际经验来看，在美国，虽然各州也对社会保险政策有一定的自主权，但职工跨州流动时并不存在转移社会保险关系的困难。这是因为：第一，美国没有户口的限制，不会对外地职工有特殊对待；第

---

① 参见李贤《"流动"断保问题必须正视并解决了》，《工人日报》2013年12月31日第7版。

二，每个美国公民都有一个唯一的社会保障号，记载了较为详细的参保缴费信息，并可在全国联网查询，这为社会保险关系的转移接续创造了便利条件；第三，在社会保险关系记录、续延和管理等方面，美国社会保障局和劳工部有较为明确具体的操作办法。

在欧盟，职工可能会有跨国就业的情况。同时，不可能要求欧盟各国都实行相同的社会保险制度。在此情形下，欧盟以“重在协调而非统一”为原则，制定了相关条例，作为转移接续社会保险关系的依据，包括权益累加、分段计算和使用 E 表格[①]作为技术支持等内容。[②]

从美国和欧盟的经验来看，中国社会保险关系转移接续存在障碍，虽然直接原因是社会保险制度在地区间的分割，但其背后的根源在于地方保护主义和地方间的不协调、不合作。同时，中国存在户籍限制、没有在全国建立联网的参保缴费信息库以及相关机构没有明确制定转移接续的具体操作办法，使转移接续面临诸多困难。目前，中国政府正在积极开展相关工作，减少社会保险转移接续的障碍。例如，2014 年实施“全民参保登记计划”，2015 年开始建设全民参保登记信息系统。[③] 2016 年，对视同缴费年限计算地、缴费信息历史遗留问题的处理、一次性缴纳养老保险费的转移、重复领取基本养老金等

---

① E 表格是养老金累加计算方法的表格，用于欧盟养老保险关系跨境结算。

② 参见罗静、匡敏《国内外养老保险关系转移接续经验借鉴》，《社会保障研究》2011 年第 4 期。

③ 参见中华人民共和国人力资源和社会保障部《人力资源社会保障部关于实施“全民参保登记计划”的通知》，2014 年 5 月 27 日，人力资源和社会保障部门户网站（http：//www. mohrss. gov. cn/gkml/xxgk/201406/t20140625_132646. htm）；中华人民共和国人力资源和社会保障部《人力资源社会保障部办公厅关于开展全民参保登记信息系统建设的通知》（2015 年 6 月 4 日），2015 年 6 月 30 日，人力资源和社会保障部门户网站（http：//www. mohrss. gov. cn/SYrlzyhshbzb/zhuanti/jinbaogongcheng/jbgczhengcewenjian/201506/t20150630_212985. htm）。

养老保险转移接续中的问题进行了详细说明，也对农民工的医疗保险转移接续问题以及医疗保险转移接续办理流程做出了明确规定。①

第五节　中国社会保险制度隐含的经济学思想

一　共享发展理论

中共十八届五中全会关于中国“十三五”期间经济社会发展的《建议》中提出了五大发展新理念，其中，共享发展是共同富裕思想的继承和发展。共同富裕思想，说的是中国特色社会主义的本质要求和中国现代化建设的目的，而共享发展理论则要求把本质要求和建设目的贯穿于发展过程之中，即坚持发展为了人民、发展依靠人民、发展成果由人民共享做出更有效的制度安排，使全体人民在共建共享发展中有更多获得感，增强发展动力，增进人民团结，朝着共同富裕方向稳步前进。

与共同富裕思想最大的不同点在于，共享发展理论涉及中国社会

① 参见中华人民共和国人力资源和社会保障部《人力资源社会保障部关于城镇企业职工基本养老保险关系转移接续若干问题的通知》，2016 年 11 月 28 日，人力资源和社会保障部门户网站（http：//www. mohrss. gov. cn/gkml/xxgk/201612/t20161201 _ 260936. html）；中华人民共和国人力资源和社会保障部《关于印发〈关于做好进城落户农民参加基本医疗保险和关系转移接续工作的办法〉的通知》，2015 年 8 月 27 日，人力资源和社会保障部门户网站（http：//www. mohrss. gov. cn/SYrlzyhshbzb/ldbk/shehuibaozhang/yiliao/201509/t20150911_220299. htm）；中华人民共和国人力资源和社会保障部《人力资源社会保障部办公厅关于印发流动就业人员基本医疗保险关系转移接续业务经办规程的通知》，2016 年 6 月 22 日，人力资源和社会保障部门户网站（http：//www. mohrss. gov. cn/gkml/xxgk/201606/t20160630_242630. html）。

主义市场经济的一些基本制度问题，即在社会主义初级阶段，公有制与非公有制并存，生产条件占有存在差别、在分配领域，存在按照要素进行分配的条件下，如何实现经济发展的共享性。要真正实现这种共享要求，整个经济活动，包括生产、交换和分配的各个领域都必须实现体制机制创新。例如，在承认生产条件占有属性不变的前提下，能否给社会成员更广泛的使用机会，从而实现更高的效率和更公平的机会。在物质产品交换、资金运筹的前提下，给予劳动，特别是人力资本要素更多地进入交换的渠道和机会，从而实现更高的效率和更公平的机会。在承认要素参与分配、资本报酬不变的前提下，给予劳动要素更具有激励和补偿的再分配制度。这种共享发展理论将日益成为中国社会主义保险制度发展的理论依据和指导原则。因此，中共中央的《建议》提出，要健全科学的工资水平决定机制、正常增长机制，建立更加公平更可持续的社会保障制度。

《建议》还要求，在建立和健全中国社会保障制度过程中，要坚守底线、突出重点、完善制度、引导预期，注重机会公平，保障基本民生，实现全体人民共同迈入全面小康社会。同时，要鼓励全社会参与，提高公共服务共建能力和共享水平。因此，这种共享性是与共建能力相联系的。

二 公共产品理论

公共产品具有非竞争性和非排他性。其中，非竞争性是指一个人对该产品的消费不会减少其他人对该产品的消费，即消费的边际成本是零；非排他性是指不能将任何人排除在该产品的消费之外，或者排他的成本极高，即技术上或经济上不可行。[①] 与公共产品相反，私人产品具有竞争性和排他性。在现实中，纯公共产品很少，如国防等。大部分产品介于纯公共产品和私人产品之间，具有不同程度的非竞争性和非排他性。这些产品被称为准公共产品（或混合产品），比较典型的是“拥挤性产品”和“俱乐部产品”，前者的竞争性较强、排他性较弱，后者的竞争性较弱、排他性较强。[②] 根据公共产品理论，纯公共产品应由政府免费提供，私人产品由市场提供更有效率。对于准公共产品，视其公共产品性质和私人产品性质的强弱，或者近似于纯公共产品提供，或者近似于私人产品提供，或者由政府和市场共同提供。

根据上述定义和分类，中国市场经济时期的社会保险属于准公共产品。一方面，社会保险提供的是费用形式的保障，如养老金、医疗费和失业保险金等，资金来源于社会保险基金，基金的规模取决于缴费，最终取决于经济发展水平，即整个社会的经济资源。就这一点而言，社会保险基金在消费上具有稀缺性，增加一个社会保险待遇领取者必然减少社会保险基金的余额，即增加一个单位消费的边际成本大于零。特别是在人口老龄化加剧的情况下，社会保险（主要是养老和医疗）受益者不断增加，会提高社会保险中的“拥挤度”。因此，社会保险具有一定的竞争性。与此同时，社会保险也具有一定的非竞争性。这是因为，满足一定条件的人（如企业职工），都可以参加同一

---

① Samuelson P. A.，“The Pure Theory of Public Expenditure”，*Review of Economics and Statistics*，1954，No. 36，pp. 387 – 389. Samuelson P. A.，“Diagrammatic Exposition of A Theory of Public Expenditure”，*Review of Economics and Statistics*，1955，No. 36，No. 4，pp. 350 – 356.

② Oakland W. H.，“Theory of Public Goods”，in A. J. Auerbach and M. Feldstein，eds.，*Handbook of Public Economics*，1987，Vol. 2，No. 9，pp. 485 – 535.

种社会保险，不存在一些职工可以参加而另一些职工被拒绝参加的情况，从这一点来看，社会保险具有非竞争性的特征。中国社会保险“全覆盖”的原则体现了这一点。因此，社会保险介于竞争性和非竞争性之间。

另一方面，无论是城镇职工社会保险，还是城乡居民社会保险，都需缴费才能参保，而且，也设置了受益条件（如缴费年限等），将不愿缴费却想享受待遇的“搭便车者”区分出来。因此，社会保险具有一定的排他性。然而，社会保险也具有一定的非排他性，主要体现在养老保险上。对于在养老保险制度改革时就已退休的职工或已达到60岁的城乡居民，政策规定要为他们提供免费的养老金，也就是说，这部分未缴费的群体并没有被排除在养老保险制度之外。这是因为，一方面这些群体也为国家的经济发展和财政收入积累做出了重要贡献；另一方面从公平性的角度考虑，也应为其提供基本生活保障。从这一点来看，社会保险也具有非排他性的特点。因此，社会保险介于排他性和非排他性之间。

综上所述，社会保险既具有一定的竞争性和非竞争性，又具有一定的排他性和非排他性，因此，社会保险属于准公共产品，不是纯公共产品，也不是私人产品。而社会保险的公共产品性质和私人产品性质孰强孰弱，这与社会保险的外部性有关。社会保险的一个重要特点，就是具有极大的正外部性。因此，社会保险的公共产品性质更强，更接近于纯公共产品。具体而言，社会保险不仅为参保者带来收益（如养老金等），也给整个社会带来巨大效益。一方面，通过为劳动力抵御风险、保护劳动力、保障其基本生活和消费水平，社会保险有助于促进整体经济增长；另一方面，社会保险在保护失业者和老人、收入再分配、减少贫困等方面的作用，可以促进社会公平，维护社会稳定。而经济发展和社会稳定的好处，人人共享。

与社会保险相比，商业保险也属于准公共产品，但外部性效应较小，更接近于私人产品。从公共产品的属性来看，一方面，商业保险具有非竞争性的特点。只要满足保险公司的承保条件，任何一个消费者都可以购买商业保险，不存在保险公司向一定数量的消费者出售保险之后就拒绝向其他人出售的情况。保险公司可以根据精算平衡的原则来设计保险合同的价格和偿付，不会因参保人增加而导致公司偿付能力下降。因此，消费者对商业保险的购买，基本不存在竞争性。另一方面，商业保险具有明显的排他性。保险公司在事后的偿付，是事前在保险合同中就明确的，而且只属于保单的被保险人，其他人无权享有。因此，商业保险的权益是排他的，不存在不购买保险也能获益的"搭便车"情况。综上所述，商业保险既具有非竞争性，又具有排他性，因此，商业保险属于准公共产品。

与社会保险相似，商业保险也具有一定的正外部性。商业保险在一定范围的人群中分散了风险，也有保护劳动力、减少贫困、促进社会稳定的作用。但其正外部性远远小于社会保险。这是因为：第一，商业保险的覆盖面较小，只能在有限的范围内分散风险。商业保险是自愿参与，而社会保险一般具有强制性。因此，不同于社会保险，商业保险不能在广泛的社会成员之间分散风险。而且，商业保险有逆向选择的问题，只有高风险的人愿意购买保险，而这会使保险公司提高保价，进一步挤出风险较低的群体，导致最后只有很少的人参保。有限的覆盖面，限制了商业保险的外部性。第二，商业保险的险种有限，保险公司没有能力提供因经济周期变动而引起的失业保险，其提供的生育保险也只针对孕妇和婴儿的意外，不会提供正常生育的医疗费和产假津贴。有限的险种，减弱了商业保险的外部性。特别是缺少失业保险，失业保险在保护劳动力、促进再生产、维持社会稳定等方面有着十分重要的作用，具有非常明显的外部性。第三，社会保险和商业保险的目的不同。提供商业保险的保险公司追求利润最大化，所产生的正外部性只是其副产品。而社会保险不是出于营利动机，其本质目的是促进经济稳定发展和保证社会安定。就这一点而言，商业保险产生的外部性必然会弱于社会保险。

因此，社会保险和商业保险都是准公共产品，只是两者的正外部性程度不同。社会保险的正外部性更大，更接近于公共产品；而商业保险的正外部性相对较小，更接近于私人产品。正外部性的程度，以及公共产品和私人产品的性质，决定了政府和市场的责任及边界。正外部性较大、更接近公共产品的社会保险，应由政府提供，由市场提供可能会导致供给不足；正外部性较小、更接近私人产品的商业保险，由市场提供更为有效。具体而言，第一，政府提供社会保险，可以有效减少逆向选择和道德风险。政府的强制力可使不同风险的群体都加入社会保险，避免逆向选择，扩大覆盖面，使风险更好地在全体社会成员之间分散。同时，社会保险“保基本”的原则可以减少道德风险，避免过度消费。第二，政府可以提供保险公司无法提供的险种，如失业保险和正常生育也能适用的生育保险。第三，政府提供社会保险，可以大幅减少交易成本和降低交易价格，使参保者以较低的价格享受较为全面的保障。而市场机构很难做到这一点。第四，政府是有能力进行收入再分配的主体，追求收入公平，而社会保险正是政府进行收入再分配可以采用的一种手段，包括同代和代际的再分配，而市场机构不具备这种能力和动机。

根据公共产品理论，社会保险应主要由政府提供，商业保险则应由市场运行。关于社会保险应由政府还是市场提供，凯恩斯主义、新自由主义和第三条道路等经济学思潮存在争论，不同国家也采取了不同的提供方式，政府在社会保险领域承担了不同的责任。不过，从大多数国家的实践来看，社会保险都由政府负责提供。只有智利等少数国家对养老保险进行了市场化和私有化，而这些国家后来也出现了覆盖率不足、无法进行再分配等问题，近年来逐渐减少市场的成分，增加政府在其中的责任。①

中国的现代社会保险属于准公共产品，由政府提供，以政府为主导。《社会保险法》明确提出："国家建立基本养老保险、基本医疗保险、工伤保险、失业保险、生育保险等社会保险制度，保障公民在年老、疾病、工伤、失业、生育等情况下依法从国家和社会获得物质帮助的权利。"社会保险和商业保险的区分和定位也十分明确，即商业保险是社会保险的补充。② 社会保险"保基本"，而商业保险提供更高水平的保障。两者的定位，与两者的正外部性程度以及接近公共产品的程度有关。这也厘清了政府的责任。具体而言，对于社会保险，政府的责任包括：第一，制定并发布法律法规及相关政策，建立社会保险制度，提供、组织、管理社会保险，使其顺利运行；第二，对社会保险给予一定的补贴，但不是完全的出资责任，主要还是由单位和个人缴费来为社会保险融资，政府提供补贴以鼓励和帮助更多的人参保，同时在社会保险收不抵支时承担财务兜底责任；第三，政府管理社会保险基金，近年来允许在政府的主导下对基金余额进行市场化投资，以获取更高的收益率。对于商业保险，政府也制定相关法律

---

① ILO, "World Social Protection Report 2014/15: Building Economic Recovery", Inclusive Development and Social Justice, Geneva: ILO, 2014.

② 参见中国共产党第十四届中央委员会第三次全体会议《中共中央关于建立社会主义市场经济体制若干问题的决定》，《中华人民共和国国务院公报》1993年第28期。

法规，为商业保险的运行提供法律基础和依据，但政府不直接参与商业保险的运作和管理，只起到监督作用，而且对财务也不负有兜底责任。政府的责任，与公共产品的性质及正外部性相一致。

三 效率公平理论

中国现代社会保险制度的建立和发展，充分体现了效率与公平的权衡和兼顾。一般而言，效率与公平存在取舍关系。然而，与计划经济时期的社会保险制度相比，中国现代社会保险制度的建立，既提高了效率，也促进了公平。一方面，原有的劳动保险制度给国有企业和财政带来了沉重负担，使国有企业难以成为自负盈亏的经营主体，而且不同企业间的保险待遇不同，这阻碍了劳动力在企业间的流动。在市场经济时期，打破企业间的保险桎梏，对原有的劳动保险进行改革，建立社会保险制度，不仅有助于国有企业轻松上阵，也有利于劳动力的自由流动，推动市场经济的发展。从这一点来看，现代社会保险的建立，提高了效率。另一方面，在计划经济时期，城镇职工及其直系亲属享受较好的保障，而农村居民的社会保险相对匮乏，特别是在实行家庭联产承包责任制、集体经济力量削弱之后，农村居民几乎没有任何风险保障。因此，计划经济时期的社会保险制度不仅使不同企业的职工享受不同的待遇，而且在城乡之间造成极大的不平等。而现代社会保险制度建立了覆盖城乡所有群体的社会保险项目，在城乡居民之间实行统一的城乡居民养老保险和医疗保险，而且所有城镇职工的保险待遇适用同一种计发办法，不因所在单位而异。因此，现代社会保险制度促进了社会公平。

现代社会保险的原则“全覆盖、保基本、多层次、可持续”，体现了对效率和公平的兼顾。具体而言，第一，“全覆盖”意味着社会保险会覆盖所有群体，这体现了公平性。第二，“保基本”既是有效率的，也是公平的。与“福利国家”的高福利相比，提供基本生活水平的保障、提供与经济发展水平相适应的福利，可以避免“养懒汉”和“失业陷阱”等情况，进而减少效率损失，避免对经济发展产生不利影响。同时，“保基本”也避免在福利享受者和正常劳动者之间产生不公。第三，“多层次”是有效率的。如果在“保基本”之外，人们有更高的风险保障需求，应建立“多层次”的保障体系满足人们的这种需求。第四，“可持续”主要体现了代际公平性。以养老保险为例。目前老人的养老金大部分来源于当期年轻职工的缴费或者缴税（一般财政补贴），如果养老保险不可持续，那么当期年轻职工的成本在未来年老时就无法得到相应回报，这就在不同代之间产生了不公。因此，综合来看，社会保险的几项原则既考虑了效率，也兼顾了公平。

对于现代社会保险，在具体的制度设计上，也充分体现了效率和公平权衡的理念。例如，养老保险和医疗保险实行社会统筹和个人账户相结合的制度，而且个人多缴多得、长缴多得。如果只采用社会统筹模式，不建立个人账户，保险待遇与个人缴费无关，那么可实现较大程度的收入再分配，促进公平。但是，这种模式会产生较大的效率损失，个人（尤其是收入高的群体）缺乏参保缴费激励，会以非正规就业、低报缴费基数等方式逃避缴费。相反地，如果只建立个人账户，没有社会统筹（如智利模式），个人的保险待遇完全取决于自己的缴费，则此时个人的缴费激励较强。这种模式的效率较高，但失去了收入再分配的功能，对公平没有任何的促进作用。因此，从效率与公平兼顾的角度出发，中国的养老保险和医疗保险既没有选择完全的社会统筹模式，也没有采用完全的个人账户模式，而是将两者相结合，选用了一种混合模式。[①]

不过，中国目前的社会保险制度也存在一些效率和公平缺失之处。例如，社会保险缴费率较高，导致很多企业和职工出现了逃避缴费行为，造成效率损失，也在如实缴费和逃避缴费的不同群体之间产生了不公。而且，个人账户长期空账运行，没有实现提高效率的初衷。此外，退休年龄与预期寿命不匹配等，也造成了效率损失。后文分析各项保险存在的问题时，会对此展开详细讨论。

---

① 城镇职工养老保险制度建立的标志性政策文件《关于建立统一的企业职工基本养老保险制度的决定》中，明确提出职工养老保险应贯彻公平与效率相结合的原则。

第 四 章

社会主义初级阶段的养老保险制度

◇第一节　城镇职工养老保险

一　城镇职工养老保险的发展

在计划经济时期，劳动保险中包含了养老方面的内容。1951 年的《劳动保险条例》规定，年满 60 岁、一般工龄满 25 年、本企业工龄满 10 年的男职工和年满 50 岁、一般工龄满 20 年、本企业工龄满 10 年的女职工可获得养老补助费，费用由企业承担。这实际上为企业职工提供了养老保险。

然而，改革开放以后，这种养老制度不符合市场经济的要求，难以持续。20 世纪 80 年代，作为国有企业改革的配套工作，广东、江苏、福建和辽宁的一些城市开展了养老退休费用社会统筹的试点。[①] 1991 年，国务院颁布《关于企业职工养老保险制度改革的决定》（国发〔1991〕33 号），提出要建立基本养老保险、企业补充养老保险和职工个人储蓄性养老保险相结合的制度，要改变养老保险完全由国家

---

① 参见王延中《社会保障体系改革与发展》，载王梦奎主编《中国改革 30 年：1978—2008》，中国发展出版社 2009 年版，第 386—400 页。

和企业包办的做法，建立国家、企业和职工三方共同负担的养老保险制度，明确要求职工个人承担一定的费用。1995 年，国务院颁布《关于深化企业职工养老保险制度改革的通知》（国发〔1995〕6 号），提出了社会统筹与个人账户相结合的两个实施办法，并允许各地政府根据当地情况自主选择。①

1997 年，国务院颁布《关于建立统一的企业职工基本养老保险制度的决定》（国发〔1997〕26 号），在全国范围内建立起统一的城镇职工基本养老保险制度。这标志着中国现代养老保险制度的建立。对于该制度，在缴费上，企业缴费一般不超过企业工资总额的 20%；个人缴费在 1997 年不低于个人缴费工资的 4%，从 1998 年起每 2 年提高 1 个百分点，最终达到个人缴费工资的 8%。该制度实行社会统筹与个人账户相结合的办法，采用部分积累制。其中，个人账户的规模是个人缴费工资的 11%，个人缴费全部进入个人账户，其余部分从企业缴费划入，个人账户实行基金积累制，体现效率；企业缴费的剩余部分进入社会统筹，实行现收现付制，体现公平。在待遇上，“老人”“中人”和“新人”（见第三章第四节的界定）采用不同的计发办法。其中，“新人”的基本养老金由两部分组成：一是来自社会统筹的基础养老金，标准是当地上年度职工月平均工资的 20%；二是来自个人账户的养老金，是个人账户储存额的 1/120。由此可见，社会统筹实行的是既定给付计划（Defined Benefit，DB 计划），即制度按照一个既定的公式计算养老金，收支平衡的责任由制度负担；而个人账户是既定供款计划（Defined Contribution，DC 计划），即个人账户

① 两个实施办法的详细内容见国务院《关于深化企业职工养老保险制度改革的通知》，1995 年 3 月 1 日，正保法律教育网（http://www.chinalawedu.com/falvfagui/fg23051/4429.shtml）。

养老金取决于个人账户的缴费和利息的储存额，收支平衡的责任属于个人。“中人”的基本养老金计发方法与“新人”相同，在此基础上还获得过渡性养老金，来自社会统筹基金。“老人”仍按旧制度下的老办法发放养老金，资金也由社会统筹基金提供。经测算，在上述养老金计发办法下，养老金替代率（养老金与社会平均工资的比例）在58.5%左右，其中社会统筹养老金的替代率是20%，个人账户养老金的替代率是38.5%。[①]

需要注意的是，1997年的政策文件还规定了养老金的受益条件，包括两点：一是达到法定退休年龄，与劳动保险的规定相同，男性的退休年龄是60岁，女干部是55岁，女职工是50岁。[②] 二是缴费年限累计满15年。对于“新人”，实际缴费年限须满15年；对于“中人”，实际缴费年限和视同缴费年限（现代养老保险制度建立前的工作年限）之和须满15年。如果不满15年，则不能从统筹基金中获得基础养老金，个人账户储存额将一次性发放给本人。

2005年，国务院颁布《关于完善企业职工基本养老保险制度的决定》（国发〔2005〕38号），对职工养老保险制度做出重要改革，具体包括：第一，扩大养老保险的覆盖范围，将城镇个体户和灵活就业人员也纳入保险范围，并明确了他们的缴费办法和待遇计发办法。第二，将个人账户的规模缩减为职工个人缴费工资的8%，要求个人账户全部由职工个人缴费构成，企业缴费（企业工资总额的20%）全部划入统筹账户。第三，改革基本养老金计发办法，以鼓励职工参保缴费。基本养老金仍由基础养老金和个人账户养老金组成，而对于

---

① 参见赵耀辉、徐建国《我国城镇养老保险体制改革中的激励机制问题》，《经济学》（季刊）2001年第1卷第1期。

② 从事危害健康工作者，可以提前退休，男职工55岁，女职工45岁。

同一统筹地区的职工而言，基础养老金不再是统一值，而是与个人缴费基数和缴费年限有关。具体而言，基础养老金以当地上年度职工月平均工资和本人指数化月平均缴费工资的平均值为基数，缴费每满1年发给1%。其中，本人指数化月平均缴费工资是本人缴费工资指数与当地上年度职工月平均工资的乘积，而本人缴费工资指数是本人在缴费期间历年缴费工资与当地上年度职工月平均工资之比的平均值。由此可见，基础养老金建立了多缴多得、长缴多得的机制。与此同时，个人账户养老金的计发办法也发生改变，不再是个人账户储存额除以120，而是除以计发月数，计发月数与城镇人口平均预期寿命和利息等因素相关。第四，提出建立基本养老金正常调整机制，依据职工工资和物价变动等情况进行调整。第五，提出加快提高统筹层次，尽快实现省级统筹。第六，提出建立多层次的养老保险体系，大力发展企业年金，以更好地保障退休人员的生活。企业年金实行完全积累，采取市场化的方式进行管理和运营。2005年改革之后，职工养老保险制度基本定型。2011年实施的《社会保险法》又进一步在法律层面上明确了职工养老保险的实施办法。

自1997年建立统一的职工养老保险制度以来，参保率不断提升（见图1－5），到2015年，参保职工人数达26219万人，参保率达到65%。城镇职工养老保险基金收支规模也不断扩大（见图4－1）。人均养老金逐年提高，可以满足基本消费需求（见图3－15）。不过养老金替代率（人均养老金与在岗职工平均工资之比）有逐年下降的趋势（见图4－2）。这说明，养老金的增长慢于平均工资的增长。

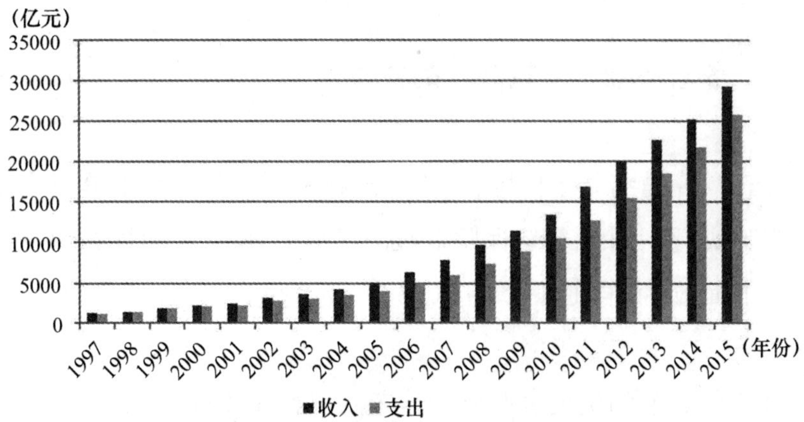

图4－1　城镇职工养老保险基金的收支情况

资料来源：中华人民共和国国家统计局“年度数据”，2016年，国家统计局门户网站（http：//data. stats. gov. cn/easyquery. htm？cn = C01）。

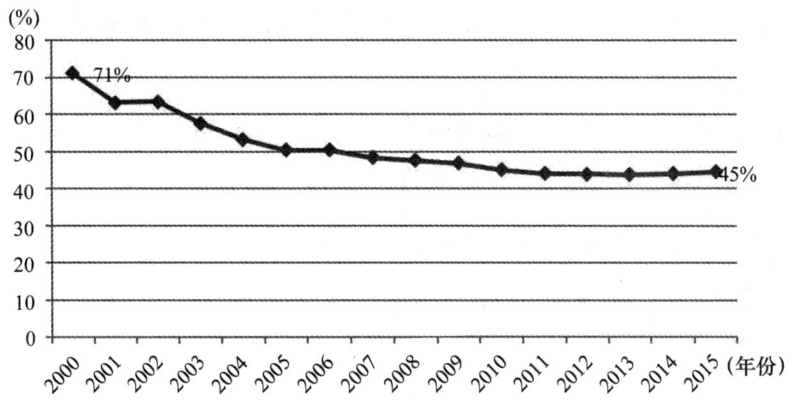

图4－2　城镇职工养老保险的养老金替代率

资料来源：中华人民共和国国家统计局“年度数据”，2016年，国家统计局门户网站（http：//data. stats. gov. cn/easyquery. htm？cn = C01）。

二 养老保险“双轨制”的并轨

第三章曾提到养老保险的“双轨制”，即机关事业单位人员与企业职工实行不同的养老保险制度。“双轨制”长期存在，近期才并轨。下面较为详细地介绍机关事业单位的养老制度及其改革历程。

2015 年之前的机关事业单位养老制度始于 1951 年，成型于 1978 年。[①] 在经济体制转型过程中，企业职工养老保险制度不断变革，国家也多次尝试对机关事业单位养老制度进行改革，但效果不佳。在最初确定职工个人缴费责任的国务院政策文件中，其实也提到了机关事业单位的养老保险制度改革，将改革交给原人事部负责。[②] 1992 年，原人事部发布《关于机关、事业单位养老保险制度改革有关问题的通知》(人退发〔1992〕2 号)，决定逐步改变退休金实行现收现付、全部由国家包办的做法。1994 年开始，云南、江苏和福建等地先后开展机关事业单位养老保险改革的试点工作。截至 1997 年，全国 28 个省（自治区、直辖市）的 1700 多个地市县开展了试点，但各地试点情况差别较大，实施细节各不相同，最终未能形成全国统一的实施方案。[③]

---

① 1978 年，国务院发布《关于安置老弱病残干部的暂行办法》，确立了干部退休制度。

② 参见国务院《关于企业职工养老保险制度改革的决定》，1991 年 6 月 26 日，法律图书馆网站（http：//www. law-lib. com/law/law-view. asp？id =7733)。

③ 参见财政部财政科学研究所课题组《我国事业单位养老保险制度改革研究》，《经济研究参考》2012 年第 52 期。

时隔多年，为了建立统一的覆盖城乡居民的社会保险体系，中国又启动了新一轮的机关事业单位养老保险改革。2008 年 3 月，国务院发布《关于印发事业单位工作人员养老保险制度改革试点方案的通知》（国发〔2008〕10 号），决定推行事业单位养老保险改革，并在山西、上海、浙江、广东和重庆先期开展试点，与事业单位分类改革试点配套推进。改革的主要内容包括：（1）改革对象为事业单位分类改革后从事公益服务的事业单位及其工作人员。（2）实行社会统筹与个人账户相结合的基本养老保险制度，费用由单位和个人共同承担。单位缴费一般不超过单位工资总额的 20%，划入统筹账户；个人缴费为本人缴费工资的 8%，划入个人账户。（3）对于缴费年限满 15 年的人员，退休后按月计发养老金，包括基础养老金和个人账户养老金。基础养老金月标准以当地上年度在岗职工月平均工资和本人指数化月平均缴费工资的平均值为基数，缴费每满 1 年发给 1%。个人账户养老金月标准是个人账户储存额除以计发月数，而计发月数根据城镇人口平均预期寿命、本人退休年龄和利息等因素确定。缴费年限不足 15 年的人员，不发给基础养老金，个人账户储存额将一次性支付给本人。（4）建立养老金正常调整机制，同时建立职业年金制度，提高事业单位退休人员的生活水平。（5）具备条件的试点地区可实行省级统筹，其他试点地区可实行与企业职工基本养老保险相同的统筹层次。

通过与企业职工基本养老保险的比较，发现国发〔2008〕10 号文件对事业单位工作人员养老保险的构建实质上与企业职工相同。因此，2008 年实施的事业单位养老保险改革，有助于实现事业单位养老保险与企业养老保险并轨，减少事业单位工作人员与企业职工之间存在的缴费不平等和待遇不平等。[①]

然而，事业单位养老保险改革一直进展缓慢，试点地区的具体实施方案难以出台。[②] 2008 年年底，作为事业单位养老保险改革的配套措施，广东发布了《广东省事业单位分类改革实施意见（征求意见稿)》，引发了“提前退休潮”。此后，山西、上海、浙江和重庆均未出台完整的改革方案。[③] 2012 年，深圳规定：新进入深圳事业单位并受聘于常设岗位的工作人员，与企业职工一样，参加基本养老保险和地方补充养老保险，并由单位为其缴纳职业年金。[④] 但是，该规定于 2013 年 1 月即被废止。[⑤] 虽然事业单位养老保险改革遇阻，但政府将改革进行下去的决心并未动摇，政府计划在适当时机将改革在全国范围内推行，在此基础上，将推进机关工作人员养老保险改革，以彻底解决养老保险“双轨制”的问题。[⑥]

---

① 参见汪孝宗、韩文、曾娟《难改的事业单位养老》，《中国经济周刊》2009 年第 41 期；刘宏《养老改革应统一制度体现合理差距》，《法制日报》2009 年 2 月 3 日第 7 版。

② 参见财政部财政科学研究所课题组《我国事业单位养老保险制度改革研究》，《经济研究参考》2012 年第 52 期。

③ 汪孝宗、韩文、曾娟：《难改的事业单位养老》，《中国经济周刊》2009 年第 41 期。海燕：《事业单位养老金改革五年原地踏步》，《中国商报》2013 年 5 月 24 日第 3 版。

④ 参见深圳市人力资源和社会保障局和深圳市财政委员会《关于印发〈深圳市事业单位工作人员养老保障试行办法〉的通知》。2012 年 5 月 16 日，深圳政府在线网站（http：//www. sz. gov. cn/zfgb/2012 - 1/gb787/201205/t20120516_1914086. htm）。

⑤ 参见深圳人力资源和社会保障局《关于废止〈关于专业技术人员计算机应用能力考试的通知〉等 29 件规范性文件的决定》，2015 年 5 月 5 日，深圳市人力资源和社会保障局门户网站（http：//www. szhrss. gov. cn/xxgk/zcfgjjd/zyjszg/zyjszg/zh/201301/t20130128_2104352. htm）。

⑥ 王皓、高健、吴迪：《适时推行事业单位养老保险改革》，《北京日报》2012 年 3 月 8 日第 2 版。

2015 年 1 月，国务院出台《关于机关事业单位工作人员养老保险制度改革的决定》（国发〔2015〕2 号），决定从 2014 年 10 月 1 日起实施机关事业单位养老保险改革，在全国范围内实施“双轨制”并轨。2015 年，各省陆续出台实施办法。2016 年，各省又相继推出实施细则。这项改革是对 2008 年事业单位养老保险改革的延伸和深化。具体体现在：第一，改革对机关和事业单位同步进行，避免单独对事业单位改革引起不平衡；第二，在全国范围同步实施改革，防止地区之间出现先改与后改的矛盾；第三，建立职业年金制度，规定单位按工资总额的 8% 缴费，个人按缴费工资的 4% 缴费，个人在退休后可按月领取职业年金的待遇，确保改革后退休待遇不会大幅下降；第四，机关事业单位养老保险改革与完善工资制度同步推进，在增加工资的同时实行个人缴费。

三　企业年金

根据世界银行“三支柱”养老保险体系的建议，应在基本养老保险之外建立补充养老保险（第二支柱），即企业年金和职业年金。企业年金适用于企业职工，而职业年金属于机关事业单位人员。根据前文分析，中国的职业年金建立较晚，是机关事业单位养老保险改革的产物，而且具有强制性。而中国的企业年金建立较早，但由于是自愿性质，发展较慢。

在企业职工养老保险制度改革之初，政府就提出要建立企业补充养老保险。[1] 2004 年，政府发布《企业年金试行办法》（劳动和社会保障部令第 20 号），首次明确了企业年金的内涵，是企业及其职工在依法参加基本养老保险的基础上，自愿建立的补充养老保险制度。同时规定了企业年金的建立条件、资金来源、待遇发放和管理方式等。具体包括：（1）参加基本养老保险并缴费、具有相应的经济负担能力、建立集体协商机制的企业，可以建立企业年金；（2）企业年金的费用由企业和职工共同承担，企业缴费不超过工资总额的 1/12，企业和职工的缴费之和不超过工资总额的 1/6；（3）企业年金基金实行完全积累制，采用个人账户方式进行管理，企业缴费和职工缴费都进入个人账户；（4）职工退休后，可从企业年金个人账户中一次或定期领取企业年金；（5）企业年金可进行投资运营，由受托人、账户管理人、投资管理人和托管人进行管理。同年，政府还发布了《企业年金基金管理试行办法》（劳动和社会保障部令第 23 号），对受托人、账户管理人、托管人和投资管理人的资质和职责做出了明确规定，对于企业年金的投资范围、收益分配和信息披露等也做出了限制。2011 年，政府修订并发布了新的《企业年金基金管理办法》（人力资源和社会保障部令第 11 号）。

2009 年，政府发布《关于补充养老保险费补充医疗保险费有关企业所得税政策问题的通知》（财税〔2009〕27 号），对企业年金给

---

① 参见国务院《关于企业职工养老保险制度改革的决定》，1991 年 6 月 26 日，法律图书馆网站（http：//www. law-lib. com/law/law_ view. asp？ id = 7733）。参见中华人民共和国人力资源和社会保障部《关于印发〈关于建立企业补充养老保险制度的意见〉的通知》，1995 年 12 月 29 日，110 法律法规网（http：//www. 110. com/fagui/law_24958. html）；国务院《关于建立统一的企业职工基本养老保险制度的决定》（1997 年 7 月 16 日），2002 年 2 月 28 日，人民网（http：//www. people. com. cn/GB/shizheng/252/7486/7498/20020228/675965. html）。

予所得税优惠，即对于企业年金，在不超过工资总额5%的部分，在计算企业所得税应纳税所得额时准予扣除。对于企业年金的个人所得税，经历了纳税环节从缴费环节到领取养老金环节的变化。2009 年，政府发布《关于企业年金个人所得税征收管理有关问题的通知》（国税函〔2009〕694 号），规定企业年金的个人缴费和企业缴费，都不得在个人所得税前扣除。而 2013 年政府发布《关于企业年金、职业年金个人所得税有关问题的通知》（财税〔2013〕103 号），从 2014 年开始对企业年金实行新的个人所得税计税办法。具体为：第一，在缴费环节，对企业和个人不超过规定标准的企业年金缴费，准予在个人所得税前扣除。第二，在投资运营环节，企业年金基金投资收益计入个人账户时，免征个人所得税。第三，在领取年金环节，个人退休后领取的年金，应全额按照“工资、薪金所得”项目适用的税率计征个人所得税，按季、按年或一次性领取的年金，允许按一定的办法分摊到月，按月计税。由此可见，新的计税办法实施了税收递延型税收优惠，这种模式也称为 EET 模式（E 表示免税、T 表示征税）。这种模式是发达国家对企业年金普遍采用的一种税收优惠模式，如法国、德国、美国和日本等。

虽然企业所得税和个人所得税对企业年金给予了一定的税收优惠，但企业年金的规模仍不是很大。表 4－1 展示了 2006 年以来的企业年金发展情况。可以看到，参加企业年金的企业数和职工数虽然逐年增长，但与参加基本养老保险的职工数相比，仍然偏少。2006 年，在参加基本养老保险的职工中，6.8% 拥有企业年金。到 2015 年，这一比例提高到 8.8%，仍处于较低水平。企业年金基金的积累规模也远远小于职工基本养老保险基金，前者大概是后者的 20%。图 4－3 展示了企业年金的实际投资金额和收益率，平均年收益率在 8% 左右。

表 4－1　　　　中国企业年金的发展情况

年份	建立企业年金的企业数（万户）	参加企业年金的职工人数（万人）	企业年金基金累计结余（亿元）	参加基本养老保险的职工人数（万人）	基本养老保险基金累计结余（亿元）
2006	2. 4	964	910	14131	5489
2007	3. 2	929	1519	15183	7391
2008	3. 3	1038	1911	16587	9931
2009	3. 35	1179	2533	17743	12526
2010	3. 71	1335	2809	19402	15365
2011	4. 49	1577	3570	21565	19497
2012	5. 47	1847	4821	22981	23941
2013	6. 61	2056	6035	24177	28269
2014	7. 33	2293	7689	25531	31800
2015	7. 55	2316	9526	26219	35345

资料来源：中华人民共和国人力资源和社会保障部 2006—2007 年《劳动和社会保障事业发展统计公报》和 2008—2016 年《人力资源和社会保障事业发展统计公报》，人力资源和社会保障部门户网站（http：//www. mohrss. gov. cn/SYrlzy hshbzb/zwgkl szrs/tjgb/）。

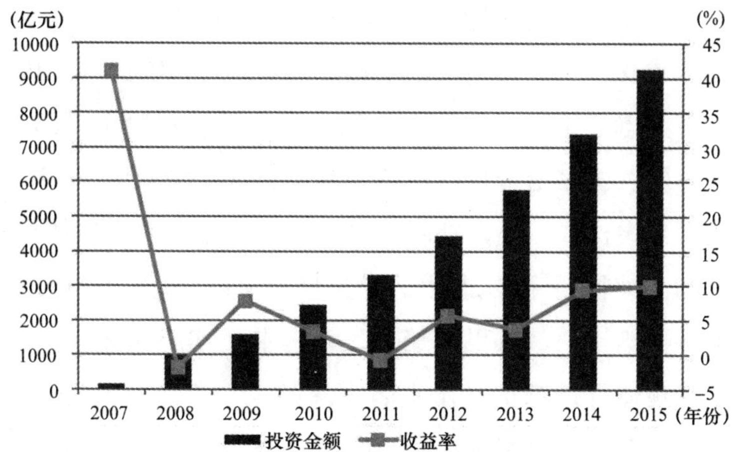

图 4-3　企业年金的投资金额和收益率

资料来源：参见中华人民共和国人力资源和社会保障部《2015 年度全国企业年金基金业务数据摘要》，2016 年 3 月 31 日，人力资源和社会保障部门户网站（http：//www. mohrss. gov. cn/gkml/xxgk/201603/t20160331_ 236972. html）。

第二节　城乡居民养老保险

一　新型农村社会养老保险的发展

在探索改革企业职工养老保险制度时，国务院曾提出由民政部负责农村养老保险的改革。[①] 1992 年，在试点县市（如山东省牟平县等）试行了一段时间的基础上，民政部制定了《县级农村社会养老保险基本方案（试行）》（民办发〔1992〕2 号），建立了农村社会养老

① 参见国务院《关于企业职工养老保险制度改革的决定》，1991 年 6 月 26 日，法律图书馆网站（http：//www. law-lib. com/law/law_ view. asp? id =7733）。

保险制度（以下简称老农保），规定20—60岁的农村人口（无论就业与否）可以参保，并在60岁之后领取养老金。老农保的制度设计主要包括以下几点。第一，在资金来源方面，老农保以个人缴费为主，集体补助为辅，国家给予政策扶持。其中，个人缴费有2—20元的十个档次，可自主选择。集体补助主要从乡镇企业利润和集体积累中支付。国家的政策扶持主要是对乡镇企业的集体补助部分予以税前列支，并不直接给予财政补贴。第二，财务制度实行个人账户积累制，个人缴费和集体补助都记在个人名下。第三，参保个人达到60岁之后，可以根据个人账户积累总额领取养老金。第四，老农保基金以县为单位实现核算平衡和保值增值，允许购买国债和存入银行，不允许直接用于投资。

到1992年年底，全国有160多个县市建立了老农保制度。1995年，国务院办公厅转发民政部《关于进一步做好农村社会养老保险工作意见的通知》（国办发〔1995〕51号），强调了建立老农保的意义，提出要逐步建立农村社会养老保险制度。1996年，《国民经济和社会发展“九五”计划和2010年远景目标纲要》指出：农村养老以家庭保障为主，坚持政府引导和农民自愿，发展多种形式的养老保险。到1997年年底，全国农村社会养老保险机构已达2005个，建立代办点33140个；参保农民达7452万人，占当年农村人口的8.85%，有61.4万农民领取了养老金；保险收入为42.2亿元，支出3.3亿元。①

1998年，老农保由民政部交给劳动和社会保障部管理。1999年，《国务院批转整顿保险业工作小组保险业整顿与改革方案的通知》

---

① 参见中华人民共和国民政部《1997年民政事业发展统计报告》，1998年1月4日，民政部门户网站（http：//www.mca.gov.cn/article/sj/tjgbR00801/200801000094209.shtml）。

（国发〔1999〕14号）指出当前中国农村尚不具备普遍实行社会保险的条件，决定对老农保的已有业务进行清理整顿，停止接受新业务，有条件的地区应逐步向商业保险过渡。这对老农保的发展产生了极大的负面影响。除少数经济发达的地区仍维持老农保的正常运行以外，其他大部分地区都出现了参保人数减少、基金运行难度加大等困难，一些地区的老农保制度甚至处于停滞状态。① 从图4－4可以看到，1999年之后，老农保的参保人数呈下降趋势。

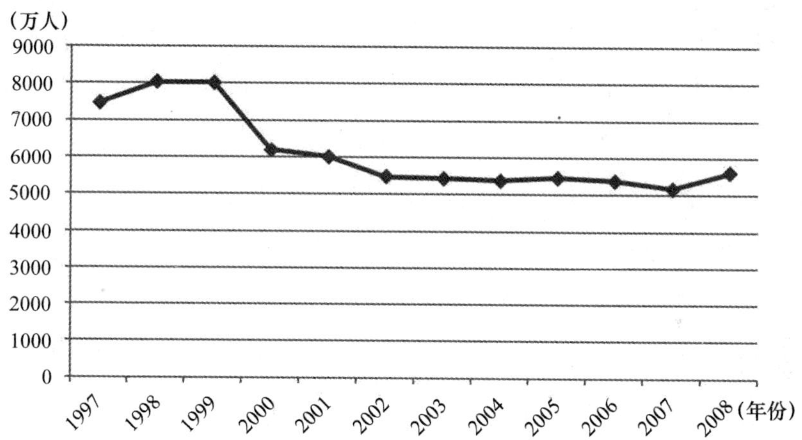

图4－4　老农保的参保人数

资料来源：中华人民共和国人力资源和社会保障部1997—2007年《劳动和社会保障事业发展统计公报》，人力资源和社会保障部门户网站（http：//www. mohrss. gov. cn/SYrlzyhshbzb/zwgk/szrs/tjgb/）；《2008年度人力资源和社会保障事业发展统计公报》，2011年7月23日，人力资源和社会保障部门户网站（http：//www. mohrss. gov. cn/SYrlzyhshbzb/zwgk/szrs/tjgb/201107/t20110723_69905. html）。

---

① 参见李轩红《中国农村养老保险制度变迁的原因分析》，《山东社会科学》2011年第3期。

可以肯定的是，老农保制度在当时具有积极意义。一方面，老农保是第一个全国性的农村社会养老保险制度，以制度化的手段解决农民老有所养的问题，具有开创意义；另一方面，老农保也切实为数千万的农民提供了养老保障。但是，老农保存在较多问题，使其难以持续。这主要体现在以下几个方面：第一，年龄在 60 岁以上的农村老人无法缴费参保，被排斥在制度之外。第二，资金主要来源于个人缴费，财政没有提供直接帮助，实际上是农民的自我储蓄和自我保障，这使得经济条件较差、缺乏缴费能力的农民没有得到养老保障。第三，缴费档次较低，导致个人账户积累金额较少，未来的养老金水平较低，难以起到真正的保障作用。第四，在老农保制度建立之初，银行存款利率较高，个人账户基金能够保值增值，但是后来银行利率不断下调，通货膨胀率又不断上升，使得基金面临保值增值的困难。另外，老农保的管理不规范、基金被挪用等问题也较为普遍。正是由于存在这些问题，国家才叫停了老农保制度。

2002 年，中共十六大报告提出“在有条件的地方探索建立农村社会养老保险制度”。2007 年，中共十七大再次提出“探索建立农村社会养老保险制度”。2009 年，国务院发布《关于开展新型农村社会养老保险试点的指导意见》（国发〔2009〕32 号），开始建立新型农村社会养老保险制度（以下简称新农保）。新农保与老农保的不同之处在于：第一，新农保允许所有在 16 岁以上、未参加城镇职工基本养老保险的农民参保，对于新农保制度实施时已满 60 岁的农村老人，不用缴费就可以按月领取基础养老金。第二，财政给予直接补贴。不仅在缴费时给予缴费补贴，还提供基础养老金。也就是说，养老金不仅来源于农民自己缴费的个人账户，也来源于财政直接发放的基础养老金。第三，缴费档次提高到 100—500 元共 5 个档次，而且缴费档次和养老金待遇会随农民收入增长和物价变动等因素进行调整。

在新农保制度建立时，也明确了老农保和新农保的衔接办法。上述国发〔2009〕32号文件规定：参加老农保、年满60岁、已经领取老农保养老金的参保人员，可直接享受新农保的基础养老金；参加老农保、未满60岁、没有开始领取养老金的参保人员，应将老农保的个人账户资金并入新农保的个人账户，按照新农保的标准继续缴费，待60岁时享受新农保的养老金待遇。此外，文件还提出，应做好新农保与被征地农民社会保障、农村计划生育家庭奖励扶助政策、农村五保供养、农村最低生活保障制度等政策制度的配套衔接工作。

二 城镇居民养老保险的发展

城镇居民养老保险的发展相对较晚。2011年实施的《社会保险法》提出，要建立城镇居民社会养老保险制度，并且各地可根据实际情况，将城镇居民社会养老保险和新型农村社会养老保险合并实施。

2011年，国务院发布《关于开展城镇居民社会养老保险试点的指导意见》（国发〔2011〕18号），决定建立城镇居民社会养老保险制度（以下简称城居保），以解决城镇无养老保障居民的老有所养问题。16岁以上、不符合职工基本养老保险参保条件的城镇非从业居民都可以自愿参加城居保。在城居保制度实施时，已经年满60岁的老人不用缴费，可以按月领取基础养老金。其他参保居民需要按100—1000元的10个档次来缴费，政府对缴费进行补贴，缴费和补贴都进入个人账户。在60岁时，参保居民可以获得财政提供的基础养老金和个人账户的养老金。缴费档次和养老金标准根据经济发展和物价变动等情况适时调整。

三 城乡居民养老保险的统一

在2011年建立城居保、开展城居保试点的国发〔2011〕18号文件中，提到“有条件的地方，城居保应与新农保合并实施，其他地方应积极创造条件将两项制度合并实施”。在2011年实施的《社会保险法》中，也提到将城居保和新农保合并实施。2012年，国务院部署，9月要实现这两项制度的全覆盖。

2014年，国务院发布《关于建立统一的城乡居民基本养老保险制度的意见》（国发〔2014〕8号），正式将城居保和新农保合并，以“全覆盖、保基本、有弹性、可持续”为原则，建立统一的城乡居民养老保险。一方面，统一城乡居民养老保险，有助于增进社会公平，适应当今社会人口流动较快的特点，有利于城乡协调发展。另一方面，城居保和新农保的制度设计较为相近，具有合并实施的基础。具体而言，两者针对的人群都是非从业居民，都是自愿参与；资金来源主要是多档次的个人缴费和政府补贴，其中政府补贴发挥较大作用；养老金待遇都由财政提供的基础养老金和个人账户的养老金组成，60岁之后可按月领取。

上述国发〔2014〕8号文件在城居保和新农保的制度基础上，对城乡居民养老保险的参保范围、基金筹集、个人账户、养老待遇、领取条件、制度衔接等做出了进一步的明确规定。

第一，16岁以上、非国家机关事业单位人员以及不属于城镇职工基本养老保险覆盖范围的城乡居民，都可自愿参加城乡居民养老保险。

第二，城乡居民养老保险基金由个人缴费、集体补助、政府补贴构成。其中，个人缴费标准高于原来的城居保和新农保，有每年100元、200元、300元、400元、500元、600元、700元、800元、900元、1000元、1500元、2000元共12个档次。地方政府还可以根据当地实际情况增设缴费档次，最高档次不超过当地灵活就业人员参加职工养老保险的年缴费额。对于集体补助，有条件的村集体对缴费给予补助，有条件的社区将集体补助纳入社区公益事业资金的筹集范围，也鼓励其他社会经济组织、公益慈善组织和个人为参保人缴费提供资助。补助和资助的金额不超过当地的最高缴费档次标准。政府补贴由两部分组成：一是政府对符合领取条件的参保人全额支付基础养老金，其中中央财政对中西部地区按中央确定的基础养老金标准给予全额补助，对东部地区给予50%的补助；二是地方政府对参保人缴费给予补贴，对于选择最低缴费档次的参保人，补贴标准不低于每人每年30元，对选择较高档次缴费的参保人，适当增加补贴金额，对于选择500元及以上缴费档次的参保人，补贴标准不低于每人每年60元。

第三，每个参保人都有自己的个人账户，个人缴费、地方政府对参保人的缴费补贴、集体补助以及其他来源的缴费资助，都进入个人账户。

第四，养老保险待遇由基础养老金和个人账户养老金构成，支付终身。其中，基础养老金来源于财政。中央确定基础养老金的最低标准，建立最低标准的正常调整机制，地方政府可根据当地实际适当提高基础养老金标准。对于长期缴费人员，可以适当增加其基础养老金，增加的部分由地方政府支出。由此建立多缴多得、长缴多得的机制。个人账户的养老金月计发标准，是个人账户储存额除以139。

第五，养老保险待遇领取条件，不仅有60岁的年龄要求，还有缴费满15年的要求。只有满足上述两个要求，才能按月领取养老金。对于已经参保缴费、缴费不满15年但已达到60岁的参保人员，允许补缴。对于新农保或城居保制度实施时已经年满60岁的人员，不用缴费，可以按月领取基础养老金。

第六，参保人员在缴费期间迁移户籍时，可在迁入地申请转入养老保险关系，一次性转移个人账户储存额，并在迁入地继续按当地规定缴费，缴费年限累计计算。已经领取养老金的人员在迁移户籍时，不能转移养老保险关系。

实际上，在2012年，很多地区就合并实施了城居保和新农保，统计部门对两项制度的情况进行合并统计，不再单独汇报。图4－5展示了新农保、城居保和城乡居民养老保险的参保人数，可以看到，参保人数逐年稳步增加。从2015年的情况来看，全国总人口为137462万人，全国就业人员为77451万人，非从业人员为60011万人，城乡居民养老保险的参保人数为50472万人；不考虑年龄在16岁以上的参保缴费要求，粗略估计，城乡居民养老保险的参保率在84%左右。如果去掉非从业人员中16岁以下的人口，参保率会更高。

关于中央的基础养老金最低标准，在2009年新农保、2011年城居保初建时，是每人每月55元。2015年，国家首次提高城乡居民养老保险的基础养老金标准，提高到每人每月70元。[①] 围绕中央的最低标准，各地根据实际设置了自己的标准，而且不断提高。例如，2017

---

① 参见中华人民共和国人力资源和社会保障部《人力资源社会保障部财政部关于提高全国城乡居民基本养老保险基础养老金最低标准的通知》，2015年1月14日，人力资源和社会保障部门户网站（http：//www. mohrss. gov. cn/SYrlzyhshbzb/ldbk/shehuibaozhang/yanglao/201501/t20150114_148917. htm）。

年，上海的城乡居民养老保险的基础养老金标准提高了 100 元，从每人每月 750 元提高到 850 元，内蒙古的基础养老金从每人每月 90 元提高到 110 元，河北从每人每月 80 元提高到 90 元，河南从每人每月 78 元提高到 80 元，宁夏从每人每月 115 元提高到 120 元，青海从每人每月 140 元提高到 155 元，浙江从每人每月 120 元提高到 135 元，江苏从每人每月 115 元提高到 125 元。① 在省级标准的基础上，各地市还可以根据实际情况适当提高。

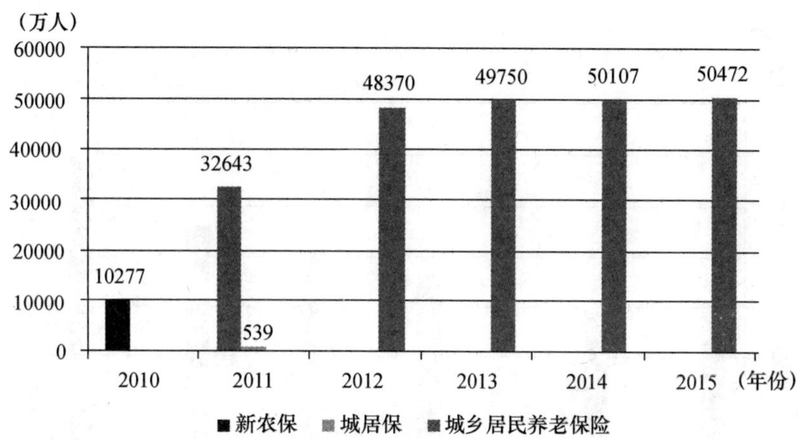

图 4－5　新农保、城居保和城乡居民养老保险的参保人数

资料来源：中华人民共和国人力资源和社会保障部 2010—2016 年《人力资源和社会保障事业发展统计公报》，人力资源和社会保障部门户网站（http：//www. mohrss. gov. cn/SYrlzyhshbzb/zwgk/szrs/tjgb/）。

图 4－6 展示了新农保、城居保和城乡居民养老保险的实际月人均养老金水平（包括基础养老金和个人账户养老金）。可以看到，养

---

① 李金磊《今年多地提高城乡居民基础养老金　看你能涨多少?》，2017 年 5 月 12 日，中国新闻网（http：//www. chinanews. com/cj/2017/05－12/8221635. shtml）。

老金呈上升趋势。2015 年，全国城乡居民养老保险的月人均养老金为 119 元，不过这低于城镇职工养老保险的月人均养老金（2353 元）。两者之间差距较大，主要是因为资金来源不同。城乡居民养老保险的基金收入主要来源于财政，个人缴费较少；而城镇职工养老保险的基金收入主要来源于单位和个人缴费。2015 年，在城乡居民养老保险的基金收入中，个人缴费占 24.5%；而城镇职工养老保险，单位和个人缴费占 78.4%。[①] 根据权利与义务相对应的原则，多缴多得，退休职工的养老金必然高于城乡非从业居民。

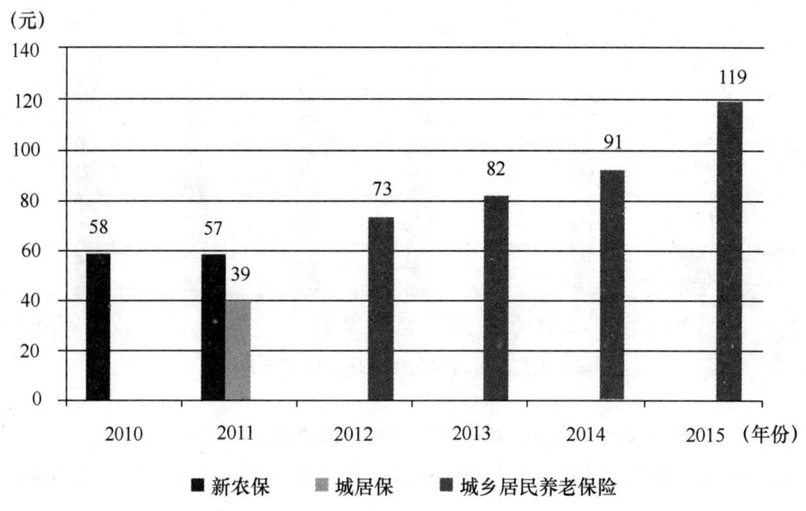

图 4－6　新农保、城居保和城乡居民养老保险的月人均养老金

资料来源：中华人民共和国人力资源和社会保障部 2010—2015 年《人力资源和社会保障事业发展统计公报》，人力资源和社会保障部门户网站（http://www.mohrss.gov.cn/SYrlzyhshbzb/zwgk/szrs/tjgb/）。

① 参见中华人民共和国人力资源和社会保障部《2015 年度人力资源和社会保障事业发展统计公报》，2016 年 6 月 1 日，人力资源和社会保障部门户网站（http://www.mohrss.gov.cn/SYrlzyhshbzb/zwgk/szrs/tjgb/201606/t20160601_241070.html）。

◈第三节　中国养老保险制度的特点与国际比较

一　缴费型与非缴费型

在国际劳工组织统计的178个国家中，93%的国家建立了定期发放养老金的计划。其中，43%只有缴费型养老保险项目，2%只有非缴费的低收入老人养老金计划（根据经济情况调查发放），5%只有非缴费的普享养老金计划（与收入无关）；15%同时建立了缴费型养老保险和非缴费型普享养老金计划，28%同时建立了缴费型养老保险和非缴费型低收入老人养老金计划。7%的国家没有为老年人口定期发放养老金，而是建立公积金，为职工提供一次性的退休补偿。①

中国的养老保险制度是定期发放养老金的计划。无论是城镇职工养老保险，还是城乡居民养老保险，符合一定条件的参保人员都可按月领取养老金。而且，在制度中，既有缴费型的成分，也有非缴费的成分。从总体上看，中国的养老保险强调个人缴费责任，缴费才能参保，而且在养老金领取条件中也有缴费15年的要求。但是，并不是所有养老金都来自缴费。例如，对于城乡居民养老保险，基础养老金由财政提供，所有参保人员都可免费获得。而且，对于“老人”，即制度建立时已经年满60岁或已经退休的人员，不用缴费，就可按月领取养老金，这笔养老金也来源于财政。因此，中国的养老保险制度是缴费型与非缴费型的结合，以缴费型为主。

---

① ILO，“World Social Protection Report 2014/15：Building Economic Recovery”，Inclusive Development and Social Justice，Geneva：ILO，2014.

二 现收现付制与基金积累制

现收现付制和基金积累制是社会保险的两种财务制度，决定了社会保险基金收入的使用方式。在养老保险制度中，现收现付制是将当期缴费给当期老年人口发放养老金，没有积累；基金积累制是将缴费收入积累起来，用于未来给缴费人员自己发放养老金。现收现付制追求即期平衡，而基金积累制是一生的纵向平衡。

关于现收现付制和基金积累制的选择，较为经典的理论是萨缪尔森的“生物回报率”理论。[①] 假设人口增长率是 n，工资增长率是 g。假设当期在职职工数是 N，人均工资是 w，养老保险缴费率是 T，那么政府征收的养老保险费金额是 $N \times w \times T$。在现收现付制下，当期职工退休后，由下一代职工提供的养老保险费供养，那么当期职工退休后可获得的养老金为 $N(1+n) \times w(1+g) \times T$。从缴费和收益来看，当期职工从现收现付制养老保险中获得的回报率是 $(1+n)(1+g)$，约为 $n+g$，即人口增长率和工资增长率之和，也被称为“生物回报率”。对于基金积累制养老保险，回报率是资金的投资收益率，即市场利率（用 r 表示）。如果 $n+g=r$，现收现付制和基金积累制的回报率相等，选择任一制度均可；如果 $n+g>r$，应选择现收现付制；如果 $n+g<r$，应选择基金积累制。

从中国的情况来看，在2000—2015年，实际工资的年均增长率在11.0%左右，人口自然增长率的均值是5.5‰，央行基准存款利率

---

① Samuelson, P. A. “An Exact Consumption Loan Model of Interest with or without the Social Contrivance of Money”, *Journal of Political Economy*, 1958, Vol. 66, No. 6, pp. 467 –482.

在3%左右。[①] 因此，根据“生物回报率”理论，中国应选择实行现收现付制养老保险。但需要注意的是，虽然“生物回报率”理论对现收现付制和基金积累制的选择有一定的指导意义，但现实中各国对这两项制度模式的选择不仅出于回报率的比较，也有其他方面的考虑。其中，较为重要的是公平与效率的权衡、保值增值风险以及制度的可持续性。具体而言，第一，现收现付制注重公平，再分配功能较强；而基金积累制注重效率，没有再分配功能。第二，由于现收现付制几乎没有资金积累，所以无须担心保值增值的问题；而基金积累制下，保值增值的压力较大。第三，在人口老龄化的冲击下，现收现付制面临收不抵支、难以持续的风险，而基金积累制不受人口年龄结构变化的影响。因此，各国对现收现付制和基金积累制的选择，与本国的实际情况和政府的政策目标有关。如果政府追求公平，就会选择现收现付制。如果资本市场不成熟，通货膨胀率较高，也会选择现收现付制。如果老龄化问题日益严重，就会倾向于选择基金积累制。

正如第三章第四节所述，世界养老保险制度的发展，经历了从现收现付制向现收现付制与基金积累制混合转变的过程，只是各国的侧重有所不同。目前，德国的养老保险以现收现付制为主，实行社会统筹。智利和新加坡以基金积累制为主，建立个人账户，不过智利的养老保险基金实行市场化投资运营，新加坡的公积金主要由政府管理投资。瑞典采用名义账户，即将缴费记在个人名下，以规定利率计息，但不做实际积累，缴费主要用于发放当期养老金，所以是记账的现收现付制。中国的养老保险实行现收现付制与基金积累制混合的制度，

---

① 中华人民共和国国家统计局“年度数据”，2016年，国家统计局门户网站（http：//data. stats. gov. cn/easyquery. htm？ cn = C01）。

从整体来看，现收现付制的成分较多。而且，个人账户长期“空转”，没有真正起到积累作用，目前全国只有13个省（直辖市）开展了做实个人账户的试点，且效果欠佳。一些研究认为，近期内中国还不具备实行基金积累制的条件，仍以现收现付制为主。[①]

三 覆盖面

可以从两个维度考察养老保险的覆盖面：一是从参保缴费人数的视角计算养老保险的参保率，即在劳动年龄人口中有多少比例参加了养老保险并缴费；二是从受益者的视角，计算在达到法定领取养老金年龄的人口中有多少比例真正领到了养老金。下面分别从这两个维度对中国和其他国家（或地区）的情况进行比较。

目前，根据国际劳工组织的统计，在劳动年龄人口（15—64岁）中，中国的养老保险参保缴费人数占比为46.4%，高于亚太地区的平均水平（27%），也高于世界平均水平（31%）。但与欧洲和北美相比，中国的养老保险缴费人数占劳动年龄人口的比例相对较低（见图4－7）。

从覆盖面的第二个维度来看，根据国际劳工组织的统计，在达到法定领取养老金年龄的老年人口中，中国领取养老金的老人占比为74.4%，高于亚太地区的平均水平（47%），也高于世界平均水平（52%），但低于欧洲和北美（90%以上）（见图4－8）。

① 参见袁志刚、葛劲峰《由现收现付制向基金制转轨的经济学分析》，《复旦学报》（社会科学版）2003年第4期；邵宜航、刘雅南、张琦《存在收入差异的社会保障制度选择——基于一个内生增长世代交替模型》，《经济学》（季刊）2010年第9卷第4期。

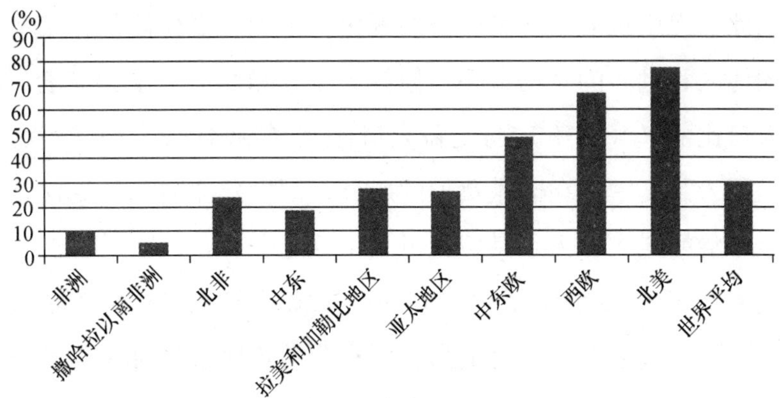

图4－7　世界各地区的养老保险参保率（2014年）

注：养老保险参保率，是指养老保险参保缴费人数占15—64岁人口的比例。

资料来源：ILO，"World Social Protection Report 2014/15：Building Economic Recovery"，Inclusive Development and Social Justice，Geneva：ILO，2014。

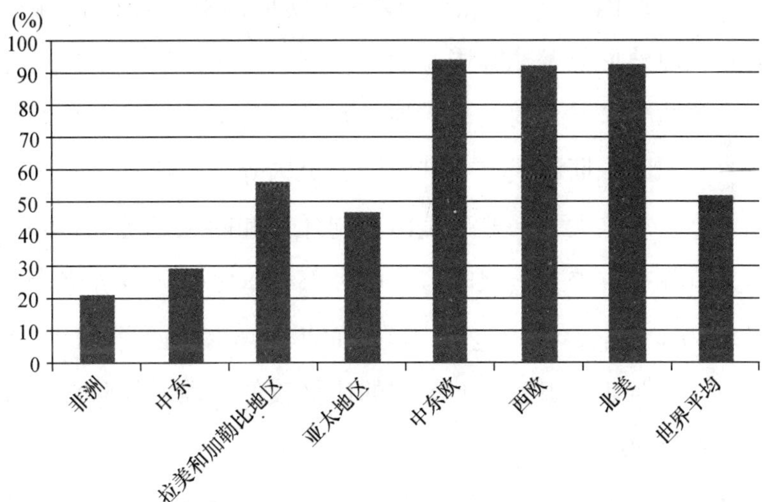

图4－8　世界各地区的老年人口领取养老金的比例（2014年）

注：老年人口，指达到法定领取养老金年龄的人口。

资料来源：ILO，"World Social Protection Report 2014/15：Building Economic Recovery"，Inclusive Development and Social Justice，Geneva：ILO，2014。

因此，无论从缴费还是受益的视角，中国养老保险的覆盖率都高于亚太地区和世界的平均水平，但低于欧洲和北美。中国养老保险的缴费人口比例（46.4%）与受益人口比例（74.4%）存在较大差距，主要是因为制度中存在非缴费型的成分，制度建立时已达到法定领取养老金年龄的老人，无须缴费就可获得养老金。

表4-2进一步展示了中国和一些国家的养老保险覆盖情况。从缴费人口的比例来看，荷兰最高，所有劳动年龄人口都参与养老保险并缴费；瑞典、日本、美国、丹麦、挪威、英国和匈牙利等国的比例也较高，70%以上的劳动年龄人口向养老保险机构缴费；表中的大部分国家，都有一半以上的劳动年龄人口参保缴费，中国相对较低，比例不足50%，但高于智利、阿根廷、巴西、墨西哥等拉美国家，也高于马来西亚、泰国、菲律宾、印度、印度尼西亚等亚洲国家以及埃及、南非、坦桑尼亚等非洲国家。

从受益情况来看，荷兰、瑞典、丹麦、挪威、捷克、奥地利、法国、芬兰、德国、斯洛伐克、俄罗斯、英国等国，所有老年人口都领取了养老金；加拿大、南非、美国、匈牙利和阿根廷等国，90%以上的老年人口都享有养老金保障；表中大部分国家，领取养老金的人口占比都在70%以上，其中包括中国，而菲律宾、墨西哥、印度、马来西亚、印度尼西亚和坦桑尼亚等国的比例较低，养老保险对老年人口的覆盖率不足30%。

综合来看，中国养老保险的覆盖率低于欧美等发达国家，也低于日韩，但高于马来西亚、菲律宾、印度和印度尼西亚等亚洲国家。在表4-2的38个国家中，中国的缴费人口占比排在第24位，领取养老金人口占比排在第27位，均处于中等偏下的水平。

此外，从表4-2可以看出，缴费人口占比和受益人口占比，两者并不严格一一对应。缴费人口占比高，受益人口一般占比也高，但缴费人口占比低，不一定受益面就窄。例如，南非仅有3.5%的劳动年龄人口向养老保险缴费，但其受益人口占老年人口的比例达到92.6%。这是因为，南非的养老保险以非缴费型为主，政府几乎承担了所有的养老金成本。

表4－2　　中国与主要国家的养老保险覆盖面（两个维度）

国家	养老保险缴费人数占15—64岁人口的比例（%）	领取养老金人数占达到法定领取年龄人口的比例（%）
中国	46.4	74.4
埃及	29.0	32.7
肯尼亚	11.3	7.9
南非	3.5	92.6
坦桑尼亚	3.1	3.2
赞比亚	8.8	7.7
澳大利亚	69.6	83.0
印度	7.4	24.1
印度尼西亚	6.0	8.1
以色列	69.8	73.6
日本	84.9	80.3
韩国	53.7	77.6
马来西亚	28.1	19.8
菲律宾	17.5	28.5
泰国	21.4	81.7

续表

国家	养老保险缴费人数占15—64岁人口的比例（%）	领取养老金人数占达到法定领取年龄人口的比例（%）
奥地利	66.5	100.0
比利时	64.5	84.6
捷克	67.7	100.0
丹麦	78.1	100.0
芬兰	64.5	100.0
法国	66.2	100.0
德国	59.9	100.0
匈牙利	71.0	91.4
意大利	58.2	81.1
荷兰	100.0	100.0
挪威	77.1	100.0
俄罗斯	48.7	100.0
斯洛伐克	53.2	100.0
斯洛文尼亚	61.7	95.1
西班牙	66.0	68.2
瑞典	92.8	100.0
英国	71.4	99.5
阿根廷	35.7	90.7
巴西	31.4	86.3

续表

国家	养老保险缴费人数占15—64岁人口的比例（%）	领取养老金人数占达到法定领取年龄人口的比例（%）
智利	40.4	74.5
墨西哥	25.1	25.2
加拿大	68.4	97.7
美国	78.5	92.5

资料来源：ILO，“World Social Protection Report 2014/15：Building Economic Recovery”，Inclusive Development and Social Justice，Geneva：ILO，2014。

四　缴费与待遇水平

养老保险支出占GDP的比例，在一定程度上反映了养老保险的待遇水平。图4－9展示了中国和一些OECD国家的养老保险支出占比。其中，中国的养老保险支出占GDP的3.1%，低于OECD的平均水平（9.0%）。从图中可以看出，中国的养老待遇水平较低，仅略高于韩国，低于其他大部分OECD国家的水平。

与此同时，中国的养老保险缴费率较高。这主要是城镇职工养老保险，企业和职工的缴费率之和达28%，高于OECD的平均水平（19.6%）。其中，企业缴费率（20%）高于OECD的均值（11.2%），职工个人缴费率（8%）与OECD的均值（8.4%）大致相当。另外，这不仅高于大部分发达国家的养老保险缴费率（如日本16.7%、韩国9%、美国10.4%、德国19.6%），也高于一些发展中国家的缴费率水平（如马来西亚25%、俄罗斯22%）。

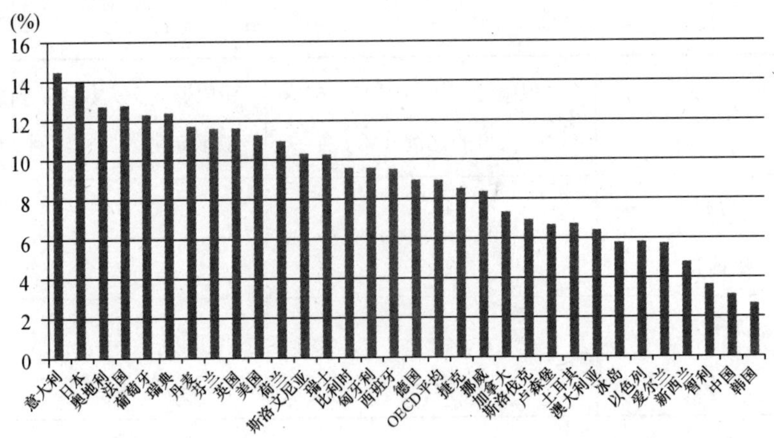

图4－9　中国和部分OECD国家的养老保险支出占GDP的比重（2013年）

资料来源：经济合作与发展组织（OECD），OECD数据库，2014年，OECD门户网站（http：//stats. oecd. org/）。

在理论上，较高的缴费率应与较高的待遇水平相对应。中国的制度养老金替代率确实较高，高于OECD的平均水平（见表1－6）。但实际上，中国的养老金替代率并未达到制度的目标水平（见图4－2）。

图4－10展示了一些国家的养老保险缴费率和养老金替代率的相关性。图中的直线为拟合线，反映了缴费率与替代率相关性的平均水平。对于位于拟合线上方的国家，与其缴费率相比，其替代率相对较高，高于平均水平；对于位于拟合线下方的国家，与其缴费率相比，其替代率相对较低，低于平均水平。可以看到，中国处于右下方，说明缴费率较高，但替代率较低，缴费率与替代率的关联不紧密。

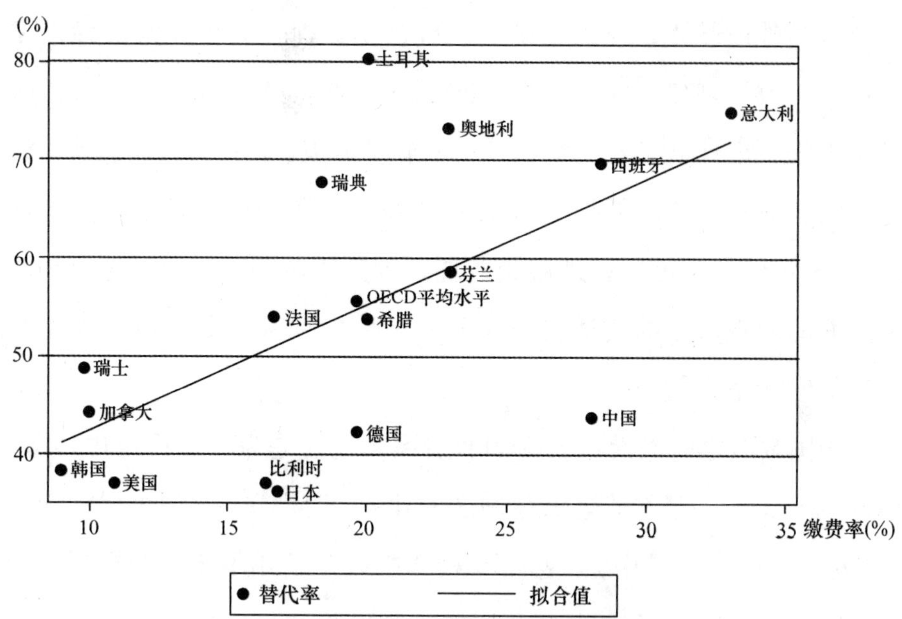

图 4－10　中国和部分 OECD 国家的养老保险缴费率和替代率（2012 年）

注：为具备可比性，对各国均采用人均公共养老金与在职职工平均工资之比来度量养老金替代率。

资料来源：OECD. Pensions at a Glance 2013：Retirement-Income Systems in OECD and G20 Countries. http：//www. oecd. org/pensions/pensionsataglance. htm。

第四节　中国养老保险制度的问题与对策

一　城镇职工基本养老保险的缴费率较高

通过国际比较发现，中国养老保险的缴费率较高，但待遇水平偏低。这会使企业和职工缺乏缴费激励，出现逃避缴费的现象。①主要有两种逃避缴费行为：第一，直接不参保。养老保险的参保率远远低于政策规定的100%便佐证了这一点。第二，在参保后低报缴费工资。审计署发现，2011年28个省本级、240个市本级和988个县的企业和职工以低报缴费工资等方式少缴城镇职工基本养老保险费51.4亿元。可见，逃避缴费现象较为普遍。基于中国企业和职工层面的微观数据的实证研究表明，上述两种逃避缴费行为确实与较高的缴费率有关。②

中国政府之所以设定较高的缴费率，主要是为了解决历史债务。1997年城镇职工基本养老保险制度的建立产生了三类人群："老人""中人""新人"。其中，"老人"和"中人"适用不缴费和视同缴费的制度设计，形成了城镇职工基本养老保险的历史债务。然而，与"拉弗曲线"的原理相似，并不是缴费率越高，缴费收入就越多。研究发现，在中国较高的缴费率下，由于企业和职工普遍存在逃避费行为，缴费收入还不到应收收入的1/3。③ 2015年，城镇职工养老保险出现当期收不抵支的情况，全国的缴费收入23016亿元，支出25813

---

① 参见赵耀辉、徐建国《我国城镇养老保险体制改革中的激励机制问题》，《经济学》（季刊）2001年第1卷第1期，Bailey，C，Turner J. "Strategies to Reduce Contribution Evasion in Social Security Financing"，*World Development*，2001，Vol. 29，No. 2，pp. 385 – 393。

② 参见赵静、毛捷、张磊《社会保险缴费率、参保概率与缴费水平——对职工和企业逃避费行为的经验研究》，《经济学》（季刊）2015年第15卷第1期。

③ Feldstein，M.，Liebman J，"Realizing the Potential of China's Social Security Pension System"，*China Economic Times*，February 24，2006，p. 1.

亿元，出现了2797亿元的资金缺口，由财政来补齐。[①]

今后应适当下调养老保险缴费率。由于较高的缴费率会导致逃避缴费问题，所以适当降低缴费率不一定会带来缴费收入的减少。相反，降低缴费率对扩面和如实缴费的促进作用，可能使缴费收入增加。因此，不必过于担心缴费率下调的减收效应。

中国政府已经认识到社会保险缴费率过高对企业发展的不利影响，并提出要适当降低社会保险的缴费率。[②] 但是，当前的举措只是降低了失业保险、工伤保险和生育保险的缴费率，而且降幅不大。[③]这3项保险的缴费率之和仅占社会保险总缴费率（41%）的12%，而养老保险缴费率占68%。因此，为企业切实减负，还应着重调整养老保险的缴费率。而且，还应认识到，较高的养老保险缴费率所产生的激励问题也会导致制度自身运行效率受损。

---

① 参见中华人民共和国人力资源和社会保障部《2015年度人力资源和社会保障事业发展统计公报》，2016年6月1日，人力资源和社会保障部门户网站（http://www.mohrss.gov.cn/SYrlzyhshbzb/zwgk/szrs/tjgb/201606/t20160601_241070.html）。

② 参见全国人民代表大会《中华人民共和国国民经济和社会发展第十三个五年规划纲要》（2016年3月16日），2016年3月17日，中国人大网（http://www.npc.gov.cn/npc/dbdhhy/12_4/2016-03/18/content_1985670.htm）。

③ 参见中华人民共和国人力资源和社会保障部《人力资源社会保障部财政部关于调整工伤保险基本政策的通知》，2015年7月22日，人力资源和社会保障部门户网站（http://www.mohrss.gov.cn/gkml/xxgk/201507/t20150729_216271.htm）；中华人民共和国人力资源和社会保障部《人力资源社会保障部财政部关于适当降低生育保险费率的通知》，2015年7月27日，人力资源和社会保障部门户网站（http://www.mohrss.gov.cn/SYrlzyhshbzb/ldbk/shehuibaozhang/yiliao/201507/t20150729_216282.htm）；中华人民共和国人力资源和社会保障部《人力资源社会保障部财政部关于阶段性降低失业保险费率有关问题的通知》，2017年2月16日，人力资源和社会保障部门户网站（http://www.mohrss.gov.cn/gkml/xxgk/201702/t20170217_266309.html）。

二　城镇职工基本养老保险的个人账户“空转”

城镇职工基本养老保险实行统账结合的制度。但从制度建立之初，个人账户就在“空转”。2001年，辽宁最先开始实施个人账户做实试点，到2008年试点范围扩大到13个省（自治区、直辖市），包括辽宁、吉林、黑龙江、天津、山西、上海、江苏、浙江、山东、河南、湖北、湖南和新疆。但此后，试点范围没有进一步扩大。

个人账户“空转”带来了一系列问题。第一，个人账户没有真正起到基金积累的作用，基金积累制相对于现收现付制的优点，如不受人口年龄结构的影响以及增加缴费激励等，没有充分发挥出来。第二，个人账户的实际运行情况与制度设计不符，会削弱人们对养老保险制度的信心，担忧制度的可持续性，因而不愿遵从。第三，个人账户持续“空转”给后代人和未来财政带来巨大压力。根据《中国养老金发展报告2015》统计，2014年个人账户记账累计额达到40974亿元，而做实个人账户试点地区的累计结余为5001亿元，这意味着个人账户的“空账”额达到35973亿元。而2014年城镇职工基本养老保险基金的累计结余是31800亿元。所以，即使用所有结余补充个人账户，个人账户仍会有4000多亿元的“空账”。而且，“空账”规模还在逐年扩大，形成了隐性债务，将支付风险转移给了后代人和未来财政。

个人账户之所以会“空转”，有以下几个原因。第一，历史债务由社会统筹资金负担，加上国企改革引发提前退休等因素，社会统筹资金不足以支付当期养老金，在分税制后地方财政紧张的情况下，地方政府没有使用财政收入，而是借用原本应用于积累和投资的个人账户资金，来填补社会统筹资金出现的缺口；第二，若将大量资金存放于个人账户，会出现贬值风险。因此，地方政府缺乏做实个人账户的激励。

虽然做实个人账户的试点地区已积累了一定规模的个人账户资金，但要进一步做实，十分困难。一方面，对于已经做实的个人账户资金，大部分试点省（自治区、直辖市）并没有进行投资，回报率较低；另一方面，由于不能再借用个人账户资金，很多试点省（自治区、直辖市）的社会统筹部分出现收不抵支的情况，主要依靠财政补缺。在财政面临巨大压力的情况下，2010 年中央政府特批辽宁向已经做实的个人账户借支，以保障当期养老金的发放，到 2014 年借支额达到了 700 多亿元。第一个启动做实个人账户试点的辽宁又回到了“空转”的状态。

关于城镇职工基本养老保险的个人账户存在争论。一种意见认为应坚持做实个人账户；另一种意见认为，应借鉴瑞典的“名义账户”模式。① 在 2016 年的“十三五”规划中，政府只提出“完善职工养老保险个人账户制度”，但对于如何完善没有提出明确思路。对此，本书认为，中国还是应逐步做实个人账户。这是因为，虽然“名义账户”模式可以缓解当前的资金困难，但是也产生一些问题。其一，“名义账户”模式仍然是将支出责任留给了后代人和未来财政，在缴费率无法进一步提高、人口老龄化加剧和财政收入增长放缓的情况

---

① 参见郑秉文《“名义账户”制：我国养老保障制度的一个理性选择》，《管理世界》2003 年第 8 期；董克用、孙博、张栋《“名义账户制”是我国养老金改革的方向吗——瑞典“名义账户制”改革评估与借鉴》，《社会保障研究》2016 年第 4 期；彭浩然《名义账户制是我国基本养老保险制度改革的良方吗?》，《经济管理》2016 年第 7 期。

下，养老保险制度仍有不可持续的隐患。其二，“名义账户”模式没有将资金真正用于积累和投资，这导致该模式只能提供一个较低的记账利率，这不仅使退休人员难以获得较高水平的养老保障，也降低了人们缴费的积极性。其三，采用“名义账户”模式，会削弱养老保险的社会共济功能。在“名义账户”模式下，个人的养老待遇只与自己的缴费有关，不存在不同群体间的收入再分配，这不符合中国养老保险制度的设计理念。

因此，做实个人账户是更合适的选择。问题是如何做实。在全国征缴收入与支出存在较大缺口的情况下，一味地将财政资金投入个人账户，或者将征缴收入中应属于个人账户的部分分离出来、禁止用于发放当期养老金，并不可行。一方面，统筹部分出现缺口；另一方面，个人账户还有闲置资金，以较低回报率来记账。这种资金分配方式，效率较低。

问题的关键在于，提高个人账户资金的投资回报率。一方面，这使做实个人账户变得更有吸引力，地方政府做实的激励增强；另一方面，可将一部分个人账户的投资回报用于补充统筹基金的缺口，这不仅缓解了统筹基金的收支困难，也有助于减轻财政负担。

如何提高个人账户资金的投资回报率？第一，不断完善中国的资本市场。成熟的资本市场是获得较高投资回报率的一个前提。第二，对于征缴收入，将统筹部分的收入和个人账户的收入分离开来，将个人账户的部分做长期投资。虽然两者混合也可以用于投资，但是由于支出时点不同，混合的征缴收入只能做短期投资，难以做长期投资，而长期投资回报率更高。第三，鼓励各地区将个人账户资金委托给全国社保基金理事会统一投资，将分散的长期性资金聚合起来，不仅增强资金的抗风险能力，获得“规模收益”，也可降低管理成本。全国社保基金理事会较有投资经验，2015 年投资回报率高达 15%。第四，当前政府允许养老保险基金投资于股票类资产的比例不得超过 30%，这是出于安全性和谨慎性的考虑。未来在资本市场逐渐成熟后，可适当提高该比例，以获得更高的回报率。

对于做实所需的资金，可以采取的方法是，在征缴收入中，将应属于个人账户的收入划入个人账户，不用于发放当期养老金；统筹部分的缺口，先用累计结余来补充，不足的部分不单纯依靠财政，而是采用多种来源的资金填补，包括个人账户的部分投资收益和国有资本划拨等。

三　城乡居民养老保险的缴费档次低

与城镇职工基本养老保险不同，城乡居民养老保险的缴费是 100 元、200 元、300 元、400 元、500 元、600 元、700 元、800 元、900 元、1000 元、1500 元、2000 元共 12 个档次，参保者可自由选择。虽然缴费档次较多，但在实际中，人们往往选择较低档次缴费。陕西财政监察专员办事处发现，在 2014 年陕西城乡居民缴费档次中，选择 100 元和 200 元档次缴费的居民占参保总人数的 92.1%。陕西的情况并不是个别现象。2014 年全国城乡居民养老保险的人均缴费是 186 元。

城乡居民养老保险借鉴了城镇职工基本养老保险的制度设计，也建立了个人账户，并且个人缴费划入个人账户。但是，由于城乡居民养老保险的缴费档次低，个人账户的资金极少。以人均缴费 186 元计算，缴费满 15 年，个人账户也不到 3000 元。即便算上地方政府对参保者的缴费补贴，个人账户的规模也不大。因此，城乡居民养老保险的个人账户积累功能较弱。而且，设立个人账户、单独核算、抵抗通货膨胀等保值增值风险，管理成本较高。在个人账户规模较小的情况下，管理成本可能远远超过了潜在收益。从这一点来看，对于城乡居民养老保险，设立个人账户的意义不大，有“重形式轻实质”的倾向。①

究其原因，主要有以下三方面。第一，未就业人员（尤其是农村居民）大多没有稳定收入，缴费能力较差。第二，缴费档次的高低只与个人账户养老金有关，并不影响基础养老金。同时，个人账户的回报率较低，并非“多缴多得”，导致人们有激励选择较低档次缴费。第三，城乡居民养老保险制度建立较晚，人们对制度究竟能否按时足额发放养老金缺乏信心，在求稳怕变的心理下，会选择较低缴费档次来“试一试”。

虽然从功能上看，目前城乡居民养老保险的个人账户意义不大，但是考虑到不同人群的养老保险制度未来终将并轨的大趋势，城乡居民养老保险的制度设计有必要与城镇职工基本养老保险较为一致。因此，应保留城乡居民养老保险的个人账户，并促使其充分发挥作用。

对此，一个主要措施是完善“多缴多得”的激励机制，鼓励居民在自身经济条件允许的情况下，选择较高缴费档次。具体办法包括以下几种。第一，加大宣传力度，增进居民对养老保险的了解，打消其观望态度和怀疑心理。第二，加强缴费补贴与实际缴费额之间的联系。中央政府规定，按最低档次缴费的补贴是30元，按500元及以上档次缴费的补贴是60元。如果按比例计算，按最低档次缴费的补贴率（补贴/缴费）更高。今后可考虑对不同档次使用相同的补贴率，真正实现“多缴多补”。第三，应加强基础养老金和缴费年限、缴费档次之间的相关性，实现“多缴多得、长缴多得”。具体可借鉴城镇

---

① 参见李珍《社会保障理论（第3版）》，中国劳动社会保障出版社2013年版，第53页。

职工基本养老保险基础养老金的计算方法。第四，考虑设立差异化的个人账户记账利率。城乡居民养老保险的个人账户规模很小，不适合采用投资的方式来提高回报率。但是，当前以银行1年期存款利率作为记账利率，无法形成有效的激励机制。可考虑对不同年龄段的参保者设置不同的记账利率，如按5年期、3年期、1年期等几档利率计息。

此外，还应扩宽城乡居民养老保险的资金来源，减少对财政的依赖。在制度设计上，城乡居民养老保险的资金来源渠道包括个人缴费、集体补助和政府补贴。未来除鼓励居民选择较高缴费档次、提高个人缴费比重以外，还应加大集体投入。审计署发现，2011年集体补助的贡献仅为1.2%。

四 退休年龄与预期寿命不匹配

城镇职工基本养老保险沿用了计划经济时期劳动保险的退休年龄，即男60岁、女职工50岁、女干部55岁。可是，原来的退休年龄规定，已和现在的预期寿命不匹配。新中国成立初期，预期寿命只有35岁；而2010年，预期寿命达74.8岁，增加了1倍。[①] 从国际经验来看，中国的退休年龄较小（见表4－3）。与中国预期寿命相近的匈牙利、保加利亚、波兰、罗马尼亚、塞尔维亚、阿根廷、巴西、墨西哥等国，法定领取养老金的年龄均高于中国。

---

① 参见张震《1950年代以来中国人口寿命不均等的变化历程》，《人口研究》2016年第1期。中华人民共和国国家统计局"年度数据"，2016年，国家统计局门户网站（http://data.stats.gov.cn/easyquery.htm?cn=C01）。

表4-3　一些国家的预期寿命与法定领取养老金年龄（2014—2016年）　单位：岁

国家	出生时的预期寿命		法定领取养老金年龄	
	男	女	男	女
中国	73.9	76.5	60	干部55、职工50
澳大利亚	79.9	84.4	65	65
印度	64.5	68.0	55	55
日本	79.9	86.4	65	65
韩国	78.1	84.8	61	61
菲律宾	65.2	72.1	60	60
比利时	78.1	83.2	65	65
丹麦	78.5	82.7	65	65
法国	79.3	85.6	61.6	61.6
德国	78.6	83.2	65.4	65.4
匈牙利	72.8	79.1	63.5	63.5
意大利	80.3	85.2	66.6	65.6
保加利亚	71.7	79.3	63.8	60.8
波兰	73.4	81.3	65	60
罗马尼亚	71.6	78.7	65	60.25
俄罗斯	65.0	76.0	60	55
塞尔维亚	72.9	78.3	65	61
英国	79.3	82.9	65	63

续表

国家	出生时的预期寿命		法定领取养老金年龄	
	男	女	男	女
美国	76.5	81.3	66	66
阿根廷	72.3	79.9	65	60
巴西	70.4	78.0	65	60
智利	78.3	84.2	65	60
墨西哥	74.2	79.0	65	65
埃及	68.8	73.6	60	60
尼日利亚	52.2	52.8	50	50
南非	54.7	58.8	60	60
坦桑尼亚	60.2	62.9	60	60

资料来源：Social Security Administration，*Social Security Programs Throughout the World：Asia and the Pacific*，*2014*；*Social Security Programs Throughout the World：Africa*，*2015*；*Social Security Programs Throughout the World：The Americas*，*2015*；*Social Security Programs Throughout the World：Europe*，*2016*.

退休年龄较小，会产生一些负面影响。首先，给养老保险基金和财政都带来了沉重压力。一方面，领取养老金的人越来越多，领取时间越来越长；另一方面，缴纳养老保险费的人相对较少，缴纳时间也较短。其次，不利于劳动力资源的优化配置，减少了劳动力供给，特别是经验丰富的成熟劳动力的供给。最后，导致出现“退而不休”的现象，即一边领取养老金，一边重新在劳动力市场上找到工作并领取工资。据统计，“退而不休”的劳动者占45岁及以上劳动者的35%

左右。[①] 这个群体的规模不容小觑。虽然“退而不休”有助于提高劳动力供给，但会产生效率损失。由于有养老金补助，他们更容易接受较低的工资水平，这压低了市场上的均衡工资，使其他人处于不利的位置，导致不公平竞争。

在制度建立之初，沿用以往的退休年龄，有助于减少转轨的阻力。但是，随着人口老龄化的加剧、预期寿命的延长、养老保险基金收支的失衡，当前的退休年龄已不符合养老保险制度可持续发展的需要。延迟退休年龄已成为社会共识，但是，如何延迟问题备受争论。在2016年的“十三五”规划中，提出“出台渐进式延迟退休年龄政策”，但尚未公布具体方案。延迟退休年龄，涉及广大职工的切身利益，容易遭到抵触，采取何种举措才能顺利推进退休年龄改革，值得深思。

一方面，可以先消除女职工和女干部的退休年龄差异，简并为55岁。另一方面，可以借鉴美国等国家的做法，逐步实行弹性退休年龄制。具体做法是：(1) 根据人口结构特点，设置3个退休年龄，即法定正常退休年龄、最早可退休年龄、最晚可退休年龄；(2) 在达到正常退休年龄时退休，可以获得100%的养老金；(3) 如果提前退休(年龄在最早可退休年龄和正常退休年龄之间)，可以获得养老金，但是数额比正常退休少，每提前1年就会减少一定的比例；(4) 如果延迟退休（年龄在正常退休年龄和最晚可退休年龄之间)，每年的养老金数额高于正常退休，每延迟1年就会增加一定的比例；(5) 缓慢调整正常退休年龄，使其逼近最晚可退休年龄。

这种弹性退休年龄制，相当于是对提前退休给予惩罚、对延迟退

---

① 参见程杰《“退而不休”的劳动者：转型中国的一个典型现象》，《劳动经济研究》2014年第2卷第5期。

休给予奖励。人们可根据自身情况（如健康状况和家庭经济条件等），自主选择退休年龄。相较于强制性的“一刀切”的退休年龄制，弹性退休年龄制产生的扭曲更小。

五　养老保险对财政的依赖性过强

在制度设计上，城镇职工基本养老保险的资金来源主要是企业和职工的缴费，但在实际中，财政给予了很大资助。2015 年，各级财政补贴城镇职工基本养老保险基金 4716 亿元，比 2014 年增长了 32.9%，占基金当年总收入的 16%；征缴收入是 23016 亿元，小于基金支出 25813 亿元，缺口是 2797 亿元，比 2014 年扩大了一倍。[①] 因此，扣除财政补贴，城镇职工基本养老保险基金已经入不敷出，而且收支缺口逐年扩大。

与城镇职工基本养老保险不同，在制度设计上，城乡居民养老保险的主要资金来源就是财政补贴。财政不仅补入口（缴费补贴），也补出口（全额发放基础养老金）。城乡居民养老保险主要依靠财政维持运转，个人缴费所起作用较小。2015 年，在基金收入中，个人缴费的占比还不到 1/4。[②]

因此，城镇职工基本养老保险和城乡居民养老保险都对财政有较强的依赖性，前者主要由财政兜底，而后者基本靠财政支撑。这有一定的合理性和必然性。其一，城镇职工基本养老保险有巨额历史债

---

① 参见中华人民共和国人力资源和社会保障部《2015 年度人力资源和社会保障事业发展统计公报》，2016 年 6 月 1 日，人力资源和社会保障部门户网站（http：//www. mohrss. gov. cn/SYrlzyhshbzb/zwgk/szrs/tjgb/201606/t20160601_241070. html）。

② 同上。

务，不可能完全依靠缴费收入来补偿，财政要抵消一部分债务。其二，城乡未就业人员的收入相对较低，缴费能力较差，需要财政予以帮助。

但是，养老保险过于依赖财政，使其可持续性堪忧。一方面，一个设计良好的制度，应能不依靠外力运转，应能大致保持自身的财务平衡。另一方面，在结构性减税的大环境下，未来财政收入增长可能放缓，而人口老龄化的加剧使养老保险基金的收支缺口日益扩大，一旦财政无力填补缺口，养老保险制度将难以持续。此外，财政对养老保险投入较多，也会挤出财政在医疗和教育等其他领域的支出，影响其他公共服务水平的提高。

对此，可采取两种途径来减少养老保险对财政的依赖：一是推动基础养老金全国统筹，二是建立并完善多层次的养老保险体系。对于全国统筹，一个主要好处是，收不抵支地区的资金缺口，可以用收大于支地区的结余来填补①，利用制度自身的资金解决缺口问题，减少对财政的依赖，减轻财政支出压力。另外，全国统筹也可以解决跨地区转移接续养老保险关系的困难，促进农民工参保。

然而，目前若想一步实现基础养老金全国统筹，比较困难。第一，全国只有北京、上海、天津、重庆和陕西等少数省（市）实现了真正的省级统筹，即养老保险基金在省级统收统支，其他大多数省份都只是建立了省级调剂金制度。在大多数省份尚未实现真正的省级统筹的情况下，很难将统筹层次提高至全国。第二，参照《企

---

① 2015 年，陕西、青海、河北、黑龙江、吉林、辽宁 6 个省份的养老保险当期收不抵支。参见陈惟杉《养老金收支凸显地区不平衡　陕西等 6 省 2015 年收不抵支》，2016 年 9 月 6 日，新华网（http：//news. xinhuanet. com/fortune/2016 - 09/06/c _ 129271119. htm）。

业职工基本养老保险省级统筹标准》，全国统筹意味着全国实行统一的制度和政策、统一的缴费基数和缴费比例、统一的养老金计发办法、养老保险基金全国统收统支、统一编制和实施养老保险基金预算、统一的业务规程和管理制度。而不同地区的经济发展水平存在较大差异，很难统一缴费基数和养老金计发办法。如果使用全国平均工资来核定，那么，经济发展水平较低的地区会感觉缴费压力大，而经济发展水平较高的地区会担心退休后生活水平低。第三，全国统筹涉及地方利益的重新分配，养老保险运行状况较好、有较多结余的地区不愿将资金完全上缴。第四，全国统筹会减弱地方政府监督企业和职工的积极性，可能导致逃避缴费现象泛滥，使大量缴费收入流失。

为了缓解上述困难，特别是保护地方政府的积极性，全国统筹可分三步走：首先，推动实现真正的省级统筹；其次，逐步建立全国调剂金制度，以省为单位，上缴部分调剂金，省内自留一部分资金，对收不抵支且地方财政确有困难的地区，全国调剂金给予适当帮助；最后，实现全国统筹，基础养老金在全国层面统收统支。

对于建立并完善多层次的养老保险体系这条途径，目前中国的企业年金和商业养老保险发展较为缓慢。例如，2015 年全国参加企业年金的职工仅为 2316 万人，是同期参加城镇职工基本养老保险人数的 8%。2013 年《中国退休准备指数调研报告》显示，大部分人都以银行储蓄和社会养老保险的方式来养老，商业保险的作用并未受到重视。今后应按照世界银行“三支柱”养老保险体系的建议，参照美国等发达国家的做法，充分发挥企业年金和商业养老保险在养老保障中的作用，减轻基本养老保险的支出负担，进而减少收不抵支的风险及由此产生的财政压力。具体措施包括：加大企业年金和商业保险的宣传力度，引起人们的重视；适当降低城镇职工基本养老保险的缴费率，使企业有能力向企业年金缴费；对商业养老保险实施一些税收优惠政策，如实施税收递延型养老保险等。

第 五 章

社会主义初级阶段的医疗保险制度

◈第一节　城镇职工医疗保险

一　城镇职工医疗保险的发展

计划经济时期的劳动保险，包含了医疗待遇（通常称为劳保医疗）。一方面，职工就医的治疗费、住院费和普通药费由企业负担，贵重药费、就医路费和住院时膳费由职工个人负担；另一方面，职工就医期间，企业或劳动保险基金按月提供救济费，根据工龄和就医时间的长短，救济费在工资的20%—100%。此外，职工的直系亲属也可以在企业的定点医院免费诊治，普通药费减半，贵重药费、住院费、就医路费、住院时膳费和其他费用由本人承担。

劳保医疗在20世纪50年代初建立，而到了70年代末期，劳保医疗在执行中出现一些困难。进入90年代，企业普遍感到劳保医疗难以为继，企业福利基金成倍超支，连年挂账，职工的医药费难以得到保障。[①] 据统计，1978—1985年，劳保医疗的费用年均增长率是

---

① 参见黄孟岳、孙裕增《试论劳保医疗体制改革的现状、问题和对策》，《浙江社会科学》1994年第5期。

8.7%，1986—1989 年的医疗费用年均增长率达 25.6%。[1] 医疗费用的迅猛增长，给企业经营及财政支出造成了很大负担。这种现象的主要原因在于：一方面，医疗费用由国家和企业负担，职工看病基本不花钱，导致医疗资源的滥用；另一方面，20 世纪 80 年代中后期，随着财政体制的改革，财政对医院的补助有所下降，促使医院进行“创收”，以促进医院的发展和增加医务人员的收入，此时医生有多检查、多开药的激励。因此，医疗服务的需方缺乏费用意识，而供方又有提供过度服务的动机，双方的共同作用导致医疗费用迅速增加。此外，医疗技术的发展、人口老龄化问题凸显、疾病谱变化以及药品价格上涨等因素，也在其中起到了一定作用。

在此情形下，从 20 世纪 80 年代开始，一些地区和部分企业自发对劳保医疗进行了改革探索。主要的改革措施包括：将医疗经费作为附加工资，定额定期（每月、每季度、每年）发给职工个人，看病自付，超支不补，节约归己；按工龄长短实行分段定额，超支部分自付一定比例（5%—30%），自付比例与工龄长短有关；按工龄长短分段报销 60%—95%，其余自付；将医疗经费交给定点医院，包干使用，节余归医院。上述措施增加了职工和医院控制医疗费用的意识，但由于当时管理不规范，并未有效抑制医疗费用的快速增长，也出现了职工看不起病、医院服务质量下降等现象。[2]

1988 年，经国务院批准，中国政府的八个部门组成了医疗制度改革研讨小组，起草了《职工医疗保险制度设想（草案）》，提出的

---

① 参见李卫平《公费、劳保医疗制度的发展及改革方向》，《中国卫生经济》1991 年第 8 期。

② 参见黄孟岳、孙裕增《试论劳保医疗体制改革的现状、问题和对策》，《浙江社会科学》1994 年第 5 期。

改革方向是：逐步建立适合中国国情，费用由国家、单位、个人合理负担，社会化程度较高的多形式、多层次的职工医疗保险制度。1989年，丹东、四平、黄石、株洲四个城市成为医疗保险改革的试点。1991年，海南省颁布了《海南省职工医疗保险暂行规定》，并于1992年开始实施。同年，深圳成立了医疗保险局，并于1992年颁布了《深圳市职工医疗保险暂行规定》和《职工医疗保险实施细则》，社会医疗保险的改革进入了实质性阶段。1993年，《中共中央关于建立社会主义市场经济体制若干问题的决定》明确提出要建立社会统筹和个人账户相结合的社会医疗保险制度，城镇职工医疗保险金由单位和个人共同负担。

1994年，政府发布《关于职工医疗制度改革的试点意见》（体改分〔1994〕51号），正式启动建立统账结合城镇医疗保险的试点工作。试点在镇江和九江展开，建立的医疗保险制度也被称为“两江模式”。试点政策主要包括：（1）对于城镇所有劳动者，建立统账结合的社会医疗保险制度。（2）单位和职工共同缴纳医疗保险费，单位缴费在工资总额的10%左右，职工缴费从个人工资的1%起步，以后随着经济发展和工资增长逐步提高。（3）大部分（不低于50%）的单位缴费和职工个人缴费进入个人账户；单位缴费的剩余部分进入社会统筹医疗基金。（4）医疗费用先从个人账户支付。个人账户不足支付时，先由职工自付。职工在个人账户之外自付的医疗费，超过起付标准（本人年工资的5%）的部分，社会统筹医疗基金报销一定比例，职工个人负担一定比例，个人自付比例呈“三段通道式”：超过本人年工资的5%但不足5000元的部分，个人负担10%—20%；5000—10000元的部分，个人负担8%—10%；超过10000元的部分，个人负担2%。个人负担比例随费用的增加而降低。（5）加强对医疗单位的制约。允许职工到定点的几个医院（劳保医疗一般只有一家定点医院）就医，促进医疗单位的合理竞争。逐步实行医疗服务和销售药品分开核算。政府应制定医疗诊治技术规范和合理的医疗收费标准，制定医疗保险基本药品报销目录。医疗保险机构应与定点医院签订合同，明确服务范围、项目和费用等。(6）一些特殊性政策，包括职工退休后个人不再缴费，职工的直系亲属仍可报销医疗费的40%，发展职工医疗互助基金和商业医疗保险等。

"两江模式"取得了一定的成功。初步建立了统账结合的职工医疗保险，建立了稳定的筹资机制，均衡了不同企业间的负担，提高了医疗保障的社会化程度，并且通过增加个人责任（缴费和自付医疗费）及加强对医院的管理，使医疗费用高速增长的势头得到了一定控制。在"两江模式"试点经验的基础上，1996 年政府发布《关于职工医疗保障制度改革扩大试点意见的通知》，决定继续扩大试点范围。1998 年，国务院颁布《关于建立城镇职工基本医疗保险制度的决定》(国发〔1998〕44 号)，正式建立全国统一的城镇职工基本医疗保险制度。与"两江模式"不同，单位缴费比例调整为6%，职工个人缴费比例为2%；30%的单位缴费和个人缴费进入个人账户，70%的单位缴费进入社会统筹基金；对于社会统筹部分，设置起付标准（当地职工年均工资的10%左右）和最高支付限额（当地职工年均工资的4倍左右)，在起付标准和最高限额之间的医疗费，社会统筹基金报销一定比例，职工承担剩余部分。

另外，国发〔1998〕44 号文件也提出，在建立城镇职工医疗保险制度的同时，也要加强医疗服务管理，确定医疗保险的服务范围和标准，实行定点医院和定点药店的资格审查和管理，同步推进医药卫生体制改革。此外，也对特殊群体的医疗待遇做出了规定，包括退休人员个人不缴费并在个人账户计入金额和个人自付医疗费用比例上给予照顾、国有企业下岗人员费用由再就业中心以当地职工平均工资的60%为基数缴纳等。也鼓励企业建立补充医疗保险，允许补充医疗保险费在工资总额4%以内的部分，从职工福利费列支，其余经财政部门批准后可列入成本。

1998年，职工基本医疗保险改革的试点城市有40多个，参保人数为509万人，基金收入19.5亿元，支出15.6亿元。[①] 此后，改革范围和规模迅速扩大。到2001年年底，全国349个地级以上统筹地区中，有339个统筹地区组织实施了基本医疗保险制度改革，参保人数达7630万人，基金收入384亿元，支出244亿元。[②] 此后，政府发布了一系列政策文件，扩大基本医疗保险的覆盖面，包括《关于妥善解决医疗保险制度改革有关问题的指导意见》（劳社厅发〔2002〕8号）、《关于进一步做好扩大城镇职工基本医疗保险覆盖范围工作的通知》（劳社厅发〔2003〕6号）、《关于城镇灵活就业人员参加基本医疗保险的指导意见》（劳社厅发〔2003〕10号）、《关于推进混合所有制企业和非公有制经济组织从业人员参加医疗保险的意见》（劳社厅发〔2004〕5号），将困难企业、困难职工、国有企业下岗人员、灵活就业人员、混合所有制企业和非公有制企业就业人员以及农村进城务工人员（以下简称农民工）纳入职工基本医疗保险的覆盖范围。

---

① 参见中华人民共和国人力资源和社会保障部《1998年劳动和社会保障事业发展年度统计公报》，2006年2月7日，人力资源和社会保障部门户网站（http://www.mohrss.gov.cn/SYrlzyhshbzb/zwgk/szrs/tjgb/200602/t20060207_69891.html）。

② 参见中华人民共和国人力资源和社会保障部《2001年度劳动和社会保障事业发展统计公报》，2006年3月1日，人力资源和社会保障部门户网站（http://www.mohrss.gov.cn/SYrlzyhshbzb/zwgk/szrs/tjgb/200603/t20060301_69897.html）。

1998 年以来，城镇职工医疗保险的参保率不断提高，从 1998 年的 7% 升至 2015 年的 53%（见图 3－4）。但也可以看到，目前仍有近一半的就业人员没有参加医疗保险，没有实现“应保尽保”。城镇职工医疗保险基金的收支规模也逐年扩大（见图 5－1）。2015 年，职工医疗保险基金收入达 9083.5 亿元，支出达 7531.5 亿元，是 1998 年的近 500 倍。

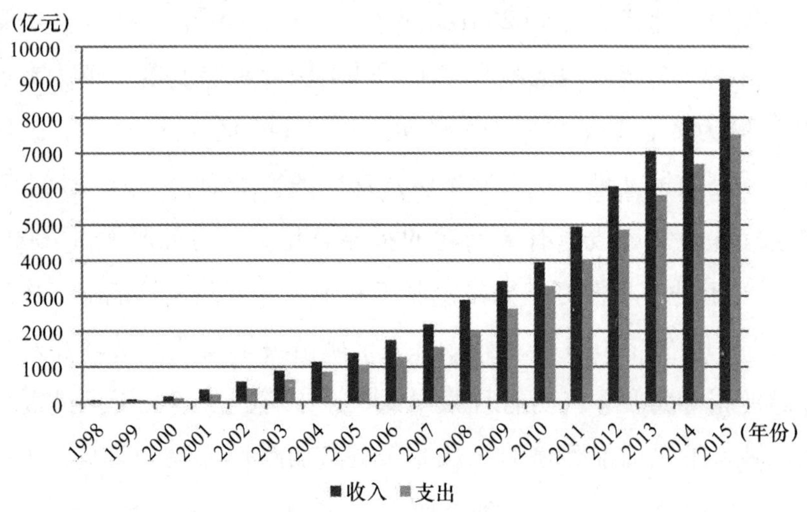

图 5－1　城镇职工基本医疗保险的基金收支

资料来源：中华人民共和国国家统计局“年度数据”，2016 年，国家统计局门户网站（*http：//data. stats. gov. cn/easyquery. htm？ cn = C01*）。

城镇职工医疗保险制度中，对起付线、最高支付限额以及之间的报销比例的规定，将医疗费用与个人支出挂钩，增强个人的费用意识，与劳保医疗相比，在一定程度上遏制了医疗服务需求方的过度消费，进而抑制医疗资源的浪费。[①] 各地的报销比例不同，一般根据“以收定支、收支平衡”的原则来确定，报销比例逐年提高，逐步为城镇职工提供更好的医疗保障。

表5－1和表5－2展示了北京市2014年的城镇职工医疗保险起付线、报销比例和最高支付限额的情况。其中，表5－1是门诊报销，表5－2是住院报销。第一，在职人员和退休人员的医疗保险待遇不同。从门诊的情况来看，在职人员的起付线高于退休人员，如果将退休人员享有的补充医疗保险考虑在内，退休人员的报销比例高于（或等于）在职人员。从住院的情况来看，在职人员和退休人员的起付线和最高支付限额相同，但在职人员的报销比例低于退休人员。因此，退休人员的医疗待遇更好。第二，报销比例的设置，鼓励就近就医、基层就医，不鼓励小病大看。从门诊的情况来看，社区就医的报销比例更高。从住院的情况来看，一级医院就医的报销比例最高，其次是二级医院，而三级医院报销比例最低。[②] 第三，对于住院报销，采取的是分段报销的办法。住院费越高，报销比例越高，这体现了对大病患者的照顾。另外，在达到基本医疗保险的最高支付限额之后，还可以使用大额医疗费用互助资金支付一部分医疗费，这属于补充医疗保险的范畴，各地规定不同，也体现了对大病患者的保障。第四，从住院报销的整体情况来看，报销比例非常高，基本在85%以上，最高达98%，个人负担比例很小。但需要注意的是，这是政策范围内的报销

---

① 参见黄枫、甘犁《医疗保险中的道德风险研究——基于微观数据的分析》，《金融研究》2012年第5期。

② 根据《医院分级管理标准》，医院分为三级。其中，一级医院是社区医院、基层医院，是初级卫生保健机构，一般是乡镇卫生院和城镇街道医院；二级医院是跨几个社区提供医疗服务的地区性医院，一般是县区级医院；三级医院是跨省市区向全国范围提供医疗服务的医院，一般是省市级医院。

比例，即基本医疗保险“三个目录”（基本药品目录、基本医疗服务设施诊疗项目目录和医疗服务设施目录）政策规定范围内的住院费用中，由基本医疗保险基金支付的比例。而在实际住院诊疗时，一些药品和医疗服务项目可能并不在“三个目录”内，这些费用不能从医疗保险基金中报销。因此，实际报销比例，即通过基本医疗保险基金报销的金额占医疗费用总额的比例，一般会低于政策范围内的报销比例。就全国平均水平而言，2011 年，城镇职工基本医疗保险的政策范围内报销比例是77%，实际报销比例是64.1%。[①]

表 5-1　2014 年北京市城镇职工医疗保险的支出标准（门诊）

<table>
<tr><th colspan="2" rowspan="3">人员类别</th><th rowspan="3">起付线（元）</th><th colspan="4">报销比例（%）</th><th rowspan="3">最高限额（元）</th></tr>
<tr><th colspan="2">社区（本市）</th><th colspan="2">其他定点</th></tr>
<tr><th>大额</th><th>补充</th><th>大额</th><th>补充</th></tr>
<tr><td colspan="2">在职人员</td><td>1800</td><td>90</td><td>—</td><td>70</td><td>—</td><td>20000</td></tr>
<tr><td rowspan="2">退休人员</td><td>70 岁以下</td><td>1300</td><td>80</td><td>10</td><td>70</td><td>15</td><td>20000</td></tr>
<tr><td>70 岁以上</td><td>1300</td><td>80</td><td>10</td><td>80</td><td>10</td><td>20000</td></tr>
</table>

注：2006 年，北京市劳动和社会保障局发布《关于建立全市退休人员统一补充医疗保险的通知》，为退休人员建立补充医疗保险。

资料来源：《北京医保报销比例》，2014 年 2 月 11 日，北京社保网（http://beijing.chashebao.com/yiliao/12149.html）。

---

① 参见中国审计署《审计结果公告（2012 年第 34 号）：全国社会保障资金审计结果》，2012 年 8 月 2 日，中央人民政府门户网站（http://www.gov.cn/zwgk/2012-08/02/content_2196871.htm）。

表 5－2　　2014 年北京市城镇职工医疗保险的支出标准（住院）

<table>
<tr><th rowspan="2">人员类别</th><th rowspan="2">报销级别</th><th rowspan="2">起付线（元）</th><th colspan="3">报销比例（%）</th><th rowspan="2">最高限额（万元）</th></tr>
<tr><th>一级医院</th><th>二级医院</th><th>三级医院</th></tr>
<tr><td rowspan="4">在职人员</td><td>起付线—3 万元</td><td rowspan="4">1300</td><td>90</td><td>87</td><td>85</td><td rowspan="3">10</td></tr>
<tr><td>3 万—4 万元</td><td>95</td><td>92</td><td>90</td></tr>
<tr><td>4 万—10 万元</td><td>97</td><td>97</td><td>95</td></tr>
<tr><td>10 万—30 万元</td><td colspan="3">大额医疗费用互助资金支付 85%</td><td>20</td></tr>
<tr><td rowspan="4">退休人员</td><td>起付线—3 万元</td><td rowspan="4">1300</td><td>94</td><td>92. 2</td><td>91</td><td rowspan="3">10</td></tr>
<tr><td>3 万—4 万元</td><td>97</td><td>95. 2</td><td>94</td></tr>
<tr><td>4 万—10 万元</td><td>98. 2</td><td>98. 2</td><td>97</td></tr>
<tr><td>10 万—30 万元</td><td colspan="3">大额医疗费用互助资金支付 90%</td><td>20</td></tr>
</table>

注：2001 年，北京市政府发布《北京市大额医疗费用互助暂行办法》，要求参加职工基本医疗保险的单位和个人也要参加大额医疗费用互助，属于补充医疗保险，用于支付职工和退休人员的大额医疗费用。单位按工资总额的 1% 缴费，个人按每月 3 元缴费。

资料来源：《北京医保报销比例》，2014 年 2 月 11 日，北京社保网（http：//beijing. chashebao. com/yiliao/12149. html）。

二　公费医疗

在计划经济时期，企业职工实行劳保医疗，而机关事业单位人员实行公费医疗，两者较为相似，都为相关人员提供免费医疗保障。公费医疗制度建立于 1952 年，标志性事件是政务院发布《关于全国各级人民政府、党派、团体及所属事业单位的国家工作人员实行公费医疗预防的指示》。其中指出，公费医疗的待遇，包括门诊和住院的诊疗费、手术费、住院费和药费，由财政拨款的医药费支出；住院的膳费和就医路费由个人自理。到1952年年底，全国有440万人享受了公费医疗。

与劳保医疗相似，在公费医疗制度下，医疗服务的需方和供方也有过度消费和过度供给的问题，造成医疗经费的不合理增长。据统计，从1975年开始，公费医疗经费年增长率达23%，远远超过了经济增长速度。1984年，政府发布《关于进一步加强公费医疗管理的通知》，指出公费医疗制度存在的问题主要是药品浪费严重、经费大幅超支，认为公费医疗改革势在必行。其中，列举了公费医疗的一些乱象，包括公费医疗管理机构随意扩大公费医疗范围和报销范围，少数医疗单位大量购进和滥开营养滋补等自费药品，部分药品生产经营部门大量生产和销售包装名为“药品”的营养品和化妆品，等等。对此指出，应加强管理，严格执行公费医疗的享受范围和报销范围，坚持分级分工医疗的原则，纠正看病“满天飞”的现象，加强思想教育，纠正不正之风，尝试各种改革办法，考虑与享受单位、医疗单位或个人适当挂钩。1989年，发布《公费医疗管理办法》，进一步明确了公费医疗的享受范围和开支范围、管理办法和管理机构的职责等。

然而，公费医疗费用超速增长的问题并未得到有效缓解。例如，1990年，陕西省公费医疗和劳保医疗经费按预算规定提取26900万元，但实际支出却高达94400万元，是原预算的3.5倍。尽管存在大规模超支，但仍然满足不了支出需求，财政不堪重负。①

1992年，卫生部发布《关于加强公费医疗制度改革试点工作的

---

① 参见杨东雪、闫秀贤《谈我国公费医疗制度的管理与改革》，《当代经济科学》1994年第5期。

通知》。1994 年“两江模式”的改革中，也包括城镇机关事业单位工作人员。1998 年，《关于建立城镇职工基本医疗保险制度的决定》（国发〔1998〕44 号）明确要求，城镇所有用人单位和职工都要参加基本医疗保险，包括机关、事业单位、社会团体，至此，公费医疗被职工基本医疗保险取代。不过，国发〔1998〕44 号文件规定，国家公务员在参加基本医疗保险的基础上，享受医疗补助政策，这是为了使公务员的医疗待遇在改革前后不会下降太多，以减小改革阻力。但这也在企业职工和公务员之间造成了不公平现象。2000 年，政府发布《关于实行国家公务员医疗补助意见的通知》（国办发〔2000〕37 号），将公务员的医疗补助制度化，明确提出“保证国家公务员原有医疗待遇水平不降低”，“医疗补助经费由同级财政列入当年财政预算”。财政提供的医疗补助的二次报销，实际上为公务员提供了特殊的医疗保障，使得医疗双轨制没有彻底消除。

1998 年以后，各地陆续将公费医疗制度向职工基本医疗保险制度转轨。到 2012 年，全国近八成省份的公务员取消公费医疗，山东、广东、江西、江苏、湖北等 7 地公务员尚未完全取消公费医疗。[①] 其中，山东的省直机关公务员和济南、烟台尚未全部取消公费医疗，广东省直机关、中央驻穗单位及广州市公务员并未完成公费医疗与职工医疗保险的并轨，江西省直机关和南昌市及所属县区还在实行公务员公费医疗，江苏省直机关和南京市仍实行公费医疗，湖北省直机关公务员和部分事业单位工作人员还在享受公费医疗。2013 年，南京市取消公费医疗，所有机关事业单位参加城镇职工医疗保险。2015 年，全国只有 3 个省的省直机关和中央在京机关没有参加职工医疗保险，

① 参见丁汀《八成省份公务员取消公费医疗》，《人民日报》2012 年 1 月 19 日第 14 版。

相关改革进程正在积极推进之中。①

第二节　城乡居民医疗保险

一　新型农村合作医疗的发展

在计划经济时期，传统的农村合作医疗制度（以下简称为“旧农合”）曾发挥了积极的医疗保障作用，在一定程度上解决了农民看病难、看病贵的问题，并得到了世界银行和世界卫生组织等国际组织的高度评价（见第三章第一节）。但随着家庭联产承包责任制的实施，依托于农村集体经济的旧农合萎缩，此后大部分农民缺乏医疗保障，“因病致贫”的情况又开始出现。

2002 年，中共中央、国务院发布《关于进一步加强农村卫生工作的决定》（中发〔2002〕13 号），提出要逐步建立新型农村合作医疗制度，以大病统筹为主，坚持自愿原则，实行农民个人缴费、集体扶持和政府资助相结合的筹资机制，经济发达的农村可以鼓励农民参加商业医疗保险。

2003 年，政府发布《关于建立新型农村合作医疗制度的意见》（国办发〔2003〕3 号），正式开始建立新型农村合作医疗制度（以下简称“新农合”）。其中阐明了新农合的制度内涵，是由政府组织、引导、支持，农民自愿参加，个人、集体和政府多方筹资，以大病统筹为主的农民医疗互助共济制度。新农合从 2003 年开始试点，目标

---

① 《人社部：机关单位公费医疗改革进程将加快》，2015 年 3 月 10 日，腾讯新闻网（http://news.qq.com/a/20150310/035831.htm）。

是2010年在全国实现全覆盖。在筹资方面，农民个人每年的缴费不低于10元；有条件的乡村集体经济组织对新农合提供扶持，而且集体出资不得向农民个人摊派；地方财政每年对参合农民的补助不低于人均10元，中央财政每年通过专项转移支付对中西部地区除市区以外的参合农民按人均10元安排补助资金。在支出方面，新农合基金主要补助大额医疗费用或住院费；与城镇职工医疗保险相似，也有起付线、报销比例和最高支付限额的规定。

新农合与旧农合的主要区别在于：第一，新农合是社会医疗保险，覆盖面更广，而旧农合主要依靠集体经济，不同村的保障情况不同。第二，新农合的资金中，个人缴费和集体补助相对较少，主要来源于财政补贴。而旧农合没有财政补贴。在新农合试点刚启动时，个人缴费和财政补贴的标准较低，均为每人每年不低于10元。随着试点的推广以及经济的发展，个人缴费标准和财政补贴标准不断提高，而且财政补贴标准高于个人缴费。例如，2015年，各级财政对新农合的人均补助标准在2014年的基础上提高60元，达到380元。其中，中央财政对120元部分的补助标准不变，对260元部分按照西部地区80%、中部地区60%的比例进行补助，对东部地区各省也按一定比例给予补助。农民个人的缴费标准在2014年的基础上提高30元，全国平均个人缴费标准达到每人每年120元左右。[①] 由此可见，对于每个参合农民，财政补贴平均是个人缴费的3.2倍。

---

① 参见中华人民共和国国家卫生计生委基层卫生司《关于做好2015年新型农村合作医疗工作的通知》（2015年1月23日），2015年1月29日，国家卫生计生委基层卫生司门户网站（http://www.moh.gov.cn/jws/s3581sg/201501/980195186d494472e8d4ae8d4ae8fa60eqefc5.shtml）。

表 5－3　　　　新农合的发展情况

年份	参合人数（亿人）	参合率（%）	人均筹资（元）	筹资总额（亿元）	基金支出（亿元）	受益人次（亿人次）
2004	0.8	75.2	50.4	40.3	26.4	0.8
2005	1.8	75.7	42.1	75.3	61.8	1.2
2006	4.1	80.7	52.1	213.6	155.8	2.7
2007	7.3	86.2	59.0	428.0	346.6	4.5
2008	8.2	91.5	96.3	784.8	662.3	5.9
2009	8.3	94.2	113.4	944.6	922.9	7.6
2010	8.4	96.0	156.6	1309.2	1187.8	10.9
2011	8.3	97.5	246.2	2048.5	1710.2	13.2
2012	8.0	98.3	308.5	2483.4	2408.0	17.5
2013	8.0	99.0	370.6	2972.1	2908.0	19.4
2014	7.4	98.9	410.9	3024.2	2890.4	16.5
2015	6.7	98.8	490.3	3286.6	2993.5	—

注：表中人均筹资，包括个人缴费、集体补助和政府补贴等多方筹资。根据卫计委的说明，2011 年之后，参合人数有所减少，是因为越来越多的地区合并实施了城乡居民医疗保险，而新农合和城乡居民医疗保险分开统计。

资料来源：中华人民共和国国家统计局“年度数据”，2016 年，国家统计局门户网站（http://data.stats.gov.cn/easyquery.htm? cn = C01）；中华人民共和国国家卫生计生委规划与信息司《2015 年我国卫生和计划生育事业发展统计公报》，2016 年 7 月 20 日，国家卫生计生委规划与信息司门户网站（http://www.nhfpc.gov.cn/gaihuaxxs/s10748/201607/da7575d64fao4670b5f375c87b6229bo.shtml）。

新农合的发展较快（见表 5－3）。在 2004 年，全国 11.6% 的县（区、市）开展了新农合试点，到 2013 年，新农合已覆盖 87.2% 的县。[①] 参合率也从 2004 年的 75% 提高到 2015 年的 99%，基本实现全覆盖。人均筹资水平逐年提高，2015 年的人均筹资是 2004 年的 9.7 倍。新农合的收支规模也在不断扩大，受益人次显著增加。

新农合制度在建立之初，以大病统筹为主。后来将门诊统筹也纳入进来，而且报销比例和最高支付限额不断提高。[②] 不同地区根据当地实际情况，对新农合设置了不同的起付线、报销比例和最高支付限额。表 5－4 展示了北京市 2014 年的新农合待遇标准。可以看出，第一，与住院相比，普通门诊的报销比例更低，起付线和最高限额也更低。第二，不同医院起付线和报销比例不同。从住院报销来看，一级医院的起付线最低、报销比例最高，二级医院的报销比例居中，三级医院的报销比例最低。这种制度设计，鼓励小病去基层医院，大病才去大医院，避免医疗服务需求过度、不必要地集中。第三，住院费用采用分段报销的办法，费用越高，报销比例越高。这体现了对大病患者的保护和照顾。

另外，与城镇职工医疗保险（见表 5－1 和表 5－2）相比，新农合的报销比例较低，这在一定程度上体现了权利与义务相对等的原则。城镇职工医疗保险的资金主要来源于企业和职工缴费，财政补贴较少；而新农合的个人缴费较少，主要依靠财政补贴。以 2015 年的

---

① 资料来源：中华人民共和国国家统计局“年度数据”，2016 年，国家统计局门户网站（http://data.stats.gov.cn/easyquery.htm? cn = C01）。

② 参见中华人民共和国中央人民政府《关于做好 2011 年新型农村合作医疗有关工作的通知》（2011 年 4 月 6 日），2013 年 7 月 4 日，中央人民政府门户网站（http://www.gov.cn/fwxx/cjr/content_2440498.htm）。

社会平均工资为基数，参加职工医疗保险的个人当年需缴费 1265 元，其所在单位需缴费 3794 元，而参加新农合的个人当年缴费在 120 元左右，远远低于职工医疗保险。从这一点来看，新农合的报销比例理应低于职工医疗保险。而且，新农合的起付线较低，低于职工医疗保险，这在一定程度上体现了对农民的照顾。

表 5－4　　　北京市新农合的支出标准（2014 年）

报销类别	就医机构类别	起付线（元）	报销比例（%）	最高限额（元）
普通门诊	一级医疗机构	100	50	3000
	二、三级医疗机构（中医医院）	550	40	
	二、三级医疗机构（其他医疗机构）	550	35	
住院、特殊病门诊	一级医疗机构	300	75	180000
	二级医疗机构	1000—20000	65	
		20000—50000	70	
		>50000	80	
	三级医疗机构	1000—20000	55	
		20000—50000	60	
		>50000	67	

注：特殊病门诊指恶性肿瘤放化疗、肾透析、肝肾移植后服用抗排异药物、儿童再生障碍性贫血及血友病。

资料来源：北京市卫生局《关于推进 2009 年本市新型农村合作医疗统筹补偿工作的意见》，2008 年 10 月 24 日，首都之窗（zhengwu. beijing. gov. cn/gzdt/gggs/t1004662. htm）；《北京医保报销比例》，2014 年 2 月 11 日，北京社保网（http：//beijing. chashebao. com/yiliao/12149. html）。

与职工医疗保险相似，表5－4展示的是新农合政策范围内的报销比例，实际报销比例要低一些。据统计，从全国平均水平来看，2011年，新农合在基本医疗保险“三个目录”政策范围内的报销比例达到70%，只比城镇职工医疗保险低了7个百分点；新农合的实际报销比例为49.2%，比城镇职工医疗保险低了15个百分点。[①]

二　城镇居民医疗保险的发展

随着经济体制的转型，社会保险制度在不断改革。1998年，中国建立了城镇职工医疗保险制度。2003年，又建立了针对农村居民的新农合。而城镇非就业人员，缺乏相应的医疗保障制度安排。对此，2007年，政府发布《关于开展城镇居民基本医疗保险试点的指导意见》（国发〔2007〕20号），开始逐步建立城镇居民医疗保险制度，以大病统筹为主，目标是在2010年实现制度全覆盖。与新农合相似，城镇居民医疗保险也是自愿原则，不属于城镇职工医疗保险覆盖范围的中小学阶段的学生、少年儿童和其他非从业城镇居民都可参加。资金来源于家庭（或个人）缴费和政府补助，其中政府对参保者给予每人每年不低于40元的补助，中央财政对中西部地区按人均20元给予补助。基金主要用于参保者的住院和门诊大病医疗支出，有条件的地区可以逐步试行门诊统筹。基金支出办法，与城镇职工医疗保险和新农合相似，也设有起付线、报销比例和最高支付限额，但具体标准与其他两项医疗保险不同。

---

① 参见中国审计署《审计结果公告（2012年第34号）：全国社会保障资金审计结果》，2012年8月2日，中央人民政府门户网站（http://www.gov.cn/zwgk/2012-08/02/content_2196871.htm）。

2009 年，政府发布《关于全面开展城镇居民基本医疗保险工作的通知》，在全国范围内全面开展城镇居民医疗保险的建设工作。到 2011 年，各地均出台了城镇居民医疗保险政策并启动实施，实现了基本医疗保险制度对城镇居民的全覆盖。城镇居民医疗保险的参保人数快速增长（见图 3 －6），从 2007 年的 4291 万人增加到 2015 年的 37689 万人；参保率不断提高，2015 年达到 78. 2% （见表 5 －5）。基金规模也在不断扩大（见图 3 －7），在 2007—2015 年，基金收入增长了 48 倍，支出翻了 177 倍。

表 5 －5　　城镇居民医疗保险的参保率

年份	参保人数（万人）	有资格参保的人数（万人）	参保率（%）
2011	22116. 1	43851. 9	50. 4
2012	27155. 7	44696. 4	60. 8
2013	29629. 4	45667. 9	64. 9
2014	31450. 9	46620. 0	67. 5
2015	37688. 5	48222. 9	78. 2

资料来源：中华人民共和国国家统计局“年度数据”，2016 年，国家统计局门户网站（http：//data. stats. gov. cn/easyquery. htm？ cn = C01）。

另外，城镇居民医疗保险的缴费标准和待遇水平也在逐年提高。以北京市为例，2015 年，对于城镇居民医疗保险的筹资标准，个人缴费和政府补助标准都有所提高。第一，学生儿童由每人每年 100 元调整为 160 元，城镇老人由每人每年 300 元调整为 360 元，无业居民由每人每年600元调整为660元；第二，政府补助由每人每年860元调整为1000元，补助标准提高所需财政资金由市级、区县级财政各负担50%。[①] 由此可见，政府补助标准高于个人缴费。与新农合相似，城镇居民医疗保险的资金也主要来源于政府的财政补贴。

表5-6展示了北京市2014年城镇居民医疗保险的待遇标准。可以看出，第一，与住院相比，门诊的报销比例较低，起付线和最高限额也较低；第二，对于学生儿童，在住院的起付线上给予了一定的照顾，在其他方面，不同群体的待遇没有差别。另外，城镇居民医疗保险的报销比例与新农合相近，但明显低于城镇职工医疗保险，这也体现了缴费与待遇相对应的原则。

表5-6　　北京市城镇居民医疗保险的支出标准（2014年）

报销类别	参保人员类别	起付线（元）	报销比例（%）	最高限额（元）
门诊费用	城镇老人、学生儿童、城镇无业居民	650	50	2000
住院费用	城镇老人、城镇无业居民	1300	70	17000
	学生儿童	650	70	17000

资料来源：《北京医保报销比例》，2014年2月11日，北京社保网（http：//beijing. chashebao. com/yiliao/12149. html）。

① 参见北京市人力资源和社会保障局北京市财政局《关于调整北京市城镇居民基本医疗保险筹资标准的通知》（2014年9月3日），2014年9月11日，首都之窗网站（http：//zhengwu. beijing. gov. cn/gzdt/gggs/t1367176. htm）。

与前文相同，表5－6展示的也是政策范围内的报销比例，实际报销比例会更低。从全国整体来看，2011年，城镇居民医疗保险在“三个目录”政策范围内的报销比例是62%，比职工医疗保险低了15个百分点，比新农合低了8个百分点；实际报销比例是52.3%，比职工医疗保险低了11.8个百分点，比新农合高了3.1个百分点。①

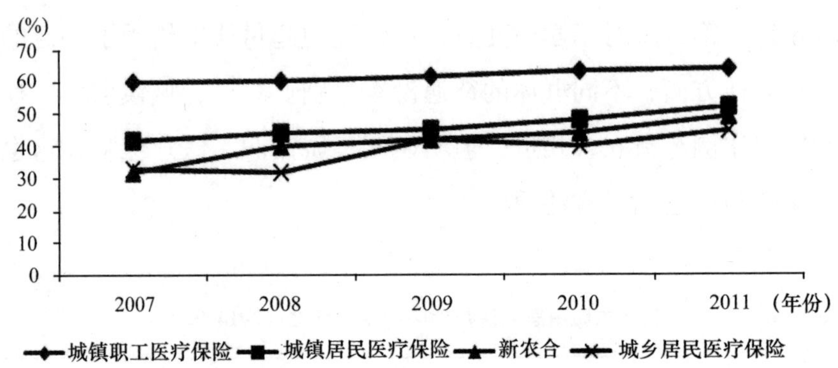

图5－2 各项医疗保险的实际报销比例

资料来源：中国审计署《审计结果公告（2012年第34号）：全国社会保障资金审计结果》，2012年8月2日，中央人民政府门户网站（http：//www.gov.cn/zwgk/2012－08/02/content_2196871.htm）。

图5－2展示了各项医疗保险的实际报销比例变化。可以发现，城镇职工医疗保险的实际报销比例最高，2007—2011年的均值为62%，而三项居民医疗保险的实际报销比例的均值为42%。但是，城镇职工医疗保险的实际报销比例增长最为缓慢，而三项居民医疗保险

① 参见中国审计署《审计结果公告（2012年第34号）：全国社会保障资金审计结果》，2012年8月2日，中央人民政府门户网站（http：//www.gov.cn/zwgk/2012－08/02/content_2196871.htm）。

增长相对较快，职工医疗保险与居民医疗保险之间的报销比例差距在不断缩小。

另外，各项医疗保险的最高支付限额标准也在提高。2009 年，国务院发布《关于印发医药卫生体制改革近期重点实施方案（2009—2011 年）的通知》（国发〔2009〕12 号）提出，“将城镇职工医保、城镇居民医保最高支付限额分别提高到当地职工年平均工资和居民可支配收入的 6 倍左右，新农合最高支付限额提高到当地农民人均纯收入的 6 倍以上”。

三 城乡居民医疗保险的统一

2009 年，中国开始探索建立统一的城乡居民医疗保险制度。[①] 到 2011 年，全国有 189 个县合并实施了城乡居民医疗保险，基金收入 268.4 亿元，基金支出 215.3 亿元，实际报销比例为 44.87%。[②] 2016 年，中国正式提出整合城镇居民医疗保险和新农合制度，建立统一的城乡居民医疗保险制度。[③] 目前，天津、上海、浙江等部分地区已实现了整合。

---

① 参见中华人民共和国中央人民政府《中共中央国务院关于深化医药卫生体制改革的意见》，(2009 年 3 月 17 日)，2009 年 4 月 8 日，中央人民政府门户网站（http://www.gov.cn/test/2009-04/08/content_1280069.htm）。

② 参见中国审计署《审计结果公告（2012 年第 34 号）：全国社会保障资金审计结果》，2012 年 8 月 2 日，中央人民政府门户网站（http://www.gov.cn/zwgk/2012-08/02/content_2196871.htm）。

③ 参见中华人民共和国中央人民政府《国务院关于整合城乡居民基本医疗保险制度的意见》（2016 年 1 月 3 日），2016 年 1 月 12 日，中央人民政府门户网站（http://www.gov.cn/zhengce/content/2016-01/12/content_10582.htm）。

这两项制度的整合具有一定的基础。两者的制度设计较为相似：第一，都是自愿参加，都针对非就业人员；第二，政府补贴是主要资金来源，个人或家庭也需缴费；第三，医疗待遇都设有起付线、报销比例、最高支付限额，待遇支付办法相近，而且报销比例也相差不大；第四，初建时都以大病统筹为主，后逐渐包括门诊统筹。这两项制度的整合也具有积极意义。对城乡居民实行统一的医疗保险，有助于缩小城乡差距，实现城乡居民公平享有基本医疗保险权益，促进城乡经济社会协调发展，促进社会公平。

具体的整合办法包括六个方面，即“六个统一”。

第一，统一覆盖范围。城乡居民医疗保险的覆盖范围包括城镇居民医疗保险和新农合的所有应参保（参合）人员，即覆盖除了职工医疗保险应参保人员以外的其他所有城乡居民。农民工和灵活就业人员应依法参加职工医疗保险，有困难的可按照当地规定参加城乡居民医疗保险。应避免重复参保。

第二，统一筹资政策。多渠道筹资，个人缴费和政府补助为主，鼓励集体给予扶持。根据基金收支平衡的原则，合理确定城乡统一的筹资标准。现在城镇居民医疗保险和新农合的个人缴费标准差距较大的地区，可暂时采取差别缴费的办法，用2—3年的时间逐步过渡。完善筹资的动态调整机制，逐步建立个人缴费标准和城乡居民人均可支配收入相衔接的办法，政府补助标准和个人缴费应同步提高。2017年，城乡居民医疗保险的财政补助提高到450元。

第三，统一保障待遇。按照保障适度、收支平衡的原则，均衡城乡保障待遇，逐步统一保障范围和支付标准，为城乡居民提供公平的基本医疗保障。城乡居民医疗保险基金用于支付参保者的住院和门诊医药费。政策范围内的住院费用报销比例保持在75%左右，同时逐步提高门诊保障水平。逐步缩小政策范围内报销比例和实际报销比例之间的差距。

第四，统一医保目录。统一城乡居民的医保药品目录和医疗服务项目目录。各地可根据实际情况，在现有城镇居民医疗保险和新农合目录的基础上，适当考虑参保人员需求变化进行调整。

第五，统一定点管理。统一城乡居民医疗保险定点机构管理办法，建立健全考核评价机制和动态的准入退出机制。

第六，统一基金管理。城乡居民医疗保险执行国家统一的基金财务制度、会计制度和基金预决算管理制度。基金纳入财政专户，实行"收支两条线"管理。结合基金预算管理，全面推进付费总额控制。坚持基金收支运行情况信息公开和参保人员就医结算信息公示制度，加强内部审计和外部监督。

此外，政府在提出上述"六个统一"整合办法的同时，还要求整合经办机构，将统筹层次提高到地市级统筹，推进按人头付费、按病种付费、按床日付费、总额预付等多种付费方式相结合的复合支付方式改革，建立健全医保经办机构与医疗机构及药品供应商的谈判协商机制和风险分担机制，逐步形成基层首诊、双向转诊、急慢分治、上下联动的就医新秩序。然而，正如第一章第四节所述，中央政府没有明确经办机构应如何整合、城乡居民医疗保险的管理权到底归属哪一方，目前仍处于人社部门和卫生部门同时管理的局面。

第三节　中国医疗保险制度的特点与国际比较

一　社会医疗保险与商业医疗保险

综观世界各国的医疗保险体系，大多是多层次的。与大部分国家的模式相同，中国以社会医疗保险为主，商业医疗保险作为补充。例如，城镇基本医疗保险（职工和居民）的政策文件都指出，超过统筹基金最高支付限额的医疗费用，由商业健康保险等方式解决。[①] 商业健康险的收支规模远小于城镇基本医疗保险（见图5－3）。另外，中国保险行业协会在近期的调研中发现，面对万一罹患重病的情况，86.5%的受访者会依赖基本医疗保险来提供费用支持，35.3%的受访者表示依靠储蓄和亲友救济，只有21.8%的受访者计划通过商业健康险来对抗风险。[②] 由此可见，在中国的医疗保障中，社会医疗保险更为重要。

---

① 参见中华人民共和国中央人民政府《国务院关于建立城镇职工基本医疗保险制度的决定》（1998年12月14日），2005年8月4日，中央人民政府门户网站（http：//www.gov.cn/banshi/2005－08/04/content_20256.htm）；中华人民共和国中央人民政府《国务院关于开展城镇居民基本医疗保险试点的指导意见》（2007年7月10日），2007年7月24日，中央人民政府门户网站（http：//www.gov.cn/zwgk/2007－07/24/content_695118.htm）。

② 参见郭伟宝《2017中国商业健康险发展指数首次发布得分60.6处基础水平》，2017年3月22日，中国网财经中心（http：//Finance.china.com.cn/news/20170322/4145701.shtml）。

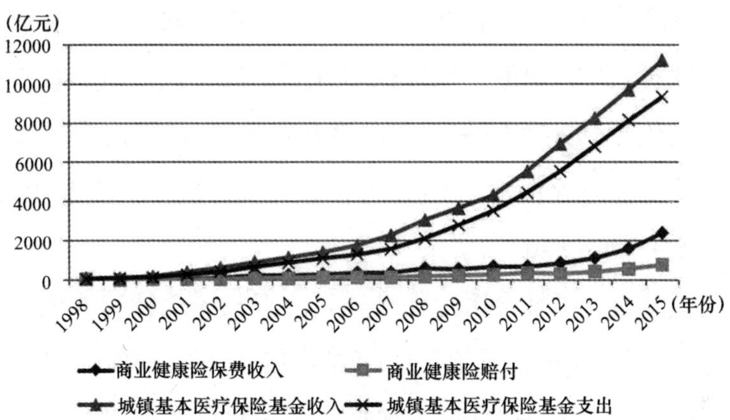

图 5－3　商业健康险与城镇基本医疗保险的收支情况

资料来源：中华人民共和国国家统计局“年度数据”，2016 年，国家统计局门户网站（http：//data. stats. gov. cn/easyquery. htm？ cn = C01）。

与中国不同，美国以商业医疗保险为主。美国大部分居民在 65 岁之前没有公共医疗保险，主要参加私人医疗保险计划，包括雇主资助的团体健康保险和个人购买的健康保险。其中，参加雇主资助计划的人相对较多。虽然雇主资助保险并不是强制性的，但由于雇主和雇员缴费享受税收优惠，所以大部分企业会为雇员向私人保险公司购买医疗保险。①

1935 年美国的《社会保障法》中没有包括医疗保险的内容。一般认为，这是当时美国医学会的反对造成的。② 1965 年，美国建立了公共医疗保障项目，包括医疗照顾计划（Medicare）和医疗救助计划

① 参见朱铭来、陈妍、王梦雯《美国医疗保障制度改革述评》，《保险研究》2010 年第 11 期。

② 参见张奇林《美国医疗保障制度评估》，《美国研究》2005 年第 1 期。

(Medicaid)。前者是联邦政府为65岁以上的老人和特定残障人群提供的社会保险计划，属于社会医疗保险；后者是联邦政府和州政府共同融资、针对低收入家庭的医疗保障计划，属于医疗救助。其中，医疗照顾计划包括强制性的住院保险（Part A），自愿的、主要针对门诊服务的补充性医疗保险（Part B），医保优势计划（MA计划、Part C），处方药计划（Part D）。

美国虽然建立了社会医疗保险项目，但只覆盖特殊群体，并不是全民覆盖。到2008年，美国的医疗保障覆盖率达84%，但其中社会医疗保障的覆盖率仅有29%，商业医疗保险的覆盖率则达到67%，而其余16%的人没有被任何形式的医疗保险所覆盖。[①] 在美国的医疗保障体系中，以商业医疗保险为主，以社会医疗保险为辅。美国是发达国家中唯一一个没有实现全民医保的国家。[②]

在历史上，美国政府曾多次试图建立全民医保，但均不顺利。在美国，上千万人没有医疗保险，整体医疗支出很高，高于建立全民医保的其他发达国家，也高于OECD的平均水平（见图5-4）。在此背景下，2009年奥巴马政府重启医改，2010年通过了包括扩大覆盖面和控制医疗费用等内容的新医改法案，目标将覆盖率提高到95%。然而，美国的医疗保障体系十分复杂，医改涉及多方利益，遇到较大阻力。2017年5月，《美国医保法》草案通过，根据该草案，各州有权保留或放弃奥巴马医改的关键条款。

① 参见朱铭来、陈妍、王梦雯《美国医疗保障制度改革述评》，《保险研究》2010年第11期。

② 参见杨红燕、陈天红《美国财政医疗保障支出评价及其启示》，《中国财政》2011年第10期。

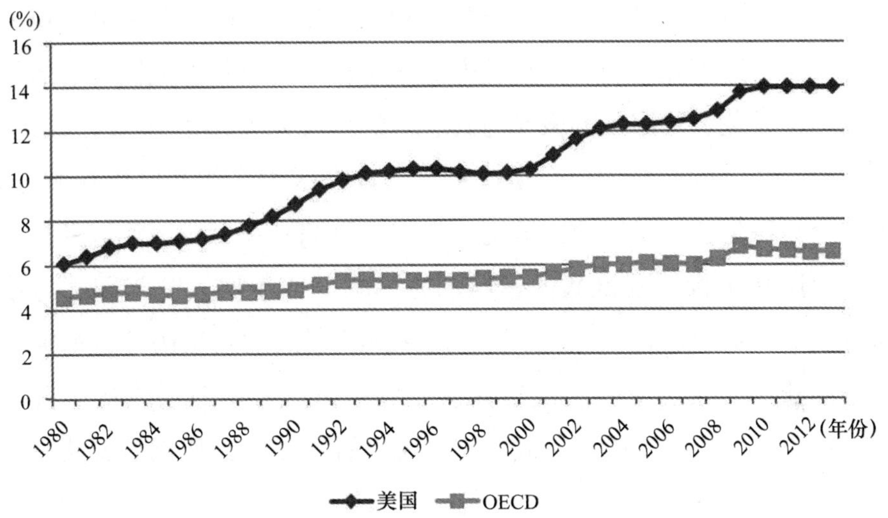

图5－4　美国与OECD的医疗支出占GDP的比重

资料来源：经济合作与发展组织（OECD），OECD数据库2014年，OECD门户网站（http：//stats. oecd. org/）。

二　缴费型与非缴费型

社会医疗保险也可以分为缴费型和非缴费型。中国实行缴费型的社会医疗保险制度，无论是城镇职工医疗保险，还是城乡居民医疗保险，都需缴费才能参保，才能享受医疗待遇。这在一定程度上体现了参保者的权利与义务的对应。

而英国等福利国家实行非缴费型的普享医疗制度。参保者不需缴纳医疗保险费，就可获得医疗保障。医疗保障的资金，一般来自财政，由财政预算拨款给医疗服务的供方，不存在第三方支付，全体居民享受免费或低收费的医疗服务。这种模式以英国的全民免费医疗

（也称为国民健康服务，National Health Service，NHS）最为典型。

英国的 NHS 系统是世界上最大的医疗服务体系，提供全方位的医疗服务，除了在看病时支付处方药的小额费用以外，英国所有居民都基本享受免费的服务，服务与其缴纳的税收无关，完全取决于其疾病情况。居民就诊分为三个层次：一是以社区为主的基层医疗服务，配备全科医生；二是以地区医院为主，提供综合和专科医疗服务；三是中央医疗机构对疑难病的诊治。为了减少“小病大医”和“过度医疗”，英国政府规定，看病必须先到第一层次的基层医疗，如需进一步的治疗，须由第一层次转介，才能到第二和第三层次的医院治疗。这与中国医疗保险对不同级别医院设置不同报销比例的思路是一致的。

虽然英国的 NHS 系统与累进税制相结合，极大地促进了社会公平，但其效率缺失较为严重。第一，等候时间较长，很多病人无法及时就诊。第二，管理机构臃肿。据估计，在英国，每 60 人中就有 1 人是 NHS 的员工，而且大多不是医护人员，而是行政管理人员。[①] 第三，财政不堪重负。例如，2012 年，英国不得不为本来负担就已很重的 NHS 预算额外增加 125 亿英镑来维系运营，并额外投入 70 亿英镑来提高运营的效率。[②] 图 5 -5 展示了英国、美国和 OECD 平均的个人医疗支出占 GDP 比重。可以看到，美国的个人医疗支出占比远远高于英国，也高于 OECD 的平均水平，这与美国实行以商业健康保险为主的医疗保障制度有关。而英国的个人医疗支出占比极低，历年来的均值在 0.2% 左右，这与英国实行普享的、基本免费的医疗保障制度有关。

---

① 参见胡苏云《英国：免费医疗制度走向何方?》，《中国卫生》2015 年第 3 期。

② 同上。

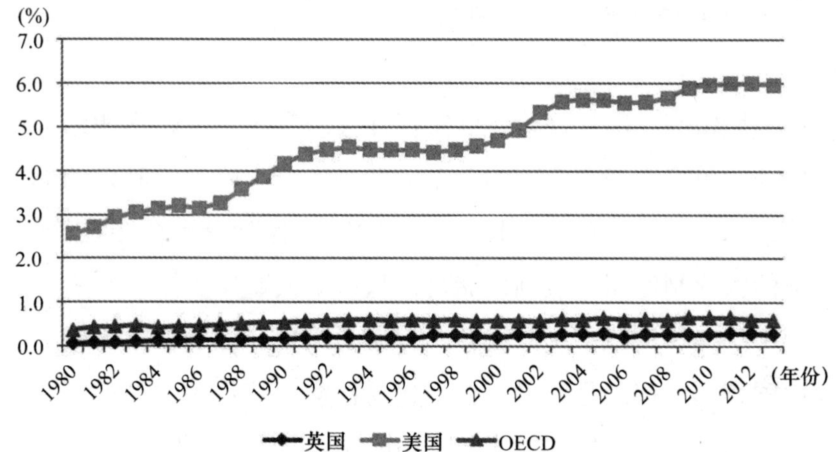

图5－5　英国、美国与OECD的个人医疗支出占GDP的比重

资料来源：经济合作与发展组织（OECD），OECD数据库2014年，OECD门户网站（http：//stats. oecd. org/）。

由于英国的NHS体系存在较为明显的缺陷，效率较低，故多届政府对其进行改革和重组。撒切尔夫人最早启动对NHS的市场化改革，将医疗服务购买方和医疗服务提供方相分离，引入市场竞争机制。布莱尔政府的医改，使政府对医疗服务的管理更为全面科学。2011年，卡梅伦政府宣布了以《健康与社会保健法案》为核心的医改计划，将NHS 70%—80%的预算资金交给全科医生负责，同时将医疗费用风险从政府转移给全科医生，所有公立医院和社区医疗机构都变为独立的组织，不再直接受英国卫生部的领导，社区医疗机构的工作人员也不再是公务员。

三　社会统筹与个人账户相结合

中国城镇职工医疗保险制度实行社会统筹与个人账户相结合的办法，部分的单位缴费和全部的个人缴费进入个人账户，其余的单位缴费进入统筹基金。与中国不同，德国的医疗保险只有社会统筹部分；新加坡的医疗制度属于强制性储蓄，只有个人账户。

德国的医疗保障系统以社会医疗保险为主、商业保险为辅，这一点与中国相同。德国是世界上首个建立社会医疗保险制度的国家。政府规定，在一定收入标准以下的工人必须参加社会医疗保险，在该收入标准以上的工人可自愿参加。2013 年，德国的医疗保障覆盖率达到 100%，实现全民覆盖，其中 86% 为社会医疗保险覆盖，11% 参加私人医疗保险，3% 是享受特殊项目的军人和警察。[①] 德国的社会医疗保险，由雇主和员工共同缴费，目前雇主和员工的缴费率都是 7.3%，政府给予适当补贴。不过，德国的社会医疗保险没有建立个人账户，所有缴费都进入疾病基金会，这是地区性的自治组织，负责缴费和支付待遇。在社会医疗保险建立初期，疾病基金会数以万计，后来逐渐合并成 150 家左右。2009 年，德国成立了一个全国性的健康基金，各疾病基金会仍然负责收费，但收上来的费用必须交给国家健康基金，国家健康基金将缴费汇总，并与联邦财政补贴一起积累，然后再根据人头和风险将资金分拨给各基金会。因此，德国的社会医疗保险充分发挥了社会互济的功能，个人享受的医疗待遇与自身缴费没有直接关联。

---

① 参见李珍、赵青《德国社会医疗保险治理体制机制的经验与启示》，《德国研究》2015 年第 2 期。

表 5－7　　新加坡医疗储蓄账户的资金

雇员年龄	中央公积金雇主缴费率（占工资百分比%）	中央公积金雇员缴费率（占工资百分比%）	中央公积金总缴费率（占工资百分比%）	中央公积金计入医疗储蓄账户（占工资百分比%）
35 岁及以下	16	20	36	7
36—45 岁	16	20	36	8
46—50 岁	16	20	36	9
51—55 岁	14	18.5	32.5	9.5
56—60 岁	10.5	13	23.5	9.5
61—65 岁	7	7.5	14.5	9.5
65 岁以上	6.5	5	11.5	9.5

资料来源：廖晓诚：《新加坡医疗保障体系运行机制及现状评述》，《东南亚纵横》2014 年第 12 期。

与德国不同，新加坡的医疗制度缺乏社会互助的功能，强调个人的责任。1984 年，新加坡建立了医疗储蓄计划（Medisave），这是世界上第一个储蓄型医疗保障制度。医疗储蓄计划是新加坡公积金制度的一个重要组成部分。公积金个人账户中包括医疗储蓄账户，用于支付个人和直系亲属的门诊和住院费用。而且，新加坡中央公积金局对各类门诊费和住院费设置了详细的支付和限额规定。医疗储蓄账户的资金完全来自雇主和雇员的缴费，而且与雇员的年龄相关（见表 5－7）。医疗储蓄账户的互济性较弱，只在家庭内部存在一定的互济。对于重病患者，医疗储蓄计划难以提供充分的保障。为了解决这一问题，1990 年新加坡建立了健保双全计划（Medishield），这是医疗储蓄计划的补充，属于自愿性、社会统筹、风险共担的社会保险，可以帮助参保者支付大病或者慢性病的医疗费用，参保费可以从个人的医疗储蓄账户中扣缴或者以现金支付。1993 年新加坡还成立了医疗救助基金（Medifund），属于社会医疗救助的范畴。从新加坡的整个医疗保障体系来看，强制性的医疗储蓄计划居于主体地位，健保双全计划和医疗救助基金起到辅助作用。因此，从整体来看，以个人账户为主，统筹功能较弱。

四　覆盖面与保障水平

根据国际劳工组织的统计，中国的医疗保障覆盖率是96.9%，高于亚太地区的平均水平（58.0%），也高于世界平均水平（61.1%），与欧洲的覆盖率相近，接近于100%，即全覆盖（见图5-6）。

在总医疗支出中，非自付的医疗支出比例可以反映医疗制度的保障程度。中国的非自付医疗支出占比（报销比例）为65.2%，高于亚太平均（53.4%）和世界平均（59.2%），但低于北美和欧洲的保障水平（见图5-6）。

表5-8进一步展示了中国和部分国家的医疗覆盖率和保障水平。从覆盖率来看，中国接近全覆盖，英国、德国和新加坡虽然实行不同的医疗保险模式，但均已实现全覆盖。如前文所述，不同于世界上大多数国家，美国以商业医疗保险为主、社会医疗保险为辅，医疗覆盖率与100%还有一定的距离。另外，日本、韩国和欧洲国家基本都实现了医保全覆盖。在发展中国家中，除埃及、尼日利亚、坦桑尼亚、印度、印度尼西亚、越南等少数国家以外，其他国家的医保覆盖率也达到了较高的水平。

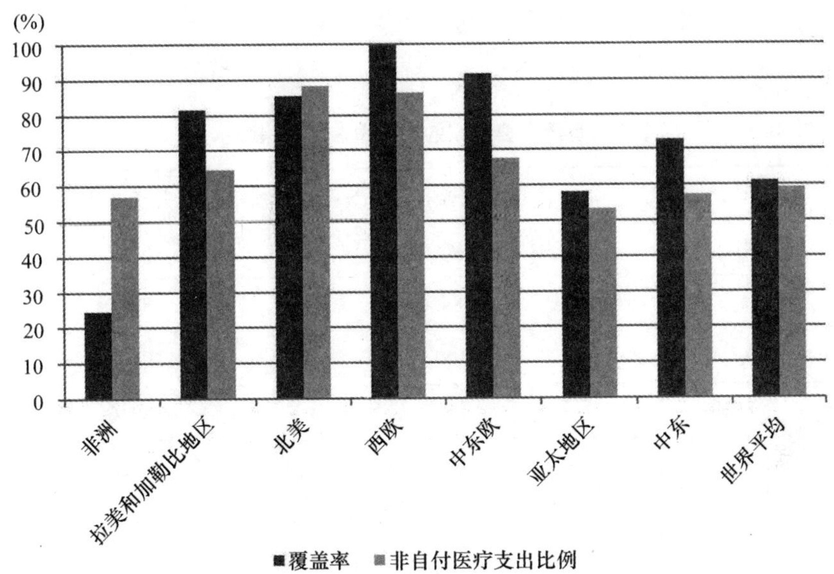

图 5 -6　世界各地区的医疗覆盖率和保障水平（2010）

注：医疗覆盖率，是医疗保障覆盖的人口占总人口的比例。

资料来源：ILO，"World Social Protection Report 2014/15：Building Economic Recovery"，Inclusive Development and Social Justice，Geneva：ILO，2014。

从保障水平来看，与基本实现全覆盖的国家相比，中国的非自付医疗支出占比相对较低，但高于大多数未实现全覆盖的国家的保障水平。值得一提的是，虽然美国以商业医疗保险为主，未实现全覆盖，但其保障水平较高，个人在看病时的自付比例较小。而新加坡的医疗保障制度以个人账户为主，强调自我负责，因此自付比例很高，达到 60.4%，与医保覆盖率仅为 2.2% 的尼日利亚处于相同的水平。英国、德国等欧洲国家，在全覆盖的同时，还提供了较高水平的保障，个人看病的自付比例很低，这意味着，这些国家的医疗支出较多（见图 5 -7）。中国的医疗保险支出占 GDP 比例较低，与 OECD 国家的平均水平相比，低了5.5个百分点。

表5-8　　　　中国与世界主要国家的医疗覆盖率与保障水平

国家	医疗覆盖率（%）	非自付医疗支出占比（%）
中国	96.9	65.2
美国	84.0	88.7
英国	100.0	90.8
新加坡	100.0	39.6
德国	100.0	87.6
埃及	51.1	41.8
南非	100.0	92.8
尼日利亚	2.2	39.6
坦桑尼亚	13.0	68.3
印度	12.5	40.6
印度尼西亚	59.0	50.1
日本	100.0	83.6
韩国	100.0	67.1
马来西亚	100.0	58.3
泰国	98.0	86.3
越南	61.0	44.3
比利时	99.0	80.9
捷克	100.0	84.9
丹麦	100.0	86.8
法国	99.9	92.5
匈牙利	100.0	73.8

续表

国家	医疗覆盖率（%）	非自付医疗支出占比（%）
荷兰	98.9	94.9
俄罗斯	88.0	64.6
瑞典	100.0	83.1
阿根廷	96.8	75.3
巴西	100.0	68.7
智利	93.1	62.8
墨西哥	85.6	52.2

资料来源：ILO，“World Social Protection Report 2014/15：Building Economic Recovery”，Inclusive Development and Social Justice，Geneva：ILO，2014。

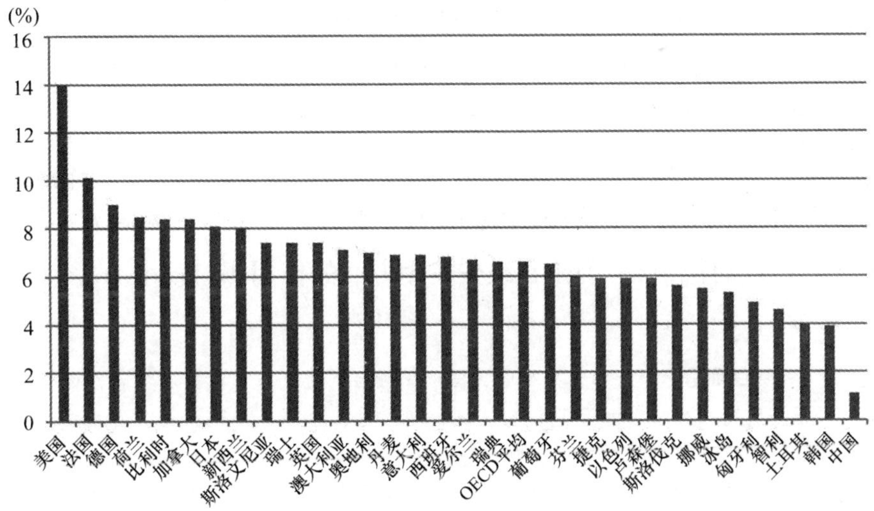

图5-7　中国和部分OECD国家的医疗保险支出占GDP的比重（2013年）

资料来源：经济合作与发展组织（OECD），OECD数据库，2014年，OECD门户网站（http：//stats. oecd. org/）。

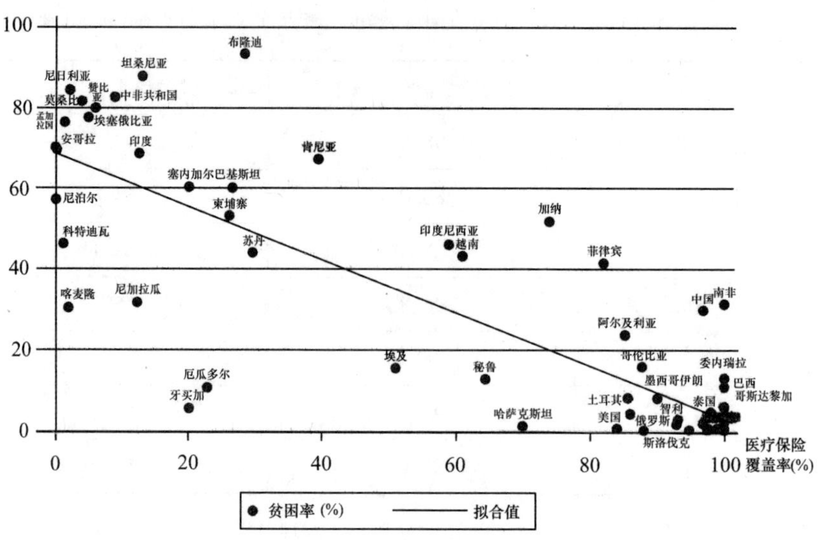

图 5-8 中国与其他国家的医疗保险覆盖率和贫困率（2014 年）

注：医疗保险覆盖率，是指医疗保险参保人数占总人口的比例。贫困率，是指日收入在 2 美元（购买力平价）以下的人口占总人口的比例。

资料来源：ILO，“World Social Protection Report 2014/15：Building Economic Recovery”，Inclusive Development and Social Justice，Geneva：ILO，2014。

有研究表明，中国的医疗保险在增加消费、保障健康等方面发挥了十分积极的作用①；但是在减少贫困方面的作用相对较小。② 图 5-8

① 参见白重恩、李宏彬、吴斌珍《医疗保险与消费：来自新型农村合作医疗的证据》，《经济研究》2012 年第 2 期；臧文斌、刘国恩、徐菲、熊先军《中国城镇居民基本医疗保险对家庭消费的影响》，《经济研究》2012 年第 7 期；马双、臧文斌、甘犁《新型农村合作医疗保险对农村居民食物消费的影响分析》，《经济学》（季刊）2010 年第 10 卷第 1 期；潘杰、雷晓燕、刘国恩《医疗保险促进健康吗？——基于中国城镇居民基本医疗保险的实证分析》，《经济研究》2013 年第 4 期；黄枫、甘犁《过度需求还是有效需求？——城镇老人健康与医疗保险的实证分析》，《经济研究》2010 年第 6 期。

② 参见解垩《医疗保险与城乡反贫困：1989—2006》，《财经研究》2008 年第 12 期。

展示了各地区主要国家的医保覆盖率与贫困率之间的关系。可以看到，两者负相关，即医保覆盖率较高，则贫困率较低。图中的直线是两者关系的拟合线，反映了平均水平。中国位于直线的右上方，说明与中国基本全覆盖的医保覆盖水平相比，中国的贫困率相对较高，高于世界平均水平。这也从侧面反映了中国当前的医疗保险制度在反贫困方面的作用较为有限。

第四节　中国医疗保险制度的问题与对策

一　城乡居民医疗保险存在逆向选择

与城镇职工医疗保险采取强制性参保的方式不同，城镇居民医疗保险和新农合都实行自愿参保。城乡居民可根据自己的经济条件和健康状况，自主选择是否参加医疗保险。这种制度设计避免了实行“一刀切”的强制参保政策可能带来的居民抵触，在制度最初扩面时起到了积极的作用。然而，与商业医疗保险相似，城乡居民自愿参保会产生逆向选择的问题。特别是城乡居民医疗保险对同一统筹地区的所有城镇居民或农村居民设置了统一的、较低的缴费标准，没有像商业医疗保险一样对不同风险的人设置不同的费率，城乡居民医疗保险的逆向选择可能更为严重。

这对制度的可持续发展极为不利。高风险人群选择参加城乡居民医疗保险，低风险的人不参加，导致制度覆盖群体的整体风险较高，较高的疾病风险与较大的医疗支出相关联，这会给城乡居民医疗保险基金支出带来巨大压力。城乡居民医疗保险的资金主要来源于财政补贴，个人和家庭缴费较少，因此，沉重的支出负担会进一步传给财政。

研究发现，中国的城镇居民医疗保险中确实存在逆向选择，健康状况较差的个体，其参保概率更高。① 而对于新农合，早期也有逆向选择，患病概率更大的农村老人更愿意参合②；而目前新农合的参合率已接近100%，逆向选择基本不存在。

中国城镇居民医疗保险的基金收支规模较为接近（见图3－7），这与制度设计的“以收定支、略有结余”的原则相一致。但是，这意味着城镇居民医疗保险的基金结余较小。2015年，城镇居民医疗保险的基金累计结余1545.7亿元，不足城镇职工医疗保险基金累计结余的1/6。③ 随着城镇居民医疗保险的报销比例逐步提高以及参保人群的疾病风险不断增加（如老龄化加剧），逆向选择对基金支出的影响可能会凸显出来，较小的基金结余可能难以抵消相应的支出增加，最终给财政带来沉重负担。

因此，应重视城镇居民医疗保险的逆向选择问题。但这并不是要将城镇居民医疗保险变为强制性制度，强制所有未参保的城镇居民参加。考虑到城镇非从业居民、老人和学生儿童的经济能力较差，还应秉持自愿参保的原则。但是，可以增加政府缴费补贴或扩大门诊统筹范围等方式，鼓励未参保的、低风险的人群参保。同时，可以尝试设置差别费率，对不同风险的人实行几档不同费率，居民在参保缴费时需出示健康证明，社保经办机构据此进行登记和收费。

---

① 参见臧文斌、赵邵阳、刘国恩《城镇基本医疗保险中逆向选择的检验》，《经济学》（季刊）2012年第12卷第1期。

② 参见朱信凯、彭廷军《新型农村合作医疗中的逆向选择问题：理论研究与实证分析》，《管理世界》2009年第1期。

③ 中华人民共和国国家统计局“年度数据”，2016年，国家统计局门户网站（http：//data.stats.gov.cn/easyquery.htm？cn＝C01）。

二　医疗保险面临道德风险

从劳保医疗和公费医疗转变成社会医疗保险，其实在很大程度上就是为了解决旧制度下的道德风险问题，控制医疗费用的不合理增长以及给国家和企业带来的负担。在社会医疗保险制度下，个人缴费和自付比例提高，起付线、报销比例和最高支付限额的设计使个人的费用意识增强，减少了过度消费。

然而，道德风险仍然存在。不仅是过度医疗，还出现了骗保等现象。审计署在审计中发现，2011 年，不符合条件的人员从城镇职工医疗保险基金中报销了 826 万元的医疗费，从城乡居民医疗保险中报销了 846 万元的医疗费，医疗机构通过虚假发票、虚假病例、挂床住院、滥开药物、虚报人数等手段套取城镇职工医疗保险资金 9472 万元、城乡居民医疗保险资金 1.9 亿元。另外，有研究发现，在有家庭成员参加了城镇职工医疗保险的家庭，其他成员参加城镇居民医疗保险的概率较低，存在用家庭成员的职工医保卡看病买药的现象。① 对此，应加强监管和审计，严惩上述违法违规行为。

与此相比，在就医过程中的过度医疗行为更难监测和取证，如多检查、大处方、诱导住院等。这是因为，医院和医生在诊治方面具有信息优势，而每个患者的情况不同，不可同一而论。医疗保险经办机构和有关部门的工作人员很难分辨出哪些医疗项目和药品是必需的、哪些是多余的。而且患者一般会听从医院和医生的安排，虽然社会医疗保险的制度设计增强了患者的费用意识，但在就医时患者由于缺乏

---

① 参见房珊杉、徐程、刘国恩、赵邵阳《城镇居民基本医疗保险参保决策中“搭便车动机”研究》，《保险研究》2012 年第 7 期。

专业知识往往处于被动地位。因此，在加强监管的同时，应改变医院和医生的激励约束机制，减少不必要的医疗服务供给；在控制需方道德风险的同时，更应把控供方的道德风险。

在控供方的层面，最主要的措施是优化医疗费的支付方式。以前，各地的医疗保险一般按项目付费，而且是后付制，这容易刺激医生诱导需求，提供过度服务。2011 年，人社部发布《关于进一步推进医疗保险付费方式改革的意见》（人社部发〔2011〕63 号），提出要结合基金收支预算管理加强总额控制，探索总额预付制；对于门诊统筹，探索按人头付费；对于住院和门诊大病，探索按病种付费。其中，总额预付制，是指医疗保险经办机构与医院协商，确定年度预算总额，并按该预算总额付费，超支责任由医院负担；按人头付费，是医疗保险经办机构向医院支付每人定额费用；按病种付费，包括按单一病种支付和按疾病诊断相关分组支付，医疗保险经办机构确定每种疾病或每组疾病分组的支付标准，按此标准向医院支付医疗费用。上述支付方式激励医院进行成本控制，但缺点是医院可能减少服务、降低服务质量，以获得更多的费用结余留存。对此，人社部发〔2011〕63 号文件提出要建立健全医疗保险服务监控标准体系，确定住院率、转诊转院率、次均费用、合理用药、医疗服务质量等方面的技术控制标准。同时，对于不同付费方式，明确重点监控环节。例如，按人头付费，重点防范减少服务内容、降低服务标准等行为；按病种付费，重点防范诊断升级、分解住院等行为；总额预付，重点防范服务提供不足、推诿重症患者等行为。

2016 年，政府发布《关于加强基本医疗保险基金预算管理，发挥医疗保险基金控费作用的意见》（财社〔2016〕242 号），提出要全面改革支付方式，并且建立质量控制机制。其中，对于支付方式改革，要求“各统筹地区结合本地实际，全面实施以总额预算为基础，门诊按人头付费，住院按病种、按疾病诊断相关分组（DRGs）、按床日付费等多种方式相结合，适应不同人群、不同疾病及医疗服务特点的复合支付方式，逐步减少按项目付费，将支付方式改革覆盖所有医疗机构和医疗服务。充分发挥基本医疗保险激励约束和控制医疗费用不合理增长作用，促进医疗机构和医务人员主动控制成本和费用，提高医疗资源和基金使用效率，从源头上减轻参保人员医药费用负担”。

三　医疗保险存在重复参保现象

目前，中国的社会医疗保险体系由城镇职工医疗保险、城镇居民医疗保险和新农合组成，部分地区还统一实施了城乡居民医疗保险。多种制度并存，出现了重复参保的现象，包括跨险种、跨地区的重复参保。

2011 年，审计署在审计中发现，1086.11 万人重复参加新农合和城镇基本医疗保险，造成财政多补贴 17.15 亿元；另外，9.57 万人重复报销医疗费达到 1.47 亿元。重复参加医疗保险的人数占重复参保总人数的 90.62%，其余 9.38% 重复参加了养老保险；在多补贴的金额中，医疗保险占 96.93%，养老保险占 3.07%，由此可见，绝大部分的重复参保集中于医疗保险。2014 年国家卫计委的流动人口调查数据显示，在受访的农民工中，2.74% 同时参加了新农合和城镇职工医疗保险，0.82% 同时参加了新农合和城镇居民医疗保险。2016 年，中国正式启动城乡居民医疗保险的统一工作，各地正在探索推进。在新农合和城镇居民医疗保险合并之后，重复参保的问题将在一定程度上得到解决。但个体在城镇职工医疗保险和城乡居民医疗保险之间的重复参保问题可能继续存在。

多种制度并存，确实在一定程度上导致了重复参保。一方面，城镇职工医疗保险和城乡居民医疗保险的缴费标准不同，保障水平也存在较大差异。这使得不少参保人员尤其是健康状况较差的人员，为了自身利益最大化，有选择地重复参保、重复报销。另一方面，医疗保险制度的分割，与就业身份有关。一些人在没有工作时，可能参加了当地的城乡居民医疗保险，在找到工作后，可能随单位集体又参加了城镇职工医疗保险，造成重复参保。

那么，在此情况下，是否应实施改革，对城镇职工和城乡居民实行统一的医疗保险制度呢？近期是难以实现的，与社会主义初级阶段的经济发展水平不符。这是因为，城乡居民和城镇职工的缴费能力不同，如果实行统一的缴费办法，城乡居民的负担太重；如果实行统一的待遇，财政又会面临巨大支出压力。从当前的发展阶段来看，对城乡居民实行缴费少、待遇低的医疗保险制度，是符合实际的。

而且，重复参保的问题，归根结底并不是多制度的问题，而是信息系统不完善。一方面，医疗保险由人社部门和卫生部门同时经办，不同部门的信息难以共享。长期以来，城镇基本医疗保险由人社部门经办，而新农合由卫生部门管理。2016 年，在合并实施城镇居民医疗保险和新农合的政策文件中，提出要整合城乡居民医疗保险的经办机构，但并未明确权责归属和整合办法。目前医疗保险仍处于人社部门和卫生部门分割管理的状态，这造成了信息的分割，使得重复参保行为难以监控。另一方面，医疗保险的统筹层次较低，以前往往是县级统筹，2009 年的《关于印发医药卫生体制改革近期重点实施方案（2009—2011 年）的通知》提出要在 2011 年对城镇基本医疗保险实现市级统筹。2016 年整合城乡居民医疗保险时，提出对整合后的制度实行市级统筹；不同统筹地区的缴费和待遇等政策存在差异，也使用不同的信息系统，人员在跨市、跨省流动时，容易重复参保。

因此，应加强信息系统的建设和协调，促进不同部门、不同地区之间的信息共享。另外，应推进经办机构的整合，实行一个部门经办和一套信息系统管理，同时逐步提高医疗保险的统筹层次，从源头上解决重复参保。

四　推进异地就医即时结算

医疗保险的统筹层次较低，不仅引发了上述的重复参保问题，也给异地就医结算造成了困难，给异地就医带来了不便。在人口流动加快的情况下，越来越多的人有异地就医的需求，特别是农民工以及到大城市与子女一起居住的老人数量不断增加。而医疗保险制度的地方割据，使异地就医结算程序十分麻烦，具体而言，跨统筹地区就医，先要提出申请，开转诊证明；就医费用，需要预先垫付；最终带发票和证明，回到参保地报销，须出具的凭证较多，报销时间短则数月、长则跨年，中间可能还要在参保地和就医地之间多次往返。

这主要给流动人口就医报销带来了不便。2014 年国家卫计委的流动人口调查数据显示，在最近一年发生住院情况的农民工中，没有报销住院医疗费用的农民工占 38%，其原因除了没有参加医疗保险（占 33%）和超出政策允许范围（占 11%）以外，主要是受到报销程序的限制：29% 的人是因为需要回老家报销不方便，8% 的人表示打算下次回乡办理报销，6% 的人不知道报销流程，还有 6% 的人认为报销手续太烦琐。由此可见，即便对于参加了医疗保险的农民工，在发生住院费用时，受到报销程序的限制，也不一定能够享受到医疗保险的待遇。

在2009年，人社部就发布了《关于基本医疗保险异地就医结算服务工作的意见》（人社部发〔2009〕190号），将异地就医结算工作提上日程。虽然大多数省份在省内开展了试点，但异地就医结算手续仍然很复杂。2014年，人社部发布《关于进一步做好基本医疗保险异地就医医疗费用结算工作的指导意见》（人社部发〔2014〕93号），提出了明确的目标：2014年，基本实现市级统筹区内就医直接结算，建立省级异地就医结算平台；2015年，基本实现省内异地住院费用直接结算，建立国家级异地就医结算平台；2016年，全面实现跨省异地安置退休人员住院费用直接结算。

2016年，人社部和财政部联合发布《关于做好基本医疗保险跨省异地就医住院医疗费用直接结算工作的通知》（人社部发〔2016〕120号），进一步明确：2016年年底，基本实现全国联网，启动跨省异地安置退休人员住院医疗费用直接结算工作；2017年开始逐步解决跨省异地安置退休人员住院医疗费用直接结算，年底扩大到符合转诊规定人员的异地就医住院医疗费用直接结算；结合本地户籍和居住证制度改革，逐步将异地长期居住人员和常驻异地工作人员纳入异地就医住院医疗费用直接结算覆盖范围。而且，跨省异地就医，执行就医地支付范围和相关规定，而统筹基金的起付线、报销比例和最高支付限额执行参保地政策。统筹基金的支付部分，在地区间实行先预付后清算的方式。

目前，除西藏以外，全国30个省（自治区、直辖市）都已经实现了省内异地就医的直接结算，北京、天津、重庆、河北、山西、辽宁和吉林等地开展了跨省（自治区、直辖市）异地就医直接结算的试点工作，先主要解决异地退休人员的就医问题，再逐步扩大到其他符合条件的转诊人员。①

五　医药卫生领域改革需协同推进

中国医疗费用的不合理增长，一方面是因为医疗保险制度设计没有有效控制道德风险，另一方面也源于医疗服务市场不完善，如医院创收和以药养医等。因此，在对医疗保险制度进行改革的同时，也应协同推进整个医药卫生领域的改革。

早在2000年，在城镇职工基本医疗保险制度正式建立不久，政府就发布了《关于城镇医药卫生体制改革的指导意见》（国办发〔2000〕16号），提出应同时进行城镇医药卫生体制改革，以提高医疗服务质量，抑制医药费用过快增长。第一，实行卫生工作全行业管理，转变卫生行政部门的职能，政事分开，打破医疗机构的行政隶属关系和所有制界限，实施区域卫生规划，健全医疗服务技术规范，完善卫生监督体制，完善医疗服务要素的准入等。第二，将医疗机构分为非营利性和营利性两类进行管理，实施不同的税收和价格政策。第三，建立健全社区卫生服务组织、综合医院和专科医院合理分工的医疗服务体系，形成规范的双向转诊制度。第四，加强卫生资源配置宏观管理，调整和控制地区的卫生资源的存量和增量。第五，改革预防保健体系。第六，转变公立医疗机构运行机制，扩大公立医疗机构的运营自主权，建立健全内部激励机制与约束机制。第七，实行医药分

① 参见同程程《2017年推进医保信息联网　全国实现异地就医住院费直接结算》，2017年3月5日，每日经济新闻（http：//www.nbd.com.cn/articles/2017－03－05/1081546.html）。

开核算、分别管理，解决当前存在的以药养医问题。第八，规范财政补助的范围和方式，对大中型医疗机构以定项补助为主，对基层医疗机构以定额补助为主。第九，调整医疗服务价格，体现医护人员的技术劳务价值。如增设或调整诊疗费、护理费、挂号费，适当提高手术费、床位费，降低过高的大型医疗设备检查费，适度放宽特需医疗服务价格。第十，在药品方面，加大药品生产结构调整力度，推进药品流通体制改革，整顿药品流通秩序，调整药品价格，对医疗保险目录中的药品和其他特殊药品实行政府指导价。

2009 年新医改方案［《关于深化医药卫生体制改革的意见》《医药卫生体制改革近期重点实施方案（2009—2011 年）》］中也提出要实行联动改革，包括公共卫生服务体系、医疗服务体系、医疗保障体系和药品供应保障体系。改革取得一定进展，包括完善基本药物目录、公立医院改革稳步推进、大部分省份开展了分级诊疗试点、信息平台建设不断加快等。但也存在一些问题，例如医疗、医保、医药“三医”联动推进改革机制有待完善，一些地方的改革措施没有真正落地等。①

2017 年，政府发布《关于印发深化医药卫生体制改革 2017 年重点工作任务的通知》（国办发〔2017〕37 号），明确了重点任务和目标，如将分级诊疗试点扩大到 85% 以上的地市，所有公立医院全部取消药品加成，逐步提高医疗服务收入在医院总收入中的比例，公立医院医疗费用平均增长幅度控制在 10% 以下，协调推进公立医院管理体制、医疗价格、人事薪酬、药品流通、医保支付方式等改革，完善大

① 参见全国人民代表大会《国务院关于深化医药卫生体制改革工作进展情况的报告》，2015 年 12 月 22 日，中国人大网（http：//www. npc. gov. cn/npc/xinwen/2015 – 12/22/content_1955662. htm）。

病保险制度，推进建立以按病种付费为主的多元复合型医保支付方式等。围绕中央政策文件，各地相继推进相关改革。例如，2017 年 4 月，北京实施《北京市医药分开综合改革实施方案》，所有公立医院取消挂号费、诊疗费，取消药品加成，设立医事服务费。同时，435 项医疗服务价格被调整，其中床位、护理、一般治疗、手术、中医等体现医护人员技术劳务价值的项目价格上调，CT、核磁等大型设备检查项目的价格下调。此外，还实施药品阳光采购，降低药品采购价格，基层医疗机构与二级、三级医院的药品采购平台统一。

第 六 章

社会主义初级阶段的失业保险制度

◇第一节　中国失业保险制度

一　失业救济

计划经济时期的劳动保险并不包含失业方面的内容，这与当时的历史经济背景有关。在新中国成立初期，中国经济亟待恢复，工商业也出现大量失业工人，上海、南京、武汉、广州和重庆等城市尤为明显。在此情形下，政务院于1950年颁布《关于救济失业工人的指示》，提出要对失业工人提供援助和救济。同年，劳动部颁发《救济失业工人暂行办法》，建立了失业救济制度，目的是减轻失业工人生活困难并帮助其逐渐恢复就业。救济以以工代赈为主，同时采取生产自救、转业训练、帮助回乡生产和发放救济金等方法。救济基金主要来源于三个方面：企业和在职工人的缴费，缴费比例分别是工资总额和个人工资的1%；中央和地方政府拨给的救济基金；各界自愿捐助的救济金。失业救济制度在新中国成立初期发挥了积极的作用，到1954年，失业现象明显好转。[①] 1956年，失业救济并

① 参见汪洁《新中国60年失业保险发展的历程及思考》，《改革与战略》2012年第5期。

入社会救济，由民政部门统一管理，失业救济基金停止征收。

失业救济的建立，主要是为了解决旧中国遗留下来的失业问题。从计划经济时期整体来看，由于国家实行“统包统分、安置就业”以及“低工资、高就业”的政策，而且对企业解雇员工做出严格限制①，失业问题并不严重。这也是劳动保险中并未纳入失业相关内容的重要原因。

二　待业保险

20 世纪 80 年代开始，中国的国有企业改革拉开帷幕，原有的固定工制度造成大量冗员，限制了国有企业的活力，不利于现代企业制度的建立。为此，1986 年国务院发布《国营企业实行劳动合同制暂行规定》，确立了劳动合同制。同年，《企业破产法》通过，一些长期亏损的国有企业走向破产。此时，出现大批下岗失业人员，长期存在的隐性失业开始显性化。为此，当年国务院发布了《国营企业职工待业保险暂行规定》，建立了待业保险制度。其中明确提出，建立待业保险的目的，是适应劳动制度改革的需要，促进劳动力合理流动，保障国营企业职工在待业期间的基本生活需要。1993 年，国务院发布《国有企业职工待业保险规定》，调整了待业保险的覆盖范围、基金筹集和给付标准（见表 6－1）。

---

① 1952 年，政务院发布《关于劳动就业问题的决定》。其中规定困难企业应从积极发展生产和营业中来克服本身的困难，不得从解雇职工上想办法，而且因合理提高劳动效率而多余出来的职工，也不得解雇。

表 6-1　　1986 年和 1993 年的待业保险规定

	1986 年	1993 年
政策文件	《国营企业职工待业保险暂行规定》	《国有企业职工待业保险规定》
实施范围	宣告破产的企业的职工，濒临破产的企业法定整顿期间被精减的职工，企业终止、解除劳动合同的工人，企业辞退的职工	因下列情形之一，失去工作的国有企业职工：依法宣告破产的企业的职工，濒临破产的企业在法定整顿期间被精减的职工，按照国家有关规定被撤销、解散企业的职工，按照国家有关规定停产整顿企业被精减的职工，终止或者解除劳动合同的职工，企业辞退、除名或者开除的职工，依规定享受待业保险的其他职工
基金筹集	企业按全部职工标准工资总额的 1% 缴纳，银行利息，地方财政补贴	企业按全部职工工资总额的 0.6%—1% 缴纳银行利息，财政补贴
开支项目	待业救济金，医疗费，死亡丧葬补助费，供养直系亲属抚恤费，转业训练费，生产自救费等	同 1986 年
给付标准	待业救济金，为本人月平均标准工资的 50%—75%	待业救济金，为社会救济金的 120%—150%
给付期限	工龄超过（含）5 年，最多 24 个月；工龄不足 5 年，最多 12 个月	同 1986 年

可以看到，1993 年的待业保险仍只覆盖国有企业，并且沿用待业保险的名称。在资金筹集上，个人不缴费，企业虽然缴费，但缴费额也不超过工资总额的 1%，这使得在当时出现大量下岗失业人员的情况下，待业保险的保障功能较弱。为此，1998 年政府发布《关于

切实做好国有企业下岗职工基本生活保障和再就业工作的通知》，建立了下岗职工基本生活保障制度和再就业服务中心，与待业保险一并发挥保障作用。到 1998 年年底，全国有 7927.9 万人参加了待业保险，基金收入为 68.4 亿元，支出为 51.9 亿元，其中向国有企业再就业服务中心调剂资金 14.6 亿元，为 158.1 万失业人员提供了失业救济，为 148.6 万企业困难职工提供了一次性救济。当年有 603.9 万名国有企业下岗职工进入再就业服务中心，其中 80.5% 的人签订了基本生活保障和再就业协议，93.2% 的人领到了生活费。[①]

三　失业保险

1999 年 1 月，国务院发布《失业保险条例》，正式建立失业保险制度。失业保险与待业保险的不同之处在于：（1）覆盖面扩大到城镇所有企业事业单位，不仅限于国有企业；（2）单位缴费比例为工资总额的 2%，职工也需缴费，是个人工资的 1%，其中农民工无须缴费；（3）领取失业保险金，需满足 3 个条件，即参保并缴费满 1 年、非自愿失业、已办理失业登记并有求职要求；（4）失业保险金的标准，与最低工资和城镇居民最低生活保障线挂钩，低于当地最低工资，高于当地城镇居民最低生活保障线；（5）失业保险金的发放时间与缴费时间有关，缴费累计不足 5 年，最长领取期限是 12 个月，缴费累计在 5—10 年，领取期限最长是 18 个月，缴费达到 10 年以上，最长可领取 24 个月。另外，失业保险实行现收现付制，失业保险基金全部社

① 参见中华人民共和国人力资源和社会保障部《1998 年劳动和社会保障事业发展年度统计公报》，2006 年 2 月 7 日，人力资源和社会保障部门户网站（http://www.mohrss.gov.cn/SYrlzyhshbzb/zwgk/szrs/tjgb/200602/t20060207_69891.html）。

会统筹，没有个人账户。这一点与养老保险和医疗保险不同。1999年，失业保险的覆盖面迅速扩大，参保职工人数达到9852万人，比1998年增长了24%，基金收支规模也大幅增加，收入和支出分别比1998年增长83%和76%。[①] 1999年，中国建立了城镇居民最低生活保障制度，国有企业下岗人员享受“三条保障线”（下岗职工基本生活保障、失业保险、城镇居民最低生活保障）的保障。

2000年，国务院发布《关于切实做好企业离退休人员基本养老金按时足额发放和国有企业下岗职工基本生活保障工作的通知》，提出要实现国有企业下岗职工由再就业服务中心保障其基本生活向失业保险和市场就业转变。2002年，中共中央、国务院发布《关于进一步做好下岗失业人员再就业工作的通知》，提出要做好下岗人员再就业工作。随后，各省相继开展并轨工作，逐步取消再就业中心。例如，2002年年底，北京市的再就业中心全部撤销，所有等待就业或再就业人员一律实行失业保险政策，这是建立完善市场导向就业机制的重要步骤。[②] 2005年，原劳动和社会保障部与财政部发布《关于切实做好国有企业下岗职工基本生活保障制度向失业保险制度并轨有关工作的通知》（劳社部发〔2005〕6号），要求在2005年年底基本实现国有企业下岗职工基本生活保障制度向失业保险制度并轨。

1999年的《失业保险条例》中，规定了失业保险基金的支出范围，主要是失业保险金，也包括医疗补助金、丧葬补助金、职业介绍

---

① 参见中华人民共和国人力资源和社会保障部《1999年度劳动和社会保障事业发展统计公报》2006年2月7日，人力资源和社会保障部门户网站（http://www.mohrss.gov.cn/SYrlzyhshbzb/zwgk/szrs/tjgb/200602/t20060207_69892.html）。

② 参见梁宏峰《北京再就业服务中心全部撤销 再就业找社保所》，2002年12月31日，北方网（http://news.enorth.com.cn/system/2002/12/31/000482967.shtml）。

补贴等。2006年，政府发布《关于适当扩大失业保险基金支出范围试点有关问题的通知》，在北京、上海、江苏、浙江、福建、山东、广东开展适当扩大失业保险基金支出范围的试点，为领取失业保险金的失业人员提供职业培训补贴、职业介绍补贴、社会保险补贴、岗位补贴和小额担保贷款贴息支出，将失业保险的功能从保障失业人员基本生活向促进再就业转变。试点政策起到了积极作用，提高了就业概率，减少了失业。[①] 最初，这项试点工作的时间是3年，后来不断延长，持续至今。试点地区的失业保险基金支出结构发生显著变化，例如，从2006年到2014年，北京的失业保险基金中促就业支出占基金支出的比例从18%提高到82%，在浙江该比例从26%上升到57%。[②] 不过，目前试点范围尚未扩大，没有推广到其他省份。

除了对上述试点地区实行扩大失业保险基金支出范围的政策以外，在2008年金融危机爆发之际，中央政府允许所有地区发放稳岗补贴，对采取在岗培训、轮班工作、协商薪酬等办法稳定员工队伍，并保证不裁员或少裁员的困难企业，使用失业保险基金发放岗位补贴，执行期限为2009年之内，补贴期限不超过6个月。[③] 2014年，政府进一步明确了稳岗补贴的实施对象，明确提出对采取有效措施不裁员、少裁员、稳定就业岗位的企业（主要是实施兼并重组企业、化解

---

① 参见赵静《失业保险与就业促进——基于基金支出范围视角的双重差分法分析》，《中国经济问题》2014年第1期；米海杰、汪泽英、费平、李常印《扩大失业保险基金支出范围问题研究》，《中国劳动》2016年第7期。

② 参见米海杰、汪泽英、费平、李常印《扩大失业保险基金支出范围问题研究》，《中国劳动》2016年第7期。

③ 参见中华人民共和国人力资源和社会保障部《人力资源和社会保障部、财政部、国家税务总局关于采取积极措施减轻企业负担稳定就业局势有关问题的通知》（2008年12月20日），2008年12月22日，人力资源和社会保障部门户网站（http://www.mohrss.gov.cn/SYrlzyhshbzb/ldbk/jiuye/JYzonghe/200812/t20081222_86706.htm）。

产能严重过剩企业、淘汰落后产能企业、经国务院批准的其他行业企业），由失业保险基金给予稳岗补贴，并将执行期限延至2020年年底。[①] 2015年，国务院发布《关于进一步做好新形势下就业创业工作的意见》，明确了失业保险“保生活、防失业、促就业”的功能。

失业保险制度建立以来，参保人数不断增长，但少于养老保险和医疗保险（见图3－3）。与此同时，失业保险基金规模不断扩大（见图6－1）。2015年，失业保险收入为1367.8亿元，是1999年的11倍；支出为736.4亿元，是1999年的8倍。可以看到，与支出相比，失业保险收入增长更快。由于失业保险实行“以支定收、收支平衡”的原则，近年来，中国逐渐降低了失业保险缴费率，促进收支平衡，也减轻了企业负担。具体而言，2015年，失业保险缴费率从3%下降至2%，单位和个人的缴费率由各省确定。[②] 2016年，失业保险缴费率进一步下降到1%—1.5%，其中个人缴费率不超过0.5%。[③] 2017年，失业保险缴费率为1.5%的省份进一步降至1%。[④] 在降低费率之后，失业保险收入略有下降，但仍远远高于支出规模。2015年，失业

---

① 参见中华人民共和国人力资源和社会保障部《人力资源社会保障部财政部国家发展和改革委员会工业和信息化部关于失业保险支持企业稳定岗位有关问题的通知》（2014年11月6日），2014年11月17日，人力资源和社会保障部门户网站（http：//www.mohrss.gov.cn/sybxs/SYBXSzhengcewenjian/201411/t20141117_144453.htm）。

② 参见中华人民共和国人力资源和社会保障部《人力资源社会保障部财政部关于调整失业保险费率有关问题的通知》，2015年2月27日，人力资源和社会保障部门户网站（http：//www.mohrss.gov.cn/gkml/xxgk/201503/t20150306_153344.htm）。

③ 参见中华人民共和国人力资源和社会保障部《人力资源社会保障部财政部关于阶段性降附社会保险费率的通知》，2016年4月14日，人力资源和社会保障部门户网站（http：//www.mohrss.gov.cn/gkml/xxgk/201604/t20160419_238366.html）。

④ 参见中华人民共和国人力资源和社会保障部《人力资源社会保障部财政部关于阶段性降附失业保险费率有关问题的通知》，2017年2月16日，人力资源和社会保障部门户网站（http：//www.mohrss.gov.cn/gkml/xxgk/201702/t20170217_266309.html）。

保险收入 1368 亿元，比上年下降 0.9%，支出 736 亿元（见图 6－1）。因此，不必担心费率下调会导致收不抵支的问题。

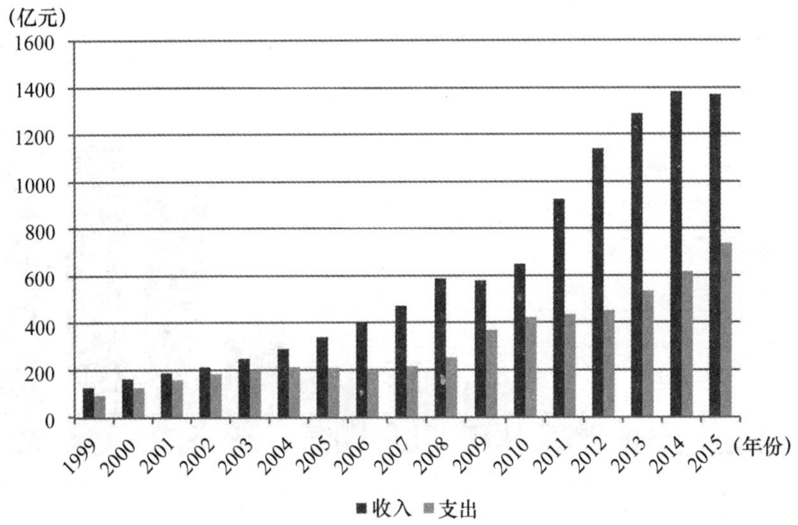

图 6－1　失业保险基金收支

资料来源：中华人民共和国国家统计局“年度数据”，2016 年，国家统计局门户网站（http：//data. stats. gov. cn/easyquery. htm？ cn = C01）。

第二节　中国失业保险制度的特点与国际比较

一　缴费型与非缴费型

在国际劳工组织统计的 201 个国家中，只有 44% 的国家建立了法定的失业保险项目，其余 56% 的国家提供遣散费或没有任何失业补偿计划。在建立了失业保险项目的国家中，95% 的国家定期发放失业保险金，而5%的国家一次性发放。① 与其他保险相比，建立失业保险的国家相对较少（见图6－2）。这主要与一国的失业程度、劳动保护意识、城市化和工业化阶段等有关。

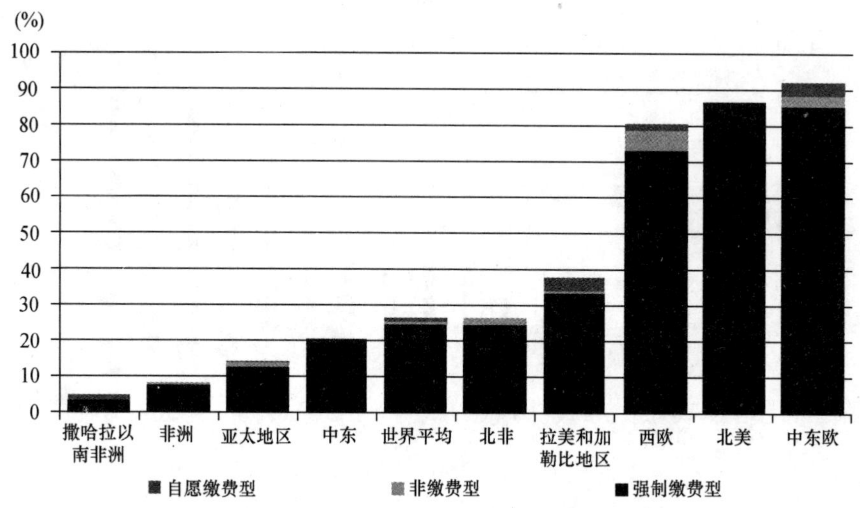

图6－2 世界各地区的失业保险覆盖率（2014年）

注：这里的失业保险覆盖率，是指失业保险参保人数占总劳动力的比例。

资料来源：ILO，“World Social Protection Report 2014/15：Building Economic Recovery”，Inclusive Development and Social Justice，Geneva：ILO，2014。

已经建立的失业保险项目分为缴费型和非缴费型两种类型；其中缴费型失业保险又包括自愿缴费和强制缴费。中国的失业保险制度属于强制缴费型，所有城镇单位及其职工都应参加失业保险并缴费。从世界各地区的情况来看，失业保险以强制缴费型为主，自愿缴费和非

① ILO，World Social Protection Report 2014/2015：Building Economic Recovery，Inclusive Development and Social Justice，Geneva：ILO，2014。

缴费的失业保险项目较少。另外，欧美发达地区的失业保险覆盖率较高，而亚太和非洲等地区的覆盖面较窄。比利时、法国、挪威和丹麦等少数国家实行非强制性的失业保险制度，而英国、美国、德国等大多数国家实行强制性的失业保险制度。

二 覆盖面

可以从两个维度考察失业保险的覆盖面：一是参保缴费的视角，计算失业保险的参保率，即失业保险参保缴费人数占就业人员的比例；二是享受待遇的视角，计算在失业人员中有多少比例领取了失业保险金。

从第一个维度来看，2014 年，中国城镇职工的失业保险参保率是43.4%，但如果将城乡各种形式的就业人员都考虑进来，参保率降至22.1%，高于亚太地区的平均水平（16.6%），但低于世界平均水平（28.1%）。[①]

从第二个维度来看，图 6－3 展示了中国失业保险制度建立以来领取失业保险金的人数占城镇登记失业人数的比例。可以看到，1999年，19%的城镇登记失业人员领取了失业保险金，之后该比例逐年提高，到2002 年达到最高点（57%），这与国有企业下岗人员被纳入失业保险制度有关，2002 年之后该比例不断下降，到 2015 年又回到了20%左右的水平。由此可见，大部分城镇登记失业人员并未享受失业保障。

① 中国的数据根据国家统计局的数据计算。其他地区的数据来自 ILO，“World Social Protection Report 2014/15：Building Economic Recovery”，Inclusive Development and Social Justice，Geneva：ILO，2014。

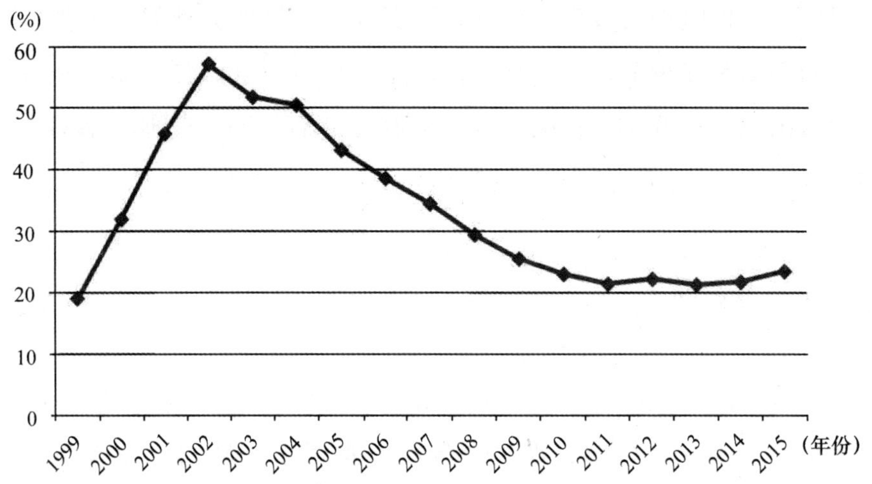

图 6－3　中国失业保险金领取人数占城镇登记失业人数的比例

资料来源：中华人民共和国国家统计局“年度数据”，2016 年，国家统计局门户网站（http：//data. stats. gov. cn/easyquery. htm？ cn = C01）。

另外，需要注意的是，城镇登记失业人数并不等于全部失业人数。图 6－4 展示了中国城镇登记失业率的变化趋势。2003 年以来，城镇登记失业率的波动很小，基本都在 4. 0—4. 3，即使在 2008—2009 年金融危机期间，登记失业率也没有显著变化。很多研究认为，登记失业率不同于调查失业率，低估了真实的失业情况。中国没有官方公布的调查失业率数据，据一些学者测算，在 6%—10%，高于登记失业率的水平。[①] 登记失业率之所以偏低，主要是因为：一些失业人员没有自发登记，不清楚登记的作用和程序；还有一些失业人员想

① 参见张车伟《失业率定义的国际比较及中国城镇失业率》，《世界经济》2003 年第 5 期；李实、邓曲恒《中国城镇失业率的重新估计》，《经济学动态》2004 年第 4 期；任栋《调查失业率与登记失业率之差异辨析》，《中国人口科学》2013 年第 2 期。

登记，但不符合登记的条件，失业登记的程序非常烦琐，需要出具多项材料，其中一项主要证明材料是《就业失业登记证》，而此证的办理往往受到地方政府部门的诸多限制，如户籍等。由于失业率一般是地方政府绩效考核的主要指标之一，因此地方政府缺乏激励机制去鼓励失业人员进行登记。

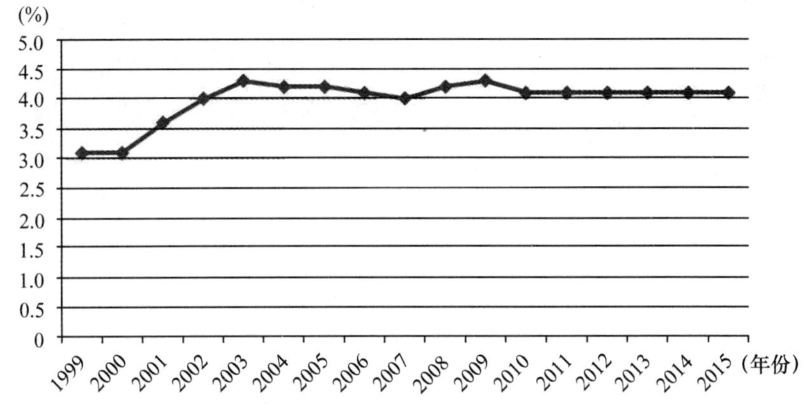

图6－4　中国城镇登记失业率

资料来源：中华人民共和国国家统计局“年度数据”，2016年，国家统计局门户网站（http：//data. stats. gov. cn/easyquery. htm？ cn = C01）。

考虑到这一点，领取失业保险金的人数占全部失业人数的比例会更低，低于20%。根据国际劳工组织的统计，目前中国失业保险金领取人数占总失业人数的比例为9.1%，高于亚太地区的平均水平（7.2%），但低于世界平均水平（11.7%）。[①] 西欧最高，达到

① ILO，World Social Protection Report 2014/15：Building Economic Recovery，Inclusive Development and Social Justice，Geneva：ILO，2014.

63.8%；其次是北美（28.0%）和中东欧（21.6%）；非洲、中东、拉美和加勒比地区，对失业群体的保障最弱（见图6-5）。

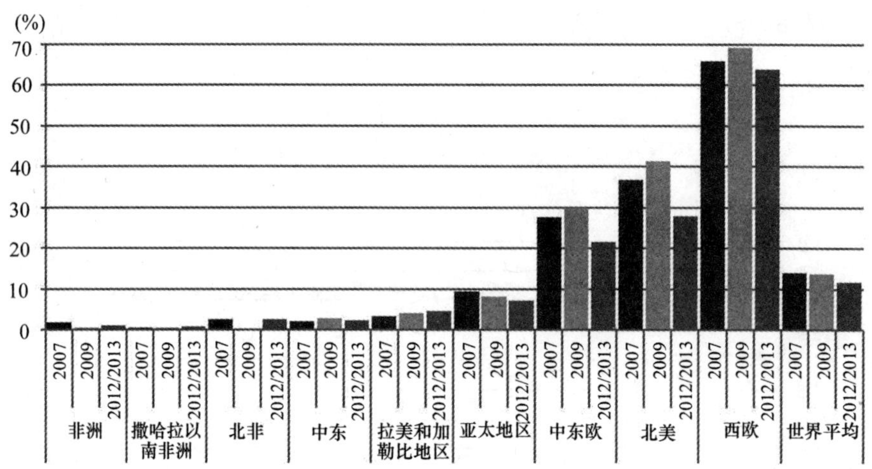

图6-5 世界各地区领取失业保险金的失业人口占总失业人口的比例

资料来源：ILO，World Social Protection Report 2014/15：Building economic recovery，inclusive development and social justice. Geneva：ILO，2014。

从各国比较来看，失业保险金领取人数占总失业人数的比例，中国较低（9.1%），仅高于阿尔及利亚、越南、巴西、土耳其、阿根廷和印度等国，低于大部分发达国家和中等收入国家（见图6-6）。其中，奥地利对失业人员的保护最强，91%的失业人员都能领取到失业保险金；德国紧随其后，领取失业保险金的失业人员占比为88%；其次是英国为63%，美国为27%，韩国和日本分别为46%和22%。因此，无论是从缴费还是从受益的视角来看，与其他国家相比，中国的失业保险覆盖率都不高。

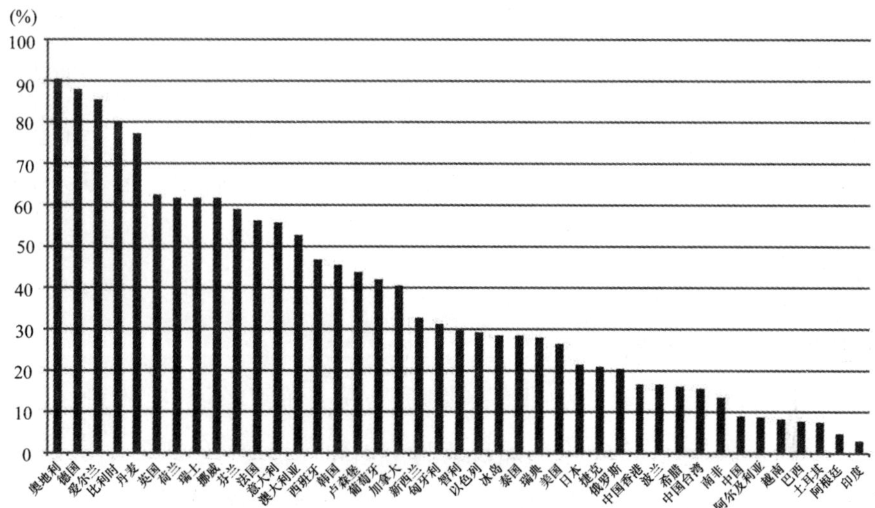

图6－6　中国和其他国家或地区的领取失业保险金的失业人口占总失业人口的比例

资料来源：ILO，"World Social Protection Report 2014/15：Building Economic Recovery"，Inclusive Development and Social Justice，Geneva：ILO，2014。

三　待遇水平

失业保险的待遇过高，会产生"失业陷阱"，即失业人员一直失业，再就业概率很低。[①] 因此，各国往往对失业保险金的标准、发放期限、领取条件等做出限制，避免过高待遇引发效率损失。

中国的失业人员领取失业保险金，需要缴费满1年，非自愿失业，而且进行失业登记并有求职意愿。失业保险金的标准在城镇居民

① Krueger A. B. and Meyer B. D.，"Labor Supply Effects of Social Insurance"，*Handbook of Public Economics*，2002，Vol. 4，No. 2，pp. 2327－2392. Moffitt R. and Nicholson W.，"The Effect of Unemployment Insurance on Unemployment：The Case of Federal Supplemental Benefits"，*Review of Economics and Statistics*，1982，Vol. 64，No. 1，pp. 1－11.

最低生活保障标准和最低工资之间。这是因为，一方面，失业保险金标准低于最低工资，否则失业人员没有寻找工作的激励，对就业人员也缺乏公平；另一方面，失业保险金标准高于城镇居民最低生活保障标准，否则职工不愿参加失业保险并缴费，在失业后收入低于一定水平时，可领取低保而不是较低的失业保险金。另外，失业保险金并不覆盖全部失业期间，根据缴费年限的不同，最长可领取12—24个月。这种制度设计，有助于促进失业人员再就业。

英国于1911年建立失业保险制度。失业保险不单项缴费，而是与其他社会保险一起合并在国民保险税中，由雇主和雇员共同承担。领取失业保险金需要符合一定条件：失业人员的年龄低于退休年龄，或者不超过退休年龄5年（即延期退休）；至少已缴费2年；不是因为就业期间有不当行为被辞退，不是自动离职；参加培训计划，没有放弃工作机会。失业人员可领取312天的失业保险金。1965年以来，失业保险待遇一直保持在每周平均60英镑左右。[①] 如果失业保险待遇不能满足家庭需要，还可以申请收入补贴（与中国的低保制度相似）。失业保险待遇与根据家庭人数确定的收入补贴合在一起，往往比失业人员工作时的工资还要多。这降低了失业人员寻找工作的积极性。对此，1995年英国出台了新的求职者法案，用求职津贴替代失业保险待遇和收入补贴，目的是鼓励失业人员积极就业。求职津贴也有领取条件：至少具备2年国民保险税的缴纳记录；如果因过失或不正当理由离职，上一次就业期不满26周，不能领取待遇；必须积极寻找工作，一旦有雇主提供就业机会，必须接受，没有找到工作的失业人员必须每两周到求职中心报告寻找工作的情况以及未来两周的求职计

---

① 参见韩标《英国：从失业保险到求职者津贴》，《中国社会保障》2010年第11期。

划，如果不去报告或者不积极寻找工作，就会停止发放待遇。领取时间在 312 天的基础上，又增加了 182 天。目前，求职津贴的标准是 25 岁以下每周 51.85 英镑，25 岁及以上每周 65.45 英镑，标准随通胀等因素调整。①

美国的失业保险制度于 1935 年建立，之后覆盖范围不断扩大。失业保险资金来源于联邦和州的失业保险税，大多数州由雇主缴税，少数州雇员也一起缴税。失业人员领取待遇的条件是：有工作能力，积极寻找工作；至少就业半年，而且各州对就业期间的工资水平有要求；不能是过失被开除，不能是无正当理由自愿失业，不能拒绝新工作。各州的待遇标准不同，与失业人员在就业期间的工资水平相关，一般是其就业时税前平均周工资的 50%—70%。待遇发放时间一般是 26 周，各州根据失业情况可适当延长，为 34—53 周。②

1927 年，德国建立失业保险制度，雇主和雇员共同缴纳失业保险税，税率基本相同。享受失业待遇的条件是：65 岁以下的失业人员，通常每周工作时间少于 19 小时，就可被认定为失业状态；不是因为过失被辞退或无正当理由自愿辞职；有工作意愿，能够被重新安排工作；在之前的 3 年中，至少有 360 天处于就业状态；在当地就业管理部门进行失业登记。失业待遇的持续时间与之前 3 年的就业时间有关。就业时间越长，领取待遇时间越长，为 104—312 天。目前，失业待遇是税后工资的 60%（无子女）或 67%（有 18 岁以下

① 参见中华人民共和国财政部《国际司：英国社会保障制度概述》，2013 年 4 月 9 日，财政部门户网站（http://gjs.mof.gov.cn/pindaoliebiao/cjgj/201304/t20130409_813504.html）。

② 参见张旭昆《德国、美国失业保险体系及其启示》，《浙江社会科学》1996 年第 1 期。

子女）。

从主要国家的情况来看，在失业保险待遇的领取条件上，都有十分相近的规定。例如，不能是过失或自愿失业、有一定的就业或缴费时间、办理失业登记、积极寻找工作等。在失业保险待遇的标准上，各国有不同的设计方式，包括固定待遇（如英国）、与就业时工资挂钩（如美国和德国）、与最低工资和社会救济标准有关（如中国）。大多数国家采取的是与就业时工资挂钩的形式，如瑞典、日本、韩国、荷兰、俄罗斯、法国、匈牙利、意大利、比利时、西班牙等。[①]无论采用何种待遇设计方式，都需要考虑待遇标准的合理性和适度性。在失业保险待遇的领取时限上，各国都对最长时限做出了限制，一般在两年以内，不是覆盖完整的失业期间，避免失业人员出现长期失业的激励。

除了待遇领取条件、待遇标准和发放时限以外，失业保险基金支出占 GDP 的比重，也可以反映失业保险的待遇水平和慷慨程度。图 6－7 展示了该比例在中国和一些 OECD 国家的情况。经比较发现，中国的失业保险支出占比较低（0.1%），低于绝大部分 OECD 国家的水平。其中，比利时的失业保险支出水平最高，占 GDP 的 3.2%，德国为 1.0%，英国和美国为 0.4%，韩国和日本分别为 0.3% 和 0.2%。OECD 的平均水平为 0.9%。因此，与发达国家相比，中国失业保险的保障水平较低。

① 参见吕丹、曲展《典型国家失业保险制度》，《中国劳动》2014 年第 10 期。

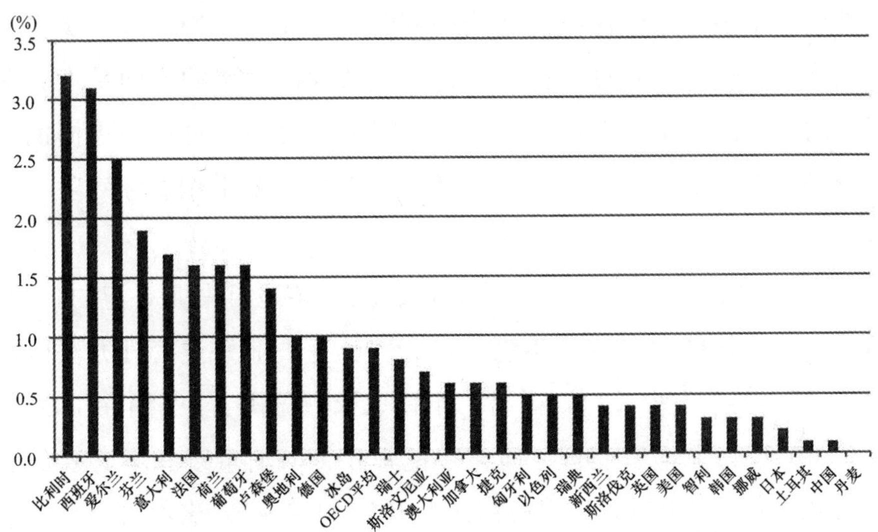

图 6－7　中国和部分 OECD 国家的失业保险支出占 GDP 的比重（2013 年）

资料来源：经济合作与发展组织（OECD），OECD 数据库，2014 年，OECD 门户网站（http：//stats. oecd. org/）。

第三节　中国失业保险制度的问题与对策

一　失业登记制度有待完善

如本章第二节所述，中国的城镇登记失业率低于真实失业率，而失业登记是领取失业保险金的先决条件。这意味着，有很多失业人员并未享受到失业保险的保障。如果将未登记的失业人员考虑进来，领取失业保险金的人数占失业人员的比例还不足10%，低于其他大部分国家。

对此，一方面，应向社会公众宣讲失业登记的意义和必要性，在鼓励职工参加失业保险并缴费的同时，应使参保的失业人员真正享受到失业保险的好处。换言之，不仅从参保缴费的层面扩大失业保险的覆盖面，也从受益的层面实现扩面。目前，对参保扩面的关注较多，对失业群体是否从失业保险中真正得到保障的关注相对较少。

另一方面，应简化失业登记程序，减少各地对失业登记的限制。2014年，人社部发布《关于进一步完善就业失业登记管理办法的通知》，提出要放宽失业登记条件，不得以人户分离、户籍不在本地或没有档案等为由不予受理；简化登记程序，取消重复和不必要的表格、单据等填写内容和证明材料，为用人单位和劳动者办理就业失业登记提供便利。2015年，国务院发布《关于进一步做好新形势下就业创业工作的意见》，其中提到应完善失业登记办法，在法定劳动年龄内、有劳动能力和就业要求、处于无业状态的城镇常住人员，都可以到常住地的公共就业服务机构进行失业登记，相关机构应提供均等化服务，逐步使外来劳动者和当地户籍人口享有同等的就业扶持政策。

劳动者在跨区流动时，很有可能出现流出地参保缴费、流入地失业享受待遇的情况，由于失业保险实行现收现付制，原单位和个人的缴费不能随同转移，在流入地进行失业登记会增加当地的失业保险基金支出负担，而基金收入却没有相应增加，这使得流入地政府缺乏激励为外来人员进行失业登记。在这种情况下，放宽失业登记限制的上述规定在各地是否能落到实处，有待考察。规定发布后的这两年，城镇登记失业率并没有明显变化，仍在4%左右。具体而言，根据人社部的统计，2015年的城镇登记失业率是4.05%，

2016 年是 4.02%。[①] 未来在进一步落实相关规定的基础上，应改变地方政府的激励机制，可考虑人员流动时，允许部分失业保险缴费随同转移；在考核失业保险相关工作绩效时，不仅考察失业保险的参保率，也将失业保险的受益面（失业人员中受保障的比例）纳入评价指标体系。

二　失业保险金标准偏低

从本章第二节的国际比较来看，中国失业保险的待遇水平相对较低。从国内情况来看，各地的失业保险金标准存在差异，但都在当地的最低工资和城市居民最低生活保障标准之间。图 6－8 展示了北京的失业保险金标准。可以看到，失业保险金标准、最低工资、城市居民低保标准都逐年增长；2008 年之前，失业保险金标准与城市居民低保标准较为相近，2008 年之后，两者才逐渐拉开差距。这表明，至少在北京市，失业保险金标准并不高。这是基于两方面的考虑：一方面，职工及所在单位需缴费至少满一年，职工才能在非自愿失业后领取失业保险金，而低收入群体无须缴费就可获得最低生活保障；另一方面，失业保险金标准与最低生活保障的差距不大，失业保险金最多可领 24 个月，而最低生活保障的领取并无时间限制。

---

① 参见中华人民共和国人力资源和社会保障部《2016 年度人力资源和社会保障事业发展统计公报》，2017 年 5 月 31 日，人力资源和社会保障部门户网站（http://www.mohrss.gov.cn/SYrlzyhshbzb/zwgk/szrs/tjgb/201705/t201705031_271671.html）。

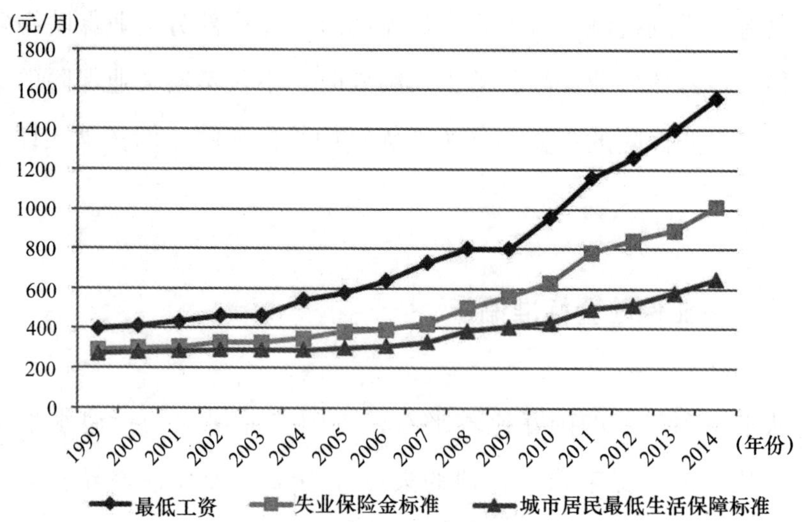

图 6－8　北京的失业保险金标准

资料来源：北京市统计局、国家统计局北京调查总队《北京统计年鉴 2015》，2016 年，北京市统计局网站（http：//www. bjstats. gov. cn/nj/main/2015－tjnj/indexch. htm）。

从全国整体来看，图 6－9 展示了失业人员人均领取失业保险金水平与城镇居民家庭人均消费支出水平。可以看出，第一，人均领取的失业保险金远远低于人均总消费支出；第二，人均领取的失业保险金略高于人均食品消费支出，说明失业保险金能够解决吃饭问题；第三，如果以衣食住行来定义人们的基本生活需要，那么失业保险金难以保障失业人员的基本生活（人均领取的失业保险金明显低于人均衣食住行消费支出）。因此，从与消费支出的比较来看，中国的失业保险待遇较低，对失业生活的保障程度不高。

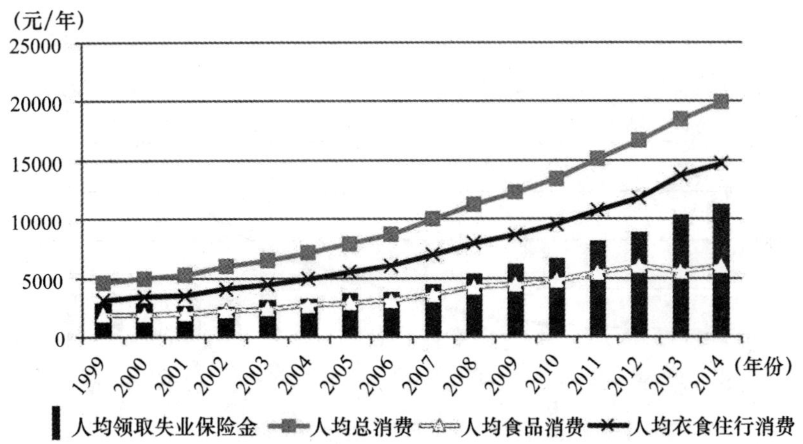

图 6－9　中国失业保险待遇与城镇居民家庭消费

注：人均领取失业保险金等于发放失业保险金总额与领取失业保险金人数之比。人均衣食住行消费支出中包括了通信支出。

资料来源：国家统计局人口和就业统计司、人力资源和社会保障部规划财务司编，《中国劳动统计年鉴 2015》，中国统计出版社 2016 年版；中华人民共和国国家统计局“年度数据”，2016 年，国家统计局门户网站（http：//data. stats. gov. cn/easyquery. htm？ cn = C01）。

与此同时，中国失业保险基金存在大量结余（见图 6－10）。中国的失业保险实行现收现付制，并不是基金积累制，运行良好的制度应略有结余，而不是有如此多的积累。而且，结余资金并未进行投资，未获得较高的收益率。对此，政府已采取措施，从 2015 年开始，连续 3 年调低失业保险缴费率，从收入的层面解决大量结余的问题。而另一个可行的方向是增支。可以适当提高失业保险金标准，以加强对失业人员的保障，同时不必过于担心资金问题，即便出现当期收不抵支的情况，也可以用往年的结余来补充。

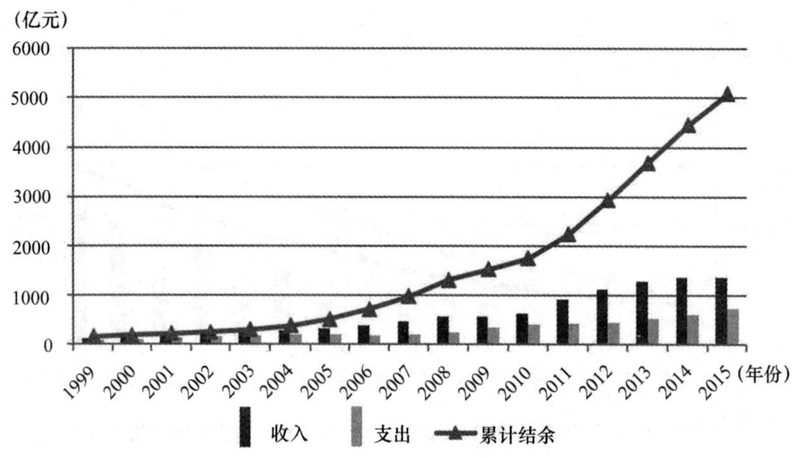

图 6－10　中国失业保险基金累计结余

资料来源：中华人民共和国国家统计局“年度数据”，2016 年，国家统计局门户网站（http：//data. stats. gov. cn/easyquery. htm？ cn = C01）。

三　失业保险基金的使用方向需进一步调整

2006 年以来，东部的 7 个省（自治区、直辖市）（北京、上海、江苏、浙江、福建、山东、广东）将一部分失业保险基金用于防失业、促就业的支出，包括职业培训补贴、职业介绍补贴、社会保险补贴、岗位补贴和小额担保贷款贴息支出等。其他省份没有开展相关试点工作，仅有针对特殊企业的稳岗补贴支出。

在结余较多的情况下，应进一步加大失业保险基金在防失业、促就业方面的支出，可鼓励其他有条件的省份也进行试点，在保障失业人员基本生活的基础上，调整失业保险基金的支出结构，使失业保险在就业领域发挥更大的作用。表 6－2 展示了 2014 年中国各地区的失业保险情况，综合参保人数、登记失业率和基金结余的情况来看，除了海南、江西、贵州、甘肃、青海、宁夏、西藏等地以外，其他地区均可尝试开展扩大失业保险基金支出范围的试点，已具备一定的条件。

表 6－2　　中国各地区（不含港澳台）失业保险情况（2014 年）

省（市、区）	失业保险参保人数（万人）	城镇登记失业率（%）	失业保险基金累计结余（亿元）	省（市、区）	失业保险参保人数（万人）	城镇登记失业率（%）	失业保险基金累计结余（亿元）
北京	1057.1	1.3	163.7	湖北	519.0	3.1	139.4
天津	287.6	3.5	104.8	湖南	509.5	4.1	98.9
河北	508.7	3.6	154.1	广东	2840.2	2.4	515.7
山西	407.7	3.4	133.2	广西	259.0	3.2	110.4
内蒙古	236.3	3.6	92.1	海南	157.5	2.3	30.0
辽宁	664.3	3.4	227.4	重庆	439.1	3.5	94.8
吉林	258.7	3.4	86.4	四川	635.8	4.2	278.6
黑龙江	478.4	4.5	145.7	贵州	191.9	3.3	65.3
上海	634.1	4.1	157.0	云南	236.9	4.0	108.3
江苏	1442.7	3.0	383.4	西藏	12.5	2.5	11.4
浙江	1210.3	3.0	343.1	陕西	344.3	3.3	130.1
安徽	422.0	3.2	92.4	甘肃	162.4	2.2	61.5
福建	524.1	3.5	128.0	青海	39.3	3.2	25.1
江西	271.8	3.3	55.1	宁夏	73.5	4.0	27.3
山东	1154.3	3.3	261.0	新疆	290.2	3.2	93.3
河南	773.3	3.0	133.9				

资料来源：国家统计局人口和就业统计司、人力资源和社会保障部规划财务司编《中国劳动统计年鉴 2015》，中国统计出版社 2016 年版。

第七章

社会主义初级阶段的工伤保险制度

◈第一节　中国工伤保险制度

一　计划经济时期的工伤保险

在计划经济时期，1951 年发布的《劳动保险条例》中包括了工伤方面的内容。其中规定，职工因工负伤，医疗费由单位承担，在医疗期间，工资照发；因工负伤确定为残疾时，由劳动保险基金按月付给残疾补助费，死亡时发给丧葬补助费和遗属待遇。与该时期的养老和医疗保险相同，工伤保险也是企业保障，由企业出资并管理，但由于当时的国有企业都不是自负盈亏的主体，工伤保险实际上是国家保障，由财政出资。

《劳动保险条例》中的工伤待遇，主要针对显性的工伤事故。1957 年，卫生部发布《职业病范围和职业病患者处理办法的规定》，将危害职工健康的 14 种职业病也纳入了工伤的保障范围，包括职业中毒、尘肺、职业性皮肤病等。1964 年全国总工会（当时的社会保险管理机构）发布了《关于劳动保险问题解答》，进一步扩大了工伤范围，在以下 7 种情形下可享受工伤待遇：（1）从事本岗位工作或者执行企业行政临时指定或同意的工作而造成的负伤、残疾或者死亡；（2）在紧急情况下（如抢险救灾救人等），从事对企业或者社会有益的工作而造成的疾病、负伤、残疾或者死亡；（3）从事与企业工作有关的研究、发明、创造或者技术改进的工作而造成的负伤、残疾或者死亡；（4）在企业的工作区域内工作时，遭受非本人所能抗拒的意外灾害而造成的负伤、残废或者死亡；（5）在生产或者工作中因为所从事的工作性质而造成的职业性疾病；（6）集体乘坐本单位的车去开会、听报告或参加行政指派的各种劳动，所乘坐的车出了非本人所应负责的意外事故，造成职工负伤、残疾或者死亡；（7）企业以临时工棚作职工集体宿舍，质量很差，没有及时修理，工棚倒塌，职工负伤、致残或被压死者。其中，前3项是《劳动保险条例实施细则修正草案》中规定的工伤范围，后4项是新增内容。另外，1964年的《关于劳动保险问题解答》还列举了10项比照工伤的情况，如因工出差或者因为调动工作赴任往返途中遭遇非本人所应负责任的意外事故而造成的负伤、残疾或者死亡，因紧急任务加班到深夜、临时在工作地点睡眠、遭到非本人负主要责任的意外事故，单位集体食堂就餐的食物中毒，参加企业组织的体育比赛（非车间一级）而负伤、残疾或死亡者等。1987年，国家发布新的《职业病范围和职业病患者处理办法的规定》，将职业病的范围扩大到9类99种。

在计划经济时期，不仅工伤范围不断扩大，为职工提供了更广的保护网，工伤待遇也逐渐提高。《劳动保险条例》规定，对于完全丧失劳动力不能工作、退职后饮食起居需人扶助者，发给本人工资75%的补助费，直至死亡；对于饮食起居不需人扶助者，发给本人工资的60%。1978年，国务院发布《关于安置老弱病残干部的暂行办法》和《关于工人退休、退职的暂行办法》，提高了上述待遇，对于饮食起居需人扶助者，发给本人工资的90%，还可视情况发给一定的护理费；饮食起居不需人扶助者，发给本人工资的80%。

计划经济时期的工伤保险，在当时发挥了积极的作用，为因工负伤的职工提供了生活保障。但是，这一时期的工伤保险只有医疗救治和经济补偿方面的待遇，没有工伤预防和工伤康复的相关内容。而且，工伤待遇主要由企业管理，没有社会统筹。

二 现代工伤保险制度的建立

随着经济体制转型，劳动保险中的工伤待遇已不适应经济发展的需要。一方面，私营经济兴起，但其职工却得不到工伤保护；另一方面，在追求经济增长和效率的现代化经济建设浪潮中，生产安全事故持续增加，造成不同企业负担畸轻畸重，与企业追求经济效益的生产经营目标相冲突，而且此时工伤预防显得尤为重要，但原有的工伤待遇却没有工伤预防的内容。

在此情形下，中国开始探索建立覆盖面更广、功能更健全的社会工伤保险制度。1989 年，海口、锦州和东莞等地市开展了工伤保险的试点。1996 年，在总结试点经验的基础上，原劳动部发布《企业职工工伤保险试行办法》，建立了工伤保险制度。其中，对工伤保险的目的、实施范围、工伤范围及认定、劳动鉴定和工伤评残、工伤保险基金、工伤保险待遇、工伤预防和职业康复、工伤争议等做出了明确规定。与计划经济时期的工伤保险不同，1996 年建立的工伤保险，覆盖所有企业和职工，而不仅限于国有企业；企业缴费形成工伤保险基金，实行社会统筹，在社会范围内分散风险；行业间根据工伤风险的不同，实行差别费率，行业内企业还实行浮动费率；除了医疗救治和经济补偿以外，还强调了工伤预防和工伤康复。

工伤保险建立之后，在各地的发展情况差异很大。从整体来看，覆盖面较窄。这主要是因为，1996 年的政策文件属于部门规章，法律层次较低，实际工作中执行难度大。对此，2003 年，国务院发布《工伤保险条例》，标志着现代工伤保险制度基本确立，之后工伤保险进入新的发展期。图 7－1 展示了中国工伤保险参保人数的变化趋势。可以看到，1996—2003 年参保人数较少，且增长较慢；2003 年之后，参保人数快速增长。图 7－2 展示了工伤保险基金的收支规模和累计结余。同样可以发现，在 2003 年之前，工伤保险的收支增长较慢，规模较小；2003 年之后，收支快速增长，积累大量结余。

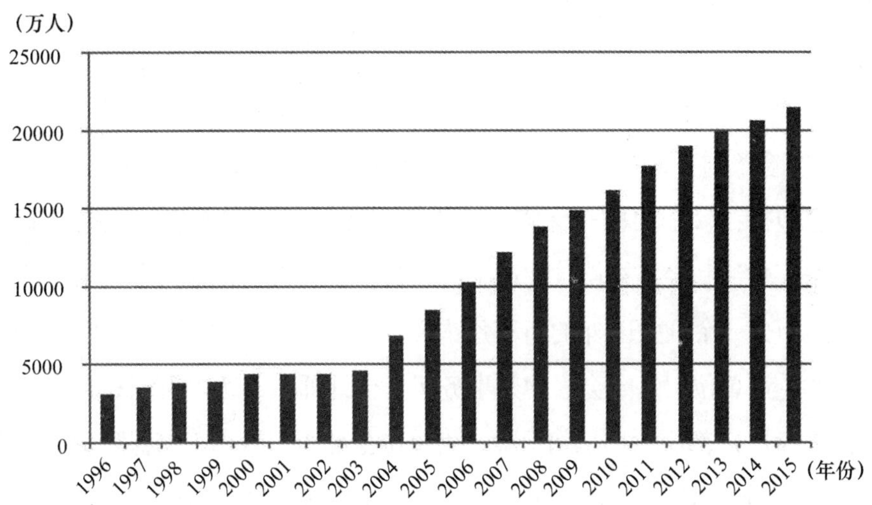

图 7－1　中国工伤保险的参保人数

资料来源：中华人民共和国国家统计局“年度数据”，2016 年，国家统计局门户网站（http：//data. stats. gov. cn/easyquery. htm？ cn = C01）。

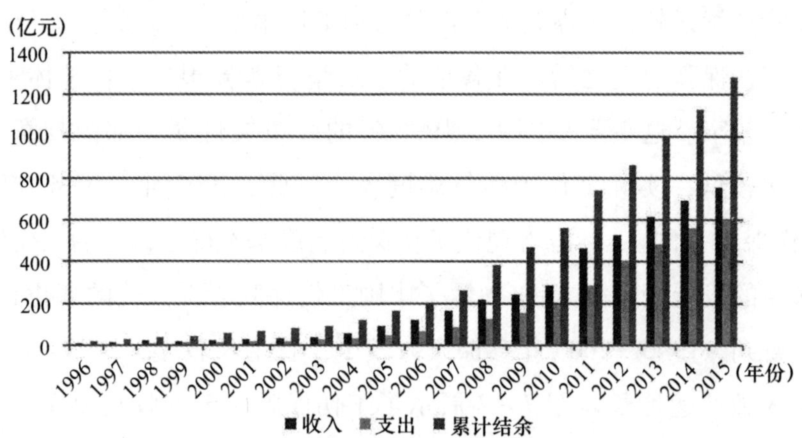

图 7－2 工伤保险基金的收支和结余

资料来源：中华人民共和国国家统计局“年度数据”，2016 年，国家统计局门户网站（http：//data. stats. gov. cn/easyquery. htm？ cn = C01）。

2010 年，国务院发布《关于修改〈工伤保险条例〉的决定》，对《工伤保险条例》进行修订。根据修订后的文件，现代工伤保险制度的主要内容包括：(1) 目的是保障因工作遭受事故伤害或者患职业病的职工获得医疗救治和经济补偿，促进工伤预防和职业康复，分散用人单位的工伤风险。(2) 除机关以外的所有用人单位（企业、事业单位、社会团体、民办非企业单位、基金会、律师事务所、会计师事务所等组织和有雇工的个体工商户）都应参加工伤保险，为单位全部职工缴纳工伤保险费。工伤保险的实施范围，从 1996 年的所有企业，扩展到所有用人单位（除机关①）。(3) 用人单位缴费，个人不缴费。单位的缴费率实行行业间差别费率和行业内费率档次。行业的差别费率根据行业的工伤风险程度确定，

① 根据《工伤保险条例》，机关公务员因工作遭受事故伤害或患职业病，由所在单位支付费用。

行业内费率档次根据工伤保险费使用、工伤发生率等情况确定。(4) 单位缴费形成工伤保险基金，实行现收现付制。留有一定的储备金，用于重大事故的工伤保险待遇支付。工伤保险基金的支出包括工伤保险待遇、劳动能力鉴定、工伤预防的宣传培训费用等。(5) 工伤的认定范围主要包括6种情形，具体为：在工作时间和工作场所内，因工作原因受到事故伤害的；工作时间前后在工作场所内，从事与工作有关的预备性或者收尾性工作受到事故伤害的；在工作时间和工作场所内，因履行工作职责受到暴力等意外伤害的；患职业病的；因工外出期间由于工作原因受到伤害或者发生事故下落不明的；在上下班途中受到非本人主要责任的交通事故或者城市轨道交通、客运轮渡、火车事故伤害的。另外还有一些视同工伤的情形，如在公益活动中受伤的。(6) 工伤保险待遇包括医疗费、康复费、辅助器具费、工资待遇（一般不超过12个月）、经过劳动能力鉴定存在伤残的一次性伤残补助金（与伤残等级和本人工资有关）、伤残津贴（与伤残等级和本人工资有关）、生活护理费和因工死亡的丧葬补助金、供养亲属抚恤金和一次性工亡补助金。在获得待遇之前，需要经过工伤认定、劳动能力鉴定的程序。此外，工伤保险应逐步向省级统筹过渡。

工伤保险的单位缴费率，2003年在工资总额的1%左右，2015年下调到0.75%。不同行业实行差别费率，行业内费率也有浮动。根据原劳动和社会保障部于2003年发布的《关于工伤保险费率问题的通知》，行业划分为三类，费率分别在工资总额的0.5%、1.0%、2.0%左右，具体的行业分类见表7-1。关于行业内费率浮动，一类行业的单位不实行费率浮动，二类和三类行业的单位实行费率浮动。初次缴费率按行业基准费率确定，以后由当地的社会保险经办机构根据用人单位工伤保险费使用、工伤发生率、职业病危害程度等因素，

1—3 年浮动一次。在行业基准费率的基础上，可上下各浮动两档：上浮第一档到本行业基准费率的 120%，上浮第二档到 150%；下浮第一档到本行业基准费率的 80%，下浮第二档到 50%。

表 7－1　　　　2003 年工伤保险行业风险分类

行业类别	行业名称
一　风险较小行业	银行业，证券业，保险业，其他金融活动业，居民服务业，其他服务业，租赁业，商务服务业，住宿业，餐饮业，批发业，零售业，仓储业，邮政业，电信和其他传输服务业，计算机服务业，软件业，卫生，社会保障业，社会福利业，新闻出版业，广播、电视、电影和音像业，文化艺术业，教育，研究与试验发展，专业技术业，科技交流和推广服务业，城市公共交通业
二　中等风险行业	房地产业，体育，娱乐业，水利管理业，环境管理业，公共设施管理业，农副食品加工业，食品制造业，饮料制造业，烟草制品业，纺织业，纺织服装、鞋、帽制造业，皮革、毛皮、羽绒及其制品业，林业，农业，畜牧业，渔业，农、林、牧、渔服务业，木材加工及木、竹、藤、草制品业，家具制造业，造纸及纸制品业，印刷业和记录媒介的复制，文教体育用品制造业，化学纤维制造业，医药制造业，通用机械制造业，专用机械制造业，交通运输设备制造业，电气机械及器材制造业，仪器仪表及文化，办公用机械制造业，非金属矿物制品业，金属制品业，橡胶制品业，塑料制品业，通信设备，计算机及其他电子设备制造业，工艺品及其他制造业，废弃资源和废旧材料回收加工业，电力、热力的生产和供应业，燃气生产和供应业，水的生产和供应业，房屋和土木工程建筑业，建筑安装业，建筑装饰业，其他建筑业，地质勘查业，铁路运输业，道路运输业，水上运输业，航空运输业，管道运输业，装卸搬运和其他运输服务业

续表

行业类别	行业名称
三 风险较大行业	石油加工，炼焦及核心燃料加工业，化学原料及化学制品制造业，黑色金属冶炼及压延加工业、有色金属冶炼及压延加工业、石油和天然气开采业，黑色金属矿采选业，有色金属矿采选业，非金属矿采选业，煤炭开采和洗选业，其他采矿业

2015 年，人社部和财政部发布《关于调整工伤保险费率政策的通知》，将费率下调，而且将行业分类细化为八类，一类至八类的费率分别为工资总额的 0.2%、0.4%、0.7%、0.9%、1.1%、1.3%、1.6%、1.9%左右，具体行业分类见表 7－2。另外，行业内费率浮动档次也发生变化。一类行业，可在基准费率的基础上，上浮至 120%、150%；二类至八类行业，可在基准费率的基础上，上浮至 120%、150%或下浮至 80%、50%。费率的调整和行业的细化，充分体现了工伤保险“以支定收、收支平衡”的原则。

表 7－2　　2015 年工伤保险行业风险分类

行业类别	行业名称
一	软件和信息技术服务业，货币金融服务，资本市场服务，保险业，其他金融业，科技推广和应用服务业，社会工作，广播、电视、电影和影视录音制作业，中国共产党机关，国家机构，人民政协、民主党派，社会保障，群众团体、社会团体和其他成员组织，基层群众自治组织，国际组织

续表

行业类别	行业名称
二	批发业，零售业，仓储业，邮政业，住宿业，餐饮业，电信、广播电视和卫星传输服务，互联网和相关服务，房地产业，租赁业，商务服务业，研究和试验发展，专业技术服务业，居民服务业，其他服务业，教育，卫生，新闻和出版业，文化艺术业
三	农副食品加工业，食品制造业，酒、饮料和精制茶制造业，烟草制品业 ，纺织业，木材加工和木、竹、藤、棕、草制品业，文教、工美、体育和娱乐用品制造业，计算机、通信和其他电子设备制造业，仪器仪表制造业，其他制造业，水的生产和供应业，机动车、电子产品和日用产品修理业，水利管理业，生态保护和环境治理业，公共设施管理业，娱乐业
四	农业，畜牧业，农、林、牧、渔服务业，纺织服装、服饰业，皮革、毛皮、羽毛及其制品和制鞋业，印刷和记录媒介复制业，医药制造业，化学纤维制造业，橡胶和塑料制品业，金属制品业，通用设备制造业，专用设备制造业，汽车制造业，铁路、船舶、航空航天和其他运输设备制造业，电气机械和器材制造业，废弃资源综合利用业，金属制品、机械和设备修理业，电力、热力生产和供应业，燃气生产和供应业，铁路运输业，航空运输业，管道运输业，体育
五	林业，开采辅助活动，家具制造业，造纸和纸制品业，建筑安装业，建筑装饰和其他建筑业，道路运输业，水上运输业，装卸搬运和运输代理业
六	渔业，化学原料和化学制品制造业，非金属矿物制品业，黑色金属冶炼和压延加工业，有色金属冶炼和压延加工业，房屋建筑业，土木工程建筑业
七	石油和天然气开采业，其他采矿业，石油加工、炼焦和核燃料加工业
八	煤炭开采和洗选业，黑色金属矿采选业，有色金属矿采选业，非金属矿采选业

第二节　中国工伤保险制度的特点与国际比较

一　雇主负责模式与社会保险模式

从世界范围来看，与其他社会保险项目相比，工伤保险的发展最快，建立工伤保险的国家最多（见图7－2）。工伤保险可分为两种模式：一是雇主负责，二是社会保险。后者又进一步分为强制性社会保险和自愿性社会保险。从世界平均水平来看，工伤保险以强制性社会保险模式为主，自愿性社会保险和雇主负责的成分较小。不过在非洲，强制性社会保险和雇主负责模式几乎一样重要（见图7－3）。

雇主负责模式也分为几种情况：(1）雇主责任保险模式，即雇主向商业保险公司投保，当职工发生事故伤害或患职业病时，由保险公司对其或遗属进行赔偿。马来西亚、哥斯达黎加等少数国家实行这种模式。(2）在上述模式的基础上，一些国家除了规定雇主向商业保险公司投保以外，还要求雇主和商业保险公司共同向政府相关部门缴费，作为工伤保险准备金，以便在企业或保险公司破产时，劳动者或其遗属仍能享受工伤赔偿。如澳大利亚、新加坡、芬兰等。(3）雇主自保模式，即职工发生工伤以后，由雇主自己确定赔偿标准并给予赔偿。巴基斯坦、阿根廷等采用这种模式。

中国的工伤保险制度是强制性的社会保险。与雇主负责模式相比，社会保险模式具有诸多优点，这也是世界上大多数国家选择这一模式的原因。第一，工伤待遇由雇主负责，职工很难得到赔偿。这是因为，雇主可能不愿支付高额的赔偿费；一些职业病可能潜伏多年才会发作，如果职工中途换工作，那么很难说清楚是哪个雇主的责任。第二，雇主和保险公司大多提供一次性赔付，很少进行长期补助，那么职工伤残后的长期生活得不到保障。第三，商业保险存在市场失灵的问题，为了避免逆向选择，也出于利润最大化的动机，保险公司可能对工伤风险较大的单位拒绝承保，也会对保险合同的待遇条款和资格条件进行严格限制，这使职工难以得到有效的工伤保障。另外，在社会保险模式下，强制性工伤保险能更好地在全社会范围内分散工伤风险，避免逆向选择导致的效率损失。此外，也有部分国家（如印度尼西亚、美国等）实行的是混合模式。

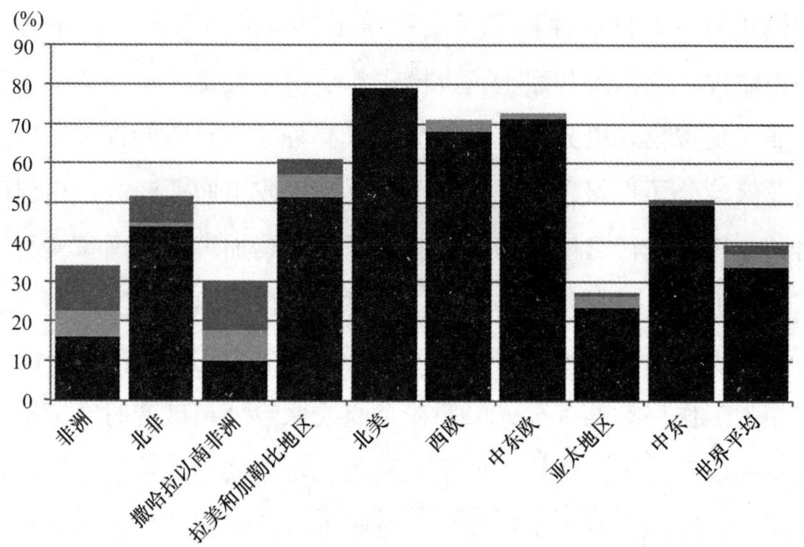

图 7－3　世界各地区的工伤保险覆盖率（2014 年）

注：工伤保险覆盖率，是指工伤保险参保人数占总劳动力的比例。

资料来源：ILO，World Social Protection Report 2014/15：Building economic recovery，inclusive development and social justice. Geneva：ILO，2014。

二　覆盖面

2014年，中国城镇职工的工伤保险参保率是52.5%[①]，如果将城乡各种形式的就业人员和劳动力都考虑进来，参保率降至24.2%，低于亚太地区的平均水平（27.5%），也低于世界平均水平（39.4%）。[②]

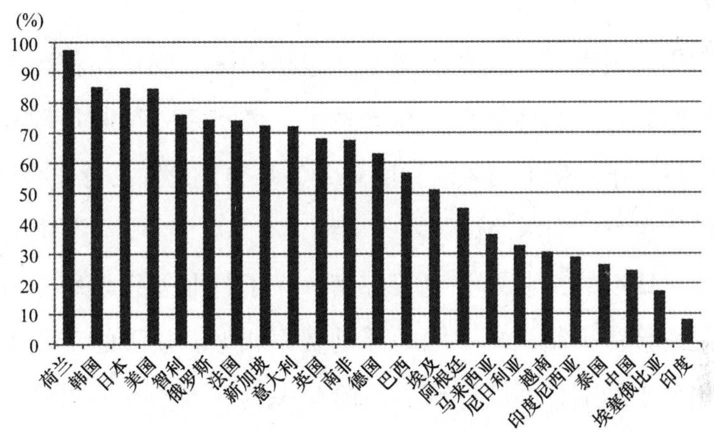

图7－4　中国和世界部分国家的工伤保险覆盖率（2014年）

注：工伤保险覆盖率，是指工伤保险参保人数占总劳动力的比例。

资料来源：ILO，"World Social Protection Report 2014/15：Building Economic Recovery"，Inclusive Development and Social Justice，Geneva：ILO，2014。

从各国的情况来看，中国的工伤保险参保率较低，仅高于少数国

① 根据国家统计局的数据计算，中华人民共和国国家统计局"年度数据"，2016年，国家统计局门户网站（http：//data. stats. gov. cn/easyquery. htm? cn = C01）。

② ILO，"World Social Protection Report 2014/15：Building Economic Recovery"，Inclusive Development and Social Justice，Geneva：ILO，2014。

家（埃塞俄比亚和印度），低于荷兰、英国、美国、日本、韩国等发达国家，也低于智利、俄罗斯、巴西、马来西亚、泰国、越南等发展中国家（见图7－4）。虽然中国采取的是强制性社会工伤保险模式，但其参保率还低于马来西亚和新加坡等实行雇主负责制的国家。这说明，中国工伤保险的强制性尚未执行到位。

三 缴费与待遇

从世界范围来看，大多数国家（包括中国）的工伤保险缴费和待遇设置存在共性。具体而言，在缴费上，缴费率一般与风险相关。例如，中国将行业根据工伤风险程度划分为8类，设置了行业差别费率和行业内浮动费率；美国的行业划分更细，有500多类，不同行业的费率差异巨大；日本的行业划分也很细密，除了行业差别费率以外，还对企业实行经验费率制，与中国的浮动费率相似。显著的工伤保险费率的行业和企业差别，不仅体现了风险相关的保险费率的科学性，也激励雇主实行安全生产，进行工伤预防，以在未来享受较低的浮动费率。

从待遇来看，各国的工伤保险待遇基本都包括医疗费、收入赔偿、伤残赔偿和遗属待遇等。而且，大多数国家（包括中国）都实行无过错补偿原则，即职工在生产过程中发生工伤事故，无论责任是否属于其本人（如过失操作等），都应给其工伤保险待遇。近年来，很多国家将工伤预防和工伤康复也纳入工伤保险的支出范围。例如，在德国的工伤保险制度中，工伤预防是首位工作，预防支出逐年增加；其次是工伤康复，帮助工伤人员重回劳动岗位，有专人为工伤人员提供康复服务；最后是工伤赔偿，为工伤人员提供工伤保险待遇，待遇水平随经济发展而增长。在建立现代工伤保险制度时，中国也将预防和康复纳入制度框架，不过目前工伤保险在这两部分的支出比重较小，主要还是救治和补偿方面的支出。

第三节　中国工伤保险制度的问题与对策

一　参保率较低

中国的工伤保险尚未实现应保尽保，与其他国家相比，参保率较低。与养老保险不同，工伤保险的缴费率较低，虽然不同行业、不同企业实行差别费率和浮动费率，但基本在1%左右；而养老保险的缴费率为28%。所以，工伤保险的参保率较低，主要不是由缴费率造成的。一个可能的原因是，工伤风险较高的行业和企业，往往存在用工合同不规范的问题，一些职工没有被列为正式员工参保。比较典型的是农民工。根据2014年卫计委的全国流动人口调查数据，在17万农民工中，只有14.75%参加了工伤保险，83.08%没有参加，还有2.17%不清楚自己是否参加。

一些学者2012年在武汉市调研发现，16%的农民工参加了工伤保险，其余农民工都没有享受工伤保障。同时，相对于制造业、零售业、住宿餐饮业，建筑业的农民工参加工伤保险的概率更低。在个体私营企业工作的农民工、没有签订劳动合同的农民工，参加工伤保险的概率更低。另外，调研发现，参加工伤保险，对于农民工的城市融合度有显著的正向影响。[①]

---

① 参见韩俊强《农民工工伤保险参保行为与城市融合》，《社会保障研究》2013年第4期。

2014 年，国家发布《关于进一步做好建筑业工伤保险工作的意见》（以下简称《意见》）。建筑业风险较高，而且 80% 的工人都是流动性较强的农民工。《意见》针对建筑业用工流动快的特点，提出可按项目参加工伤保险；而且，没有工伤保险参保证明的建设单位，不发给施工许可证；除了劳动合同之外的其他证据，也可以作为劳动关系认定的参考。但是，《意见》能否落实，还须进一步观察。

二 增加对工伤预防和工伤康复的支出

中国的工伤保险基金存在较多结余（见图 7－2），未来可将部分结余用于工伤预防和康复的支出，增加这两项在工伤保险支出中的比重。参照德国的经验，强化工伤预防和康复的作用。世界上大多数国家的工伤保险都强调补偿、康复和预防“三位一体”的体制。其中，工伤预防是制度的根本，预防工作做好，事故发生率下降，工伤赔付自然减少，从这一点来看，增加工伤预防支出，并不必然会增加工伤保险基金的支出压力，只是支出结构发生调整。而加强工伤康复，有助于帮助工伤人员尽早回到工作岗位，有效保护劳动力。目前，中国工伤保险支出仍主要是医疗救治和经济赔付，预防和康复的支出比例较小。

2001 年，广东最早在工伤保险基金中安排了工伤预防费和康复费。其中，工伤预防费不超过工伤保险费征缴收入的 13%，工伤康复费按不超过当年工伤保险基金结余的 1/3 安排使用。[①] 之后，2007

① 参见广东省劳动保障厅《广东省社会工伤保险预防费和康复费管理暂行办法》2001 年 10 月 22 日，正保法律教育网（http：//www. chinalawedu. com/falvfagui/fg23051/97589. shtml）。

年，原劳动和社会保障部办公厅发布《关于印发加强工伤康复试点工作指导意见的通知》，允许各省确定1—2个城市作为工伤康复试点城市。2009年，人社部办公厅发布《关于开展工伤预防试点工作有关问题的通知》，选择河南、广东和海南的12个城市开展了工伤预防试点。2013年，人社部发布《关于进一步做好工伤康复试点工作的指导意见》以及《关于进一步做好工伤预防试点工作的通知》，扩大了工伤康复和工伤预防的试点范围，其中工伤预防费控制在当地上年工伤保险基金征缴收入的2%左右，比例不大。未来在工伤保险基金结余充足的情况下，应适当提高工伤预防费和康复费的比例。

第八章

社会主义初级阶段的生育保险制度

第一节 中国生育保险制度

一 计划经济时期的生育保险

1951 年的《劳动保险条例》中对生育待遇做出规定。第一，女职工生育，产假 56 天，其间工资照发；第二，女职工小产，怀孕在 3 个月以内，给假 15 天，3 个月以上，给假 30 天，其间工资照发；第三，产假期满，仍不能工作，给予疾病医疗待遇（劳保医疗）；第四，女职工或男职工的配偶生育时，给付生育补助费，标准是五尺红市布，按当地零售价付给。由此可见，计划经济时期的生育待遇范围较广，不仅有医疗待遇，也有经济扶持。

与其他保险相同，此时的生育保险是企业保障，最终是国家财政保障。不同企业的育龄女性比例不同，因而生育费用负担存在较大差异。此时并未形成生育保险基金、进行社会统筹，费用负担没有在全社会范围内分摊。

二 现代生育保险制度的建立

计划经济时期企业对保护生育女职工起到了很好的效果。但随着计划经济向市场经济的转型，这种企业负责制出现诸多弊端，如覆盖面较窄等，建立社会生育保险的需求十分迫切。

1988 年，国务院发布《女职工劳动保护规定》，扩大了生育待遇的实施范围，所有用人单位（机关、人民团体、企业、事业单位）的女职工都可享受生育待遇，而不仅限于国有企业。同时，将产假延长为 90 天，对于难产和多胞胎生育的女职工，产假可再延长 15 天。另外，也对女职工在生育期间的劳动强度、工资待遇、哺乳室和孕妇休息室等配套设施做出了规定。虽然保护力度加强，但此时的生育待遇仍由企业负责，并不是社会保险。同年，原劳动部发布《关于女职工生育待遇若干问题的通知》，新增了检查和生育时的医疗待遇，即检查费、接生费、手术费、住院费和药费由单位负担，取消了生育补助费。产假期间工资待遇和产假期满仍不能工作的医疗待遇，与计划经济时期相同。

1994 年，原劳动部发布《企业职工生育保险试行办法》，建立了社会统筹的城镇职工生育保险制度，明确了企业缴纳生育保险费的义务，规定女职工可享受产假，并领取生育津贴、报销生育医疗费，生育待遇由生育保险基金支付，实行现收现付制。其中，企业缴费不超过工资总额的 1%，职工个人不缴费。另外，产假期间的生育津贴，按照本企业上年度职工月平均工资计发，而不再是按本人工资计发。到 1994 年年底，全国有 300 个市县开展了生育保险基金社会统筹，915.9 万人参加了生育保险，生育保险基金收入 1.5 亿元，支出 0.8

亿元。[①] 不过，需要注意的是，1994 年建立的现代生育保险制度只覆盖了城镇企业及职工，其他单位仍沿用计划经济时期由单位负责生育待遇的办法。

2001 年，中国发布《中国妇女发展纲要（2001—2010 年）》，指出城镇职工生育保险覆盖面要达到90%以上，要切实保障女职工生育期间的基本生活和医疗保健需要。2004 年，原劳动和社会保障部发布《关于进一步加强生育保险工作的指导意见》，提出要加快推进生育保险制度的建设工作。对于没有出台生育保险办法的地区，要积极创造条件，尽快建立生育保险制度；已经出台生育保险办法的地区，要逐步完善政策措施，确保生育保险制度稳健运行和可持续发展。另外，也提出要协同推进生育保险和医疗保险，利用医疗保险的医疗服务管理办法，探索与医疗保险统一管理的生育保险医疗服务管理模式，包括医疗机构协议、医疗目录范围、费用结算方式等。2004 年之后，生育保险的参保人数快速增长（见图 8－1）。相应地，生育保险基金的收支规模也大幅增加（见图 8－2）。

2010 年通过、2011 年实施的《社会保险法》在法律层面对生育保险相关内容做出了规定，并提出职工未就业的配偶可以享受生育医疗费用待遇，所需资金从生育保险基金中支付，但没有生育津贴。这在一定程度上保护了一些没有工作的女性。

2012 年，国务院发布《女职工劳动保护特别规定》，将个体经

---

① 中华人民共和国国家统计局“年度数据”，2016 年，国家统计局门户网站（http：//data. stats. gov. cn/easyquery. htm？ cn = C01）；中华人民共和国人力资源和社会保障部《1994 年劳动事业发展年度公报》，2011 年 7 月 23 日，人力资源和社会保障部门户网站（http：//www. mohrss. gov. cn/SYrlzyhshbzb/zwgk/szrs/tjgb/201107/t20110723_69883. html）。

济组织及其女职工也纳入保护范围，将产假延长至98天。而且，对于参加生育保险和未参加的单位，明确规定了生育待遇。其中，对于产假期间的经济扶持，用人单位已经参加生育保险的，由生育保险基金按照用人单位上年度职工月平均工资标准支付女职工生育津贴；用人单位未参加生育保险的，由用人单位按照女职工生育或者流产前工资标准支付工资。对于生育医疗费，用人单位已经参加生育保险的，由生育保险基金支付；用人单位未参加生育保险的，由用人单位支付。

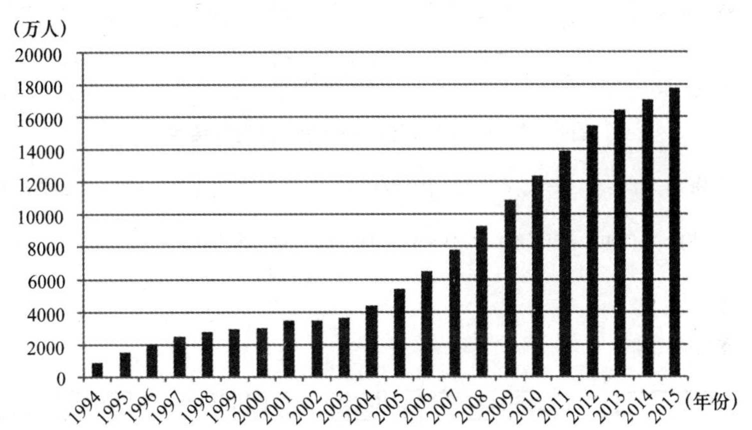

图8－1　中国城镇职工生育保险的参保人数

资料来源：中华人民共和国国家统计局“年度数据”，2016年，国家统计局门户网站（http：//data. stats. gov. cn/easyquery. htm？ cn = C01）。

到2015年，全国有17771万人参加了生育保险，有642万人次享受了生育保险待遇，占参保人数的3.6%。其中，既包括女职工，也包括男职工未就业的配偶。其他城乡非从业女性（特别是农村女性）没有被生育保险覆盖。2015年的生育保险基金收入502亿元，支出

411 亿元，累计结余 684 亿元。①

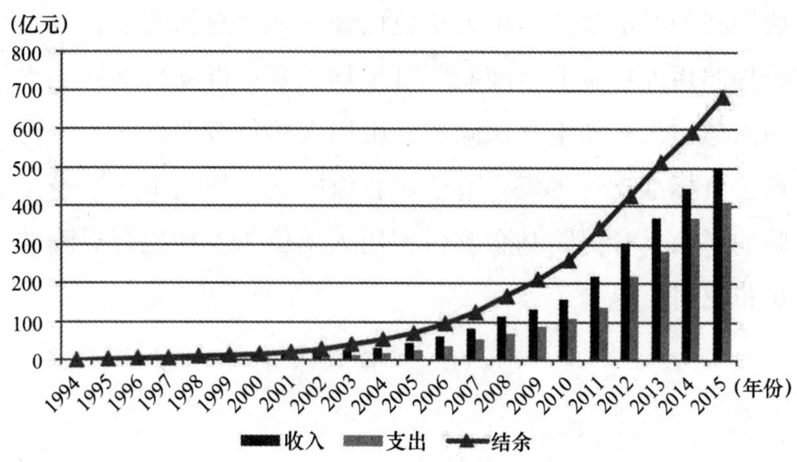

图 8－2　中国生育保险基金的收支和结余

资料来源：中华人民共和国国家统计局“年度数据”，2016 年，国家统计局门户网站（http：//data. stats. gov. cn/easyquery. htm？ cn＝C01）。

第二节　中国生育保险制度的特点与国际比较

一　雇主负责模式与社会保险模式

从世界范围来看，生育保险的扩张态势与医疗保险相近（见图 1－2）。一般而言，建立了医疗保险的国家，也会建立生育保险。

① 参见中华人民共和国人力资源和社会保障部《2015 年度人力资源和社会保障事业发展统计公报》，2016 年 6 月 1 日，人力资源和社会保障部门户网站（http：//www. mohrss. gov. cn/SYrlzyhshbzb/zwgk/szrs/tjgb/201606/t20160601_241070. html）。

这两项保险的发展比养老保险和工伤保险慢，但比失业保险快。在建立了生育保险的国家中，一些国家是雇主负责模式，另一些国家将生育福利纳入社会保险体系（见表8－1）。雇主负责制的典型国家，包括肯尼亚、尼日利亚、柬埔寨、印度尼西亚、马来西亚、新加坡等。其他大部分国家建立了社会生育保险，如中国、埃及、日本、韩国、阿根廷和英国等欧洲国家。

在采用社会保险模式的国家中，部分国家建立单独的生育保险项目（如中国等），其他国家（如匈牙利和斯洛伐克等）将生育内容纳入医疗保险。而且，资金来源不同。中国、韩国、俄罗斯、瑞典等国生育保险的资金主要来源于雇主，雇员不缴费，政府补贴也很少；在埃及、越南、巴西和加拿大等国，雇主和雇员共同缴费，财政补助较少；在大部分欧洲国家（如德国、英国、法国、比利时、西班牙等）以及南非、印度、日本、智利和墨西哥等国，除了雇主和雇员缴费以外，政府也要承担一定出资责任，三方共担。

二　生育福利

无论是雇主负责模式还是社会保险模式，大多数国家提供的生育福利都包括产假、产假期间的津贴和生育医疗待遇，因此，可从上述福利构成来比较不同国家的生育福利水平。

首先，对于产假，国际劳工组织第102号公约规定产假应为12—13周，第183号公约将其提高到14—17周，第191号建议书进一步提高到18—26周。[①] 中国的产假是98天，即14周，与第183号公约

① ILO, Social Security (Minimum Standards) Convention, No. 102, 1952; Maternity Protection Convention, No. 183, 2000; Maternity Protection Recommendation, No. 191, 2000.

一致。从国际劳工组织的规定来看，中国的产假时间不算长。从各国情况来看，除了马来西亚和菲律宾以外，表 8 - 1 中的大部分国家都符合国际劳工组织的规定。在这些国家中，中国的产假时间多于埃及、尼日利亚、柬埔寨、印度、印度尼西亚、韩国、阿根廷和墨西哥等，与中非、以色列、日本、德国、瑞典等国的产假时长相当，少于新加坡、越南、南非以及英国等大多数欧洲国家。不过，2016 年，中国有 15 个省（自治区、直辖市）（北京、天津、山东、上海、浙江、安徽、江西、福建、广东、广西、湖北、山西、宁夏、四川、辽宁）出台了新的计生办法，在全国基准产假 98 天的基础上，将产假进一步延长到 128 天、158 天、180 天、7 个月，同时还为男职工提供 10—20 天的陪产假（或护理假）。这些省（市）的产假政策主要是与放开二胎的生育政策相配合，鼓励人们生育二胎。在这些省（市），产假时长已达到国际劳工组织的最高标准，即第 191 号建议书的要求。

其次，产假期间的津贴标准也反映了生育福利水平。如果产假时间很长，但其间的津贴极低，也不能认为提供了很好的福利。产假期间津贴，一般是本人生育前工资或本单位平均工资的一定比例。表 8 - 1 显示，大部分国家在女职工产假期间都 100% 发放工资，没有缩减。少数国家，如中非、尼日利亚、南非、柬埔寨、日本、斯洛伐克、加拿大等，其产假津贴低于工资的 70%。综合产假时长和津贴水平来看，英国和挪威提供了最好的产假福利，不仅产假多于 35 周，津贴也在工资的 80% 以上。中国的产假福利与德国相当，优于日本（津贴低）和韩国（产假短）。

最后，用产妇死亡率来反映生育医疗待遇。如果产妇死亡率低，说明提供了有效的生育医疗保障。在表 8 - 1 的国家中，产妇死亡率的均值是每万例活产中死亡 10.7 人。中国的该项指标是 3.7，低于各国均值，说明中国为产妇提供了较好的医疗保障。从不同国家的情况来看，非洲国家的产妇死亡率最高，而发达国家（如新加坡、日本、韩国、美国及大多数欧洲国家）的死亡率较低，除了生育保障以外，这也与一国的医疗水平（包括技术和设备等）有关。

综上所述，从产假福利和生育医疗保障水平来看，中国提供了较好的生育福利。虽然不及大多数发达国家的福利水平，但这是经济发展水平决定的。

表 8－1　　　　不同国家的生育福利安排

国家	生育福利的项目类型	资金来源	产假时间（周）	产假期间工资发放比例（%）	产妇死亡率（每万例活产）
中国	社会保险	雇主	14	100	3.7
阿尔及利亚	社会保险	雇主和雇员	14	100	9.7
中非共和国	社会保险	雇主	14	50	89.0
科特迪瓦	社会保险	雇主	14	100	40.0
埃及	社会保险	雇主和雇员	13	100	6.6
肯尼亚	雇主负责	雇主	13	100	36.0
尼日利亚	雇主负责	雇主	12	50	63.0
南非	社会保险	雇主、雇员和政府	17	60	30.0
坦桑尼亚	社会保险	雇主、雇员和政府	12	100	46.0
柬埔寨	雇主负责	雇主	13	50	25.0
印度	社会保险	雇主、雇员和政府	12	100	20.0
印度尼西亚	雇主负责	雇主	13	100	22.0

续表

国家	生育福利的项目类型	资金来源	产假时间（周）	产假期间工资发放比例（%）	产妇死亡率（每万例活产）
以色列	社会保险	雇主、雇员和政府	14	100	0.7
日本	社会保险	雇主、雇员和政府	14	67	0.5
韩国	社会保险	雇主	13	100	1.6
马来西亚	雇主负责	雇主	8.5	100	2.9
菲律宾	社会保险	雇主、雇员和政府	8.5	100	9.9
新加坡	雇主负责	雇主和政府	16	100	0.3
越南	社会保险	雇主和雇员	26	100	5.9
奥地利	社会保险	雇主、雇员和政府	16	100	0.4
比利时	社会保险	雇主、雇员和政府	15	82.75	0.8
捷克	社会保险	雇主、雇员和政府	28	70	0.5
芬兰	社会保险	雇主、雇员和政府	18	70	0.5
法国	社会保险	雇主、雇员和政府	16	100	0.8
德国	社会保险	雇主、雇员和政府	14	100	0.7
匈牙利	社会保险	雇主、雇员和政府	24	70	2.1
意大利	社会保险	雇主和政府	22	80	0.4
荷兰	社会保险	雇主和雇员	16	100	0.6
挪威	社会保险	雇主、雇员和政府	35—45	80—100	0.7
俄罗斯	社会保险	雇主	20	100	3.4
斯洛伐克	社会保险	雇主、雇员和政府	34	65	0.6
斯洛文尼亚	社会保险	雇主、雇员和政府	15	100	1.2
西班牙	社会保险	雇主、雇员和政府	16	100	0.6
瑞典	社会保险	雇主	14	80	0.4

续表

国家	生育福利的项目类型	资金来源	产假时间（周）	产假期间工资发放比例（%）	产妇死亡率（每万例活产）
瑞士	社会保险	雇主和雇员	14	80	0.8
英国	社会保险	雇主、雇员和政府	39—52	90	1.2
阿根廷	社会保险	雇主和政府	13	100	7.7
巴西	社会保险	雇主和雇员	17	100	5.6
智利	社会保险	雇主、雇员和政府	18	100	2.5
墨西哥	社会保险	雇主、雇员和政府	12	100	5.0
加拿大	社会保险	雇主和雇员	17	55	1.2
美国	没有全国性的生育保险项目，5 个州（纽约、新泽西、加利福尼亚、夏威夷、罗德岛）提供带薪产假。例如，加利福尼亚州提供 6 周产假，其间提供 55% 的工资				2.1

资料来源：ILO，“World Social Protection Report 2014/15：Building Economic Recovery”，Inclusive Development and Social Justice，Geneva：ILO，2014。

第三节　中国生育保险与医疗保险合并的改革方向

一　生育保险与医疗保险合并的意义

在计划经济时期，生育和医疗都属于劳动保险的内容；在建立现代社会保险制度时，生育保险和医疗保险是单独的两项，都是“五险”的重要组成，然而，从待遇上看，两者存在交叉。未来有必要将两者合并实施，将生育保险整合到医疗保险中，简化制度设计，提高效率。两者合并的具体原因和意义主要包括以下方面。

第一，生育保险待遇中的生育医疗费类似于普通医疗费，合并可以降低管理成本。生育医疗费包括生育的检查费、接生费、手术费、住院费和药费，与普通医疗费相比，生育医疗费只是一种特殊情况下的医疗费用。符合一定标准的生育医疗费的报销比例是100%，超出规定的医疗服务费和药费由个人负担，这与普通医疗费的报销方式相近，只是没有起付线，报销比例是100%。生育医疗费和普通医疗费都有政策范围目录。而且，2004年《关于进一步加强生育保险工作的指导意见》中提出，生育医疗费的支付范围原则上按照基本医疗保险药品目录、诊疗项目和医疗服务设施标准执行。也就是说，生育医疗费和普通医疗费实行相同的政策目录。另外，与普通医疗费一样，生育医疗费也涉及与医疗机构签协议、费用结算等问题。综上所述，生育医疗费完全可以与普通医疗费合并管理，避免不必要的重复工作。

第二，生育保险的制度设计中直接包含了医疗保险的部分内容。1994年《企业职工生育保险试行办法》中提到：女职工生育出院后，因生育引起疾病的医疗费，由生育保险基金支付；其他疾病的医疗费，按照医疗保险待遇的规定办理；女职工产假期满后，因病需要休息治疗的，按照有关病假待遇和医疗保险待遇规定办理。因此，实际上，这里是由生育保险和医疗保险一起来保障女职工的生育活动，而且，其中“因生育引起疾病”和“其他疾病”很难区分，没有清晰的界限，到底哪些疾病应由生育保险基金支付、哪些疾病应由医疗保险基金支付十分模糊，将生育保险和医疗保险合并，可以解决这一问题。

第三，生育保险的覆盖面很窄，将生育保险纳入医疗保险，有助于扩大生育待遇的覆盖面。医疗保险已经实现制度全覆盖，城镇职工、城镇非从业居民、农村居民都可参加医疗保险；而只有企业职工（包括男职工的非从业配偶）可以参加生育保险，大部分城镇非从业居民和农村居民没有被生育保险覆盖。图 8 -3 展示了近年来城镇医疗保险和生育保险的参保人数。可以看到，在城镇，医疗保险的覆盖更广。如果将新农合考虑进来，医疗保险的覆盖面和生育保险之间的差距更大。将生育保险和医疗保险合并，各类人群只要参加了医疗保险，就自然获得了生育保障的相关权利。

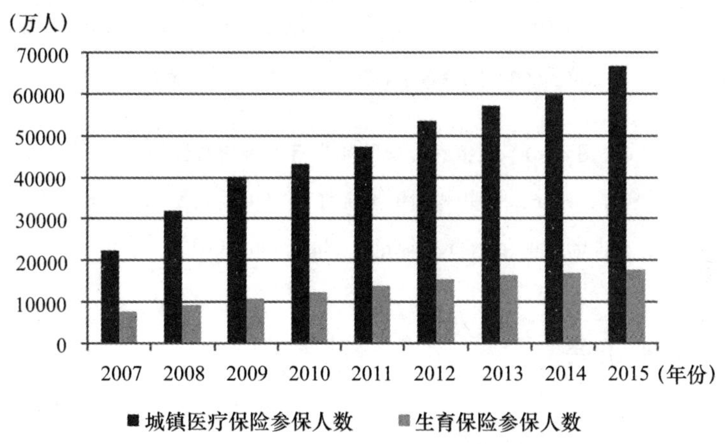

图 8 -3　城镇医疗保险和生育保险的参保人数

资料来源：中华人民共和国国家统计局“年度数据”，2016 年，国家统计局门户网站（http://data.stats.gov.cn/easyquery.htm? cn = C01）。

第四，国家全面放开“二孩”政策，预计生育人次会大幅增加，这给生育保险基金的支出带来压力。将生育保险和医疗保险合并，可以用医疗保险的结余来抵消“二孩”政策的影响。图 8 -4 展示了城镇医疗保险和生育保险的结余情况。可以发现，城镇医疗保险累计结余远远多于生育保险，医疗保险具备为生育保险出资的能力。

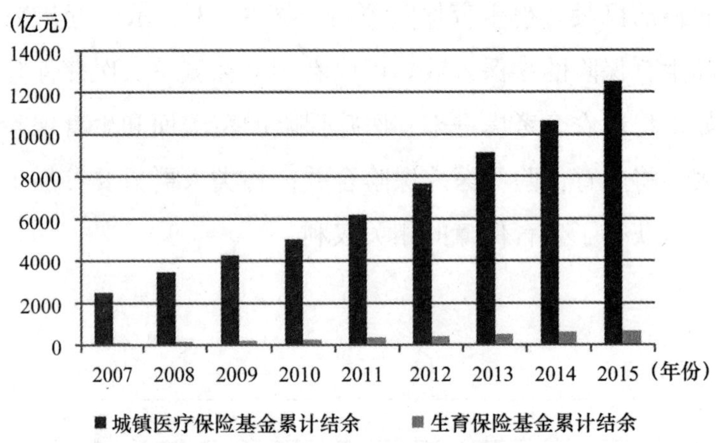

图 8－4　城镇医疗保险和生育保险的累计结余

资料来源：中华人民共和国国家统计局“年度数据”，2016 年，国家统计局门户网站（http：//data. stats. gov. cn/easyquery. htm？cn = C01）。

二　改革进展

在“十三五”规划中，明确提出要将生育保险和基本医疗保险合并实施。2017 年，国务院办公厅发布《关于印发生育保险和职工基本医疗保险合并实施试点方案的通知》，决定在 2017 年 6 月底之前，在河北省邯郸市、山西省晋中市、辽宁省沈阳市、江苏省泰州市、安徽省合肥市、山东省威海市、河南省郑州市、湖南省岳阳市、广东省珠海市、重庆市、四川省内江市、云南省昆明市 12 个城市开展两项保险合并实施试点，试点时间为 1 年左右，并且未纳入试点地区不得自行开展试点工作。

根据试点方案，生育保险和职工基本医疗保险的合并办法如下：(1) 统一参保登记。参加职工基本医疗保险的在职职工同步参加生育保险。(2) 统一基金征缴和管理。生育保险基金并入职工基本医疗保险基金，统一征缴。试点期间，可按照用人单位参加生育保险和职工基本医疗保险的缴费比例之和确定新的用人单位职工基本医疗保险费率，个人不缴纳生育保险费。(3) 统一医疗服务管理。两项保险合并实施后实行统一定点医疗服务管理。医疗保险经办机构与定点医疗机构签订相关医疗服务协议时，要将生育医疗服务有关要求和指标增加到协议内容中，并充分利用协议管理，强化对生育医疗服务的监控。执行职工基本医疗保险、工伤保险、生育保险药品目录以及基本医疗保险诊疗项目和医疗服务设施范围。生育医疗费用原则上实行医疗保险经办机构与定点医疗机构直接结算。(4) 统一经办和信息服务。生育保险经办管理统一由职工基本医疗保险经办机构负责，工作经费列入同级财政预算。充分利用医疗保险信息系统平台，实行信息系统一体化运行。原有生育保险医疗费结算平台可暂时保留，待条件成熟后并入医疗保险结算平台。(5) 职工生育期间的生育保险待遇不变。生育保险待遇包括《社会保险法》规定的生育医疗费和生育津贴，所需资金从职工基本医疗保险基金中支付。其中，生育津贴支付期限按照《女职工劳动保护特别规定》等法律法规规定的产假期限执行。

未来视试点情况，可能会进一步推广生育保险和职工医疗保险合并实施的范围。而且，未来的改革方向是将生育待遇也纳入城乡居民医疗保险，进一步深化生育保险和医疗保险的整合。

第九章

中国社会保险制度的改革与挑战

第一节　中国经济社会发展的新形势

近年来，中国经济社会发展出现了一些新形势，如经济新常态、供给侧结构性改革、人口老龄化加剧和新型城镇化战略等，这对中国社会保险制度的公平性和可持续性提出了进一步的要求。

一　经济新常态

长期以来，中国经济的高速增长举世瞩目。然而，从 2011 年开始，中国的经济增速出现下滑，降至 10% 以下。2011—2015 年的经济增长率分别为 9.5%、7.9%、7.8%、7.3% 和 6.9%。经济增长的放缓并不是周期性变化，而是一种结构性减速。很多学者认为，中国目前的经济增速仍然属于中高速增长，这种从高速增长向中高速增长的转变，被视为是中国经济进入“新常态”的一个重要特征。①

习近平总书记在 2014 年 5 月考察河南省时第一次提到经济“新

① 参见裴长洪《中国经济不会“硬着陆”的逻辑支撑》，《人民论坛》2016 年第 10 期；金碚《中国经济发展新常态研究》，《中国工业经济》2015 年第 1 期。

常态”，要求领导干部“从当前中国经济发展的阶段性特征出发，适应新常态，保持战略上的平常心态”。2014 年 11 月，习近平总书记在亚太经合组织（APEC）工商领导人峰会上所作题为“谋求持久发展 共筑亚太梦想”的主旨演讲中，比较系统地阐述了中国经济新常态，认为中国经济呈现新常态的主要特点是“从高速增长转为中高速增长”“经济结构不断优化升级”“从要素驱动、投资驱动转向创新驱动”。一些学者也强调，经济减速并不是新常态的全部内容，虽然面临一些挑战，但从经济质量、经济结构和未来发展动力来看，中国经济仍有可持续发展的空间，“十三五”规划提出的 6.5% 的增长目标是可以实现的。①

从世界社会保险制度的发展来看，社会保险的保障水平与经济发展水平息息相关。中国在建立现代社会保险制度的过程中，一再强调社会保险应与社会主义初级阶段的经济发展水平相适应。如今，中国虽然仍处于社会主义初级阶段，但经济呈现新常态的特征，经济增长减速，在此情形下，社会保险相关政策也应有所调整，以适应经济新常态。例如，在经济减速时，社会保险支出不能一味追求高增长，在提高保障水平的同时，需注意社会保险的可持续性。

二 供给侧结构性改革

在经济新常态的背景下，习近平总书记在 2015 年 11 月 10 日举行的中央财经工作领导小组会议上首次明确提出“供给侧结构性改

① 参见裴长洪《中国经济不会“硬着陆”的逻辑支撑》，《人民论坛》2016 年第 10 期；裴长洪、刘洪愧《“十三五”经济发展与供给侧结构性改革》，《国际贸易》2006 年第 8 期。

革”，并在2015年11月18日的亚太经合组织（APEC）工商领导人峰会演讲中指出，“必须下决心在推进经济结构性改革方面做更大努力，使供给体系更适应需求结构的变化”。2016年1月26日的中央财经领导小组会议上，习近平总书记强调，当前供给侧改革的重要任务是“三去一降一补”，即去产能、去库存、去杠杆、降成本、补短板。

在供给侧改革的上述任务中，社会保险主要与降成本有关。根据中央政府的规定，城镇企业职工社会保险的缴费率之和达41%，即便将企业逃避费和企业向职工转嫁缴费负担等因素考虑在内，社会保险仍给企业经营带来了较重的负担。在降成本和结构性减税的大趋势下，社会保险缴费率也应有所下调，为企业减负。2015年以来，失业保险、工伤保险和生育保险的缴费率有所降低，但降幅不大；缴费率较高的养老保险和医疗保险尚未发生变化。

三　人口老龄化加剧

1999年，中国65岁及以上人口占总人口的比例，已达到国际上认定老龄化的标准（7%），中国进入老龄化社会。而且，人口老龄化程度不断加深（见图3－1）。到2015年，65岁及以上人口占比已超过10%。而且，根据国际劳工组织的预测，中国的老年人口占比还会继续升高，预计到2030年达到16.2%，2050年达到23.9%，2100年达到28.2%。[①]

与此同时，老年抚养比也在不断上升，而且，近年来的增长加快

① 国际劳工组织数据库，2016年，国际劳工组织门户网站（http://www.social-protection.org/gimi/gess/ShowTheme.do?tid=3985）。

（见图 9－1）。1999 年，老年抚养比是 10%，到 2015 年升至 14%。根据国际劳工组织的预测，中国的老年抚养比还会继续升高，预计到 2030 年达到 23.8%，2050 年达到 39.0%，2100 年达到 49.8%。[①]

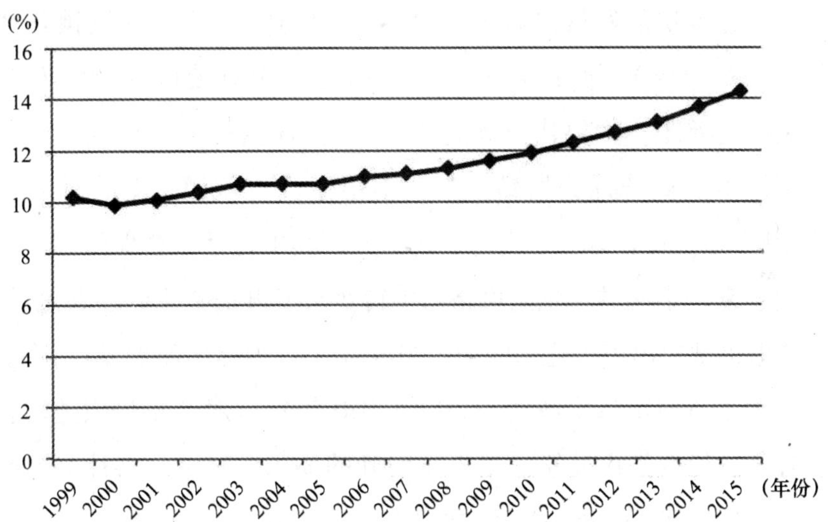

图 9－1　中国的老年抚养比

资料来源：中华人民共和国国家统计局"年度数据"，2016 年，国家统计局门户网站（http：//data. stats. gov. cn/easyquery. htm？ cn＝C01）。

人口老龄化加剧，老年抚养比上升，给社会保险基金支出（主要是养老和医疗支出）带来了压力。尤其是在经济增长减速、社会保险缴费率下降的情况下，社会保险的收支平衡和可持续性面临挑战。为了应对这些挑战，需要在社会保险领域做些变革。

① 国际劳工组织数据库，2016 年，国际劳工组织门户网站（http：//www. social－protection. org/gimi/gess/ShowTheme. do？ tid＝3985）。

四　新型城镇化战略

改革开放以来，伴随着工业化进程加快，中国城镇化经历了一个起点低、速度快的发展过程。2014 年，中国常住人口的城镇化率已经较高（54.8%），但户籍人口的城镇化率相对较低（35% 左右）。两者之间的差距，主要构成就是 2.7 亿左右的农民工及其随迁家属。这个群体虽然被统计为城镇人口，但由于没有城镇户籍，并未实现“市民化”，并未享受均等化的公共服务，其中包括社会保险。

近年来，中国城镇化的思路发生转变，不再是一味鼓励农民进城，而是考虑进城农民市民化的问题。2014 年，中国提出新型城镇化战略，发布《国家新型城镇化规划（2014—2020 年）》，对“推进农业转移人口享有城镇基本公共服务”提出了明确的要求。其中，与社会保险相关的目标是，到 2020 年，城镇常住人口的基本养老保险覆盖率提高到 90% 以上，城镇常住人口的基本医疗保险覆盖率提高到 98%。

另外，2014 年《政府工作报告》提出，要着重解决“三个 1 亿人”问题，促进 1 亿农业转移人口落户城镇，改造 1 亿人居住的城镇棚户区和城中村，引导 1 亿人在中西部地区就近城镇化。2016 年，国务院印发《关于深入推进新型城镇化建设的若干意见》，其中再次提到“三个 1 亿人”的城镇化问题。到 2020 年，要实现市民化的是第一个 1 亿人。

由此可见，为了实现新型城镇化战略的 2020 年目标，应推动农民工参保的进程。而且涉及人口较多，为 1 亿农业转移人口。为了实现目标，应采取何种社会保险政策、相应的成本如何分担、如何在提高社会保险公平性的同时保障可持续性，社会保险的发展面临挑战。

第二节　中国社会保险制度的改革方向

一　增强可持续性

在经济新常态、降成本、人口老龄化加剧等形势下，社会保险的可持续性令人担忧。未来应采取积极措施，提高可持续性，具体措施包括以下几方面。

第一，控制社会保险支出，使其合理增长。社会保险支出具有刚性，上调容易下调难，因此在调整时应谨慎，考虑经济发展和基金规模能支撑的支出增长水平，建立和工资、物价等挂钩的支出调整机制。例如，对于企业职工的基本养老金，从 2005 年起一直以 10% 的速度增长，2016 年增速降为 6.5%，2017 年进一步下调为 5.5%，目前尚未建立正常调整机制，增长与工资、物价没有直接关联，只是在上一年养老金的基础上以一定的比例增长。这种机制难以持续，而且，多年连涨也给养老保险基金带来支出压力。2015 年和 2016 年，全国的城镇职工养老保险基金出现当期收不抵支的情况，而且缺口逐年扩大。[①]

第二，除了直接控制社会保险支出的增长以外，还可优化制度设计，来减少和控制社会保险支出。例如，在人口老龄化加剧、预期寿

① 参见中华人民共和国人力资源和社会保障部《2015 年度人力资源和社会保障事业发展统计公报》，2016 年 6 月 1 日，人力资源和社会保障部门户网站（http://www.mohrss.gov.cn/SYrlzyhshbzb/zwgk/szrs/tjgb/201606/t20160601_241070.html）；中华人民共和国人力资源和社会保障部《2016 年度人力资源和社会保障事业发展统计公报》，2017 年 5 月 31 日，人力资源和社会保障部门户网站（http://www.mohrss.gov.cn/SYrlzyhshbzb/zwgk/szrs/tjgb/201705/t201705031_271671.html）。

命延长的情况下，应尽快出台延迟退休年龄的政策。对于失业保险和工伤保险，可以调整支出结构，增加预防失业和预防工伤的支出，从根源上减少失业和工伤发生数，最终达到减支的目的。对于生育保险，可将其与医疗保险合并，为生育待遇提供相对充足的资金保障。

第三，在社会保险的收入方面，应适当降低缴费率，同时加强缴费激励机制。一方面，在降成本的大环境下，中国较高的社会保险缴费率需要适当降低，特别是养老保险缴费率。由于当前较高的缴费率已经引发较为严重的逃避费问题，适当降低缴费率，可以激励企业和职工参保并如实缴费，缴费基数增加，因此不会导致大幅减收。不必过于担心缴费率下降所带来的减收问题。另一方面，应增强缴费激励机制，加强缴费与待遇的联系，进而增强参保单位和个人的缴费激励，使征缴收入增加。例如，对于各项保险，都建立适当的“多缴多得、长缴多得”的机制。

第四，发展补充保险和商业保险，建立多层次的保障体系，减少人们对社会保险的过度依赖。坚持社会保险“保基本”、补充保险和商业保险提供更高水平保障的原则。目前，中国的补充保险和商业保险发展不足，如企业年金等，这使人们主要依靠社会保险，大部分老人的收入主要来源是养老金，这给社会保险造成了较大的压力。

二　促进社会保险的城乡和区域均衡发展

一方面，推动社会保险城乡均衡发展。尽快推进城乡居民养老保险和城乡居民医疗保险的合并实施工作，在缴费、待遇和补贴上，尽量对城乡一致；在参保上，减少户籍的限制，为城乡居民提供平等的参保机会。

另一方面，促进社会保险的区域均衡发展。目前，由于各地人口结构、经济发展、历史债务负担不同，不同地区的社会保险发展情况存在较大差异。例如，广东、浙江和江苏等人口年龄结构相对年轻、经济发展较快的省份，社会保险的参保率较高，而且基金结余较多；而东北老工业基地，社会保险参保率较低，而且基金收支较为紧张。对此，未来应进一步提高社会保险的统筹层次。目前，养老保险是省级统筹（含省级调剂金制度），其他保险基本是市县级统筹，未来都应逐步实现全国统筹或建立全国调剂金制度，使社会保险结余资金可以在各地之间调剂使用，促进区域发展均衡。

三　完善农民工的社会保险

虽然近年来农民工的社会保险参保率有所提高，但与新型城镇化的目标尚有很远距离。而且，农民工大多参加的是农村社会保险，包括新农合和新型农村社会养老保险（简称新农保）。根据2014年国家卫计委的流动人口调查数据，表9－1展示了农民工参加养老保险的情况。可以看出，约70%的农民工被养老保险覆盖，约30%的农民工没有参加任何一项养老保险。而且，农民工主要参加新农保（54%），而不是城镇职工养老保险（11%）。

表9－1　　农民工参加养老保险的情况

	人数（人）	占比（%）
只参加城镇职工养老保险	19125	11.19
只参加城居保	4184	2.45
只参加新农保	92331	54.03

续表

	人数（人）	占比（%）
同时参加新农保和城居保	1587	0.93
没有参加任何一项养老保险	53677	31.41
总计	170904	100

资料来源：中华人民共和国国家卫生计生委，“2014 年全国流动人口卫生计生动态监测调查数据”，笔者从卫计委申请获得数据。

表 9－2　　　　农民工参加医疗保险的情况

	人数（人）	占比（%）
只参加城镇职工医疗保险	16591	9.71
只参加城镇居民医疗保险	4681	2.74
只参加新农合	117252	68.61
只参加城乡居民合作医疗	2745	1.61
同时参加城镇职工医疗保险和新农合	4688	2.74
同时参加城镇居民医疗保险和新农合	1408	0.82
没有参加任何一项医疗保险	23539	13.77
总计	170904	100

资料来源：中华人民共和国国家卫生计生委，“2014 年全国流动人口卫生计生动态监测调查数据”，笔者从卫计委申请获得数据。

表 9－2 展示了农民工参加医疗保险的情况。可以看出，约 86% 的农民工参加了医疗保险；仅有不到 14% 的农民工没有被任何一项医疗保险覆盖。不过，大多数农民工参加的是新农合（69%），而不是城镇职工医疗保险（10%）。另外，在养老保险和医疗保险中都出现了跨制度重复参保的现象。此外，农民工参加失业保险、工伤保险和

生育保险的比例分别为10%、15%、9%，大部分农民工没有参加这三项保险。

因此，未来应大力推进农民工参加城镇职工社会保险，减少农民工与城镇职工之间的不平等。但是，由于农民工收入相对较低，参加城镇职工社会保险，可能隐含大量的财政补贴，即农民工从城镇职工社会保险中获得的待遇高于其缴费。对此，对于不同保险，可采取不同的办法。

对于养老保险，对于隐含增加的财政补贴支出，在中央政府与地方政府之间、在农民工流出地政府和流入地政府之间，可以采取以下分担方法：在养老保险尚未实现全国统筹时，农民工从流出地转移到流入地，中央政府应将相应的给予流出地政府的城乡居民养老保险财政补贴转移支付转给流入地政府。剩余财政成本由流入地政府的财政承担；对于财政困难的地区或农民工流入较多的地区，可按1∶1的标准配套中央财政，即流入地政府财政和中央财政各承担一半的成本。未来养老保险实现全国统筹之后，对于农民工参加城镇职工养老保险的净财政成本，可以由流入地财政和中央财政各承担一半。

对于医疗保险，农民工参加城镇职工医疗保险，减少了政府对城镇居民医疗保险和新农合的缴费补贴，进而减少了财政支出。节省下来的资金，可以用于鼓励企业为农民工参加城镇职工医疗保险，或者转移给流入地政府，在一定程度上补偿流入地政府承担的农民工参加城镇职工养老保险的财政成本。

对于失业保险，由于农民工存在流动性强、就业不稳定的特点，可以考虑将失业保险参保农民工的缴费，用于维持其没有工作期间的养老保险和医疗保险的连续缴费。对于工伤保险和生育保险，加强对企业为农民工参保的监督，可借鉴建筑业企业不为农民工参保就无法获得施工许可的办法，对其他行业企业也采取类似办法，促进企业为农民工缴纳工伤保险和生育保险费。

第三节　其他制度的配套改革

一　财税政策

社会保险制度的发展，离不开财税政策的支持。目前，财政主要对社会保险进行直接补贴，尤其是职工养老保险，如果扣除财政补贴，全国养老保险基金已出现当期收支缺口。城乡居民的养老保险和医疗保险，其资金也主要来源于财政。今后，应尽量提高社会保险制度自身的运转效率和可持续性，减少对财政的依赖，同时将财政的显性补贴转变为隐性补贴，通过实施一些税收优惠政策，促进企业、职工和居民参保。目前，企业和职工的社会保险缴费在所得税前列支，未来在财力可支撑的前提下，可考虑给予更多的税收优惠，以鼓励参保和如实缴费。同时，尽快推进税收递延型商业养老保险和企业年金，通过税收优惠鼓励养老保险第二支柱和第三支柱的发展，以减轻社会养老保险的支出负担，并且提高对人们的保障水平。

二　医疗卫生体制改革

医疗保险的发展与医疗卫生体制密切相关，只有不断健全和完善医疗卫生制度，医疗保险才能有效运行，避免大量泛滥的道德风险。对此，应积极应对和完成2017年国务院办公厅发布的医药卫生体制改革重点任务，主要包括完善分级诊疗制度、取消药品加成、实现医药分离、提高医疗服务收入在医院和医生收入中的比重、控制医疗费用增长、打通药品流通渠道、完善医疗定价机制等。

三　户籍制度改革

人们在城乡之间、不同地区之间流动时，其社会保险关系的转移接续，一方面受到社会保险统筹层次的制约，另一方面受到户籍制度的限制。进行户籍制度改革，有利于劳动力流动，也有助于促进社会保险在城乡和地区之间的均衡发展。

2014 年，国务院发布《关于进一步推进户籍制度改革的意见》，提出进一步调整户口迁移政策，统一城乡户口登记制度，全面实施居住证制度，加快建设和共享国家人口基础信息库，稳步推进城镇基本公共服务覆盖全部常住人口。其中，户口迁移政策与城市规模有关。具体而言，全面放开建制镇和小城市落户限制，有序放开中等城市（城区人口 50 万—100 万）落户限制，合理确定大城市（城区人口 100 万—300 万）落户条件，严格控制特大城市（城区人口 500 万以上）人口规模。统一城乡户口登记制度，是指取消农业户口和非农业户口区分。到 2016 年 9 月，全国 30 个省（自治区、直辖市）出台户籍制度改革方案，取消了农业和非农业的区别，但是，大城市和特大城市的落户仍然比较困难。虽然中小城市的落户放宽，但流动人口主要是想往大城市和特大城市聚集，而这些城市的落户执行较为严格的条件限制，这使得户口迁移政策没有起到明显效果。

户籍制度之所以需要改革，是因为户籍并不仅仅是户口登记，而是与社会保险、教育、住房等公共服务有关。由于大城市和特大城市的公共服务资源较为优越，这些城市的户籍含金量较高。未来可从两方面入手：一是进一步放宽大城市和特大城市的户口迁移政策，减少对城市规模的限制；二是将户籍制度与社会保险制度脱钩，加快提高社会保险的统筹层次，建立不同地区的调剂金制度。

参考文献

白重恩：《医疗卫生费用或为我国第二大财政风险源》，《中国经济导报》2013 年 7 月 27 日第 B01 版。

白重恩、吴斌珍、金烨：《中国养老保险缴费对消费和储蓄的影响》，《中国社会科学》2012 年第 8 期。

白重恩、李宏彬、吴斌珍：《医疗保险与消费：来自新型农村合作医疗的证据》，《经济研究》2012 年第 2 期。

蔡昉：《中国经济如何跨越“低中等收入陷阱”?》，《中国社会科学院研究生院学报》2008 年第 1 期。

程杰：《养老保障的劳动供给效应》，《经济研究》2014 年第 10 期。

程杰：《“退而不休”的劳动者：转型中国的一个典型现象》，《劳动经济研究》2014 年第 2 卷第 5 期。

曹俊山、孙国桢：《国际医疗保障制度全民覆盖情况的比较研究》，《中国卫生资源》2007 年第 6 期。

财政部财政科学研究所课题组：《我国事业单位养老保险制度改革研究》，《经济研究参考》2012 年第 52 期。

陈维政、曹志强、菲利普·赖特：《工作分享制——解决国企冗员问题的有效途径》，《管理世界》2000 年第 6 期。
《邓小平文选》第 3 卷，人民出版社 1993 年版。
丁霞：《中国近代保险史研究的两个难题》，《保险研究》2015 年第 11 期。
丁汀：《八成省份公务员取消公费医疗》，《人民日报》2012 年 1 月 19 日第 14 版。
董克用、孙博、张栋：《“名义账户制”是我国养老金改革的方向吗——瑞典“名义账户制”改革评估与借鉴》，《社会保障研究》2016 年第 4 期。
封进：《中国城镇职工社会保险制度的参与激励》，《经济研究》2013 年第 7 期。
房珊杉、徐程、刘国恩、赵邵阳：《城镇居民基本医疗保险参保决策中“搭便车动机”研究》，《保险研究》2012 年第 7 期。
关信平：《西方“福利国家之父”贝弗里奇——兼论〈贝弗里奇报告〉的诞生和影响》，《社会学研究》1993 年第 6 期。
葛蔓：《社会保险同商业保险不容混淆》，《中国劳动科学》1993 年第 8 期。
甘犁、刘国恩、马双：《基本医疗保险对促进家庭消费的影响》，《经济研究》2010 年增刊。
郭凯明、颜色：《延迟退休年龄、代际收入转移与劳动力供给增长》，《经济研究》2016 年第 6 期。
何立新：《中国城镇养老保险制度改革的收入分配效应》，《经济研究》2007 年第 3 期。
何文炯：《社会保险转型与商业保险发展》，《保险研究》2010 年第 7 期。

海燕：《事业单位养老金改革五年原地踏步》，《中国商报》2013 年 5 月 24 日第 3 版。

胡苏云：《英国：免费医疗制度走向何方?》，《中国卫生》2015 年第 3 期。

韩标：《英国：从失业保险到求职者津贴》，《中国社会保障》2010 年第 11 期。

韩俊强：《农民工工伤保险参保行为与城市融合》，《社会保障研究》2013 年第 4 期。

黄枫、甘犁：《医疗保险中的道德风险研究——基于微观数据的分析》，《金融研究》2012 年第 5 期。

黄枫、甘犁：《过度需求还是有效需求？——城镇老人健康与医疗保险的实证分析》，《经济研究》2010 年第 6 期。

黄孟岳、孙裕增：《试论劳保医疗体制改革的现状、问题和对策》，《浙江社会科学》1994 年第 5 期。

金碚：《中国经济发展新常态研究》，《中国工业经济》2015 年第 1 期。

金维刚：《城乡居民医保整合并归人社部门统一管理已形成主流趋势》，《中国医疗保险》2016 年第 9 期。

贾康、张晓云、王敏、段学仲：《关于中国养老金隐性债务的研究》，《财贸经济》2007 年第 9 期。

林毅夫：《90 年代中国农村改革的主要问题与展望》，《管理世界》1994 年第 3 期。

刘军强：《资源、激励与部门利益：中国社会保险征缴体制的纵贯研究（1999—2008）》，《中国社会科学》2011 年第 3 期。

李珍：《关于社会养老保险私有化的反思》，《中国人民大学学报》

2010 年第 2 期。

李珍:《社会保障理论（第 3 版）》，中国劳动社会保障出版社 2013 年版。

李贤:《“流动”断保问题必须正视并解决了》,《工人日报》2013 年 12 月 31 日第 7 版。

刘宏:《养老改革应统一制度体现合理差距》,《法制日报》2009 年 2 月 3 日第 7 版。

李轩红:《中国农村养老保险制度变迁的原因分析》,《山东社会科学》2011 年第 3 期。

李卫平:《公费、劳保医疗制度的发展及改革方向》,《中国卫生经济》1991 年第 8 期。

廖晓诚:《新加坡医疗保障体系运行机制及现状评述》,《东南亚纵横》2014 年第 12 期。

刘传江、程建林:《养老保险“便携性损失”与农民工养老保障制度研究》,《中国人口科学》2008 年第 4 期。

李实、邓曲恒:《中国城镇失业率的重新估计》,《经济学动态》2004 年第 4 期。

李时宇、冯俊新:《城乡居民社会养老保险制度的经济效应——基于多阶段世代交叠模型的模拟分析》,《经济评论》2014 年第 3 期。

罗静、匡敏:《国内外养老保险关系转移接续经验借鉴》,《社会保障研究》2011 年第 4 期。

吕丹、曲展:《典型国家失业保险制度》,《中国劳动》2014 年第 10 期。

李珍、王海东:《基本养老保险目标替代率研究》,《保险研究》2012 年第 1 期。

李珍、赵青：《德国社会医疗保险治理体制机制的经验与启示》，《德国研究》2015 年第 2 期。

马杰、郑秉文：《计划经济条件下新中国社会保障制度的再评价》，《马克思主义研究》2005 年第 1 期。

马双、孟宪芮、甘犁：《养老保险企业缴费对员工工资、就业的影响分析》，《经济学》（季刊）2014 年第 13 卷第 3 期。

马双、臧文斌、甘犁：《新型农村合作医疗保险对农村居民食物消费的影响分析》，《经济学》（季刊）2010 年第 10 卷第 1 期。

米海杰、汪泽英、费平、李常印：《扩大失业保险基金支出范围问题研究》，《中国劳动》2016 年第 7 期。

裴长洪：《中国经济不会“硬着陆”的逻辑支撑》，《人民论坛》2016 年第 10 期。

裴长洪、刘洪愧：《“十三五”经济发展与供给侧结构性改革》，《国际贸易》2016 年第 8 期。

彭浩然：《名义账户制是我国基本养老保险制度改革的良方吗?》，《经济管理》2016 年第 7 期。

潘杰、雷晓燕、刘国恩：《医疗保险促进健康吗？——基于中国城镇居民基本医疗保险的实证分析》，《经济研究》2013 年第 4 期。

彭雪梅、刘阳、林辉：《征收机构是否会影响社会保险费的征收效果？——基于社保经办和地方税务征收效果的实证研究》，《管理世界》2015 年第 6 期。

任栋：《调查失业率与登记失业率之差异辨析》，《中国人口科学》2013 年第 2 期。

孙祁祥：《“空账”与转轨成本——中国养老保险体制改革的效应分析》，《经济研究》2001 年第 5 期。

邵宜航、刘雅南、张琦：《存在收入差异的社会保障制度选择——基于一个内生增长世代交替模型》，《经济学》（季刊）2010 年第 9 卷第 4 期。

陶纪坤、张鹏飞：《社会保险缴费对劳动力需求的“挤出效应”》，《中国人口科学》2016 年第 6 期。

王伟光：《走共同富裕之路是发展中国特色社会主义的战略选择》，《红旗文稿》2012 年第 1 期。

卫生部统计信息中心：《第三次国家卫生服务调查分析报告》，《中国医院》2005 年第 9 卷第 1 期。

吴冰：《农民工“退保潮”因何而起》，《人民日报》2008 年 1 月 8 日第 10 版。

汪洁：《新中国 60 年失业保险发展的历程及思考》，《改革与战略》2012 年第 5 期。

王晓军：《对我国城镇职工基本养老保险制度收入替代率的定量模拟分析》，《统计研究》2002 年第 3 期。

王延中：《社会保障体系改革与发展》，载王梦奎主编《中国改革 30 年：1978—2008》，中国发展出版社 2009 年版。

王延中、龙玉其：《国外公职人员养老保险制度比较分析与改革借鉴》，《国外社会科学》2009 年第 3 期。

王延中、龙玉其、江翠萍、徐强：《中国社会保障收入再分配效应研究——以社会保险为例》，《经济研究》2016 年第 2 期。

王皓、高健、吴迪：《适时推行事业单位养老保险改革》，《北京日报》2012 年 3 月 8 日第 2 版。

汪孝宗、韩文、曾娟：《难改的事业单位养老》，《中国经济周刊》2009 年第 41 期。

解垩：《医疗保险与城乡反贫困：1989—2006》，《财经研究》2008 年第 12 期。

夏杏珍：《农村合作医疗制度的历史考察》，《当代中国史研究》2003 年第 10 卷第 5 期。

徐琴、鲍磊：《农民工养老保险参保行为及其影响因素分析——基于江苏五市（县）的调查数据》，《南京师大学报》（社会科学版）2009 年第 5 期。

肖文、谢文武：《国家在保险制度变迁中的地位和作用》，《浙江大学学报》（人文社会科学版）2003 年第 33 卷第 1 期。

亚当·斯密：《国民财富的性质和原因的研究（下）》，商务印书馆 1994 年版。

杨思斌：《中国社会保险法制建设述评》，《财贸研究》2007 年第 3 期。

杨红燕、陈天红：《美国财政医疗保障支出评价及其启示》，《中国财政》2011 年第 10 期。

杨斌、丁建定：《国外就业保障的发展及对中国的启示——以美国、英国和德国为例》，《理论月刊》2016 年第 5 期。

杨翠迎、郭金丰：《农民工养老保险制度运作的困境及其理论诠释》，《浙江大学学报》（人文社会科学版）2006 年第 3 期。

袁志刚、葛劲峰：《由现收现付制向基金制转轨的经济学分析》，《复旦学报》（社会科学版）2003 年第 4 期。

杨东雪、闫秀贤：《谈我国公费医疗制度的管理与改革》，《当代经济科学》1994 年第 5 期。

朱绍中：《联邦德国的社会保险制度》，《同济大学学报》（人文社会科学版）1994 年第 S1 期。

张旭昆：《德国、美国失业保险体系及其启示》，《浙江社会科学》1996 年第 1 期。

张车伟：《失业率定义的国际比较及中国城镇失业率》，《世界经济》2003 年第 5 期。

张奇林：《美国医疗保障制度评估》，《美国研究》2005 年第 1 期。

郑秉文：《“名义账户”制：我国养老保障制度的一个理性选择》，《管理世界》2003 年第 8 期。

郑秉文：《改革开放 30 年中国流动人口社会保障的发展与挑战》，《中国人口科学》2008 年第 5 期。

郑秉文：《第三支柱商业养老保险顶层设计：税收的作用及其深远意义》，《中国人民大学学报》2016 年第 1 期。

张震：《1950 年代以来中国人口寿命不均等的变化历程》，《人口研究》2016 年第 1 期。

赵静：《失业保险与就业促进——基于基金支出范围视角的双重差分法分析》，《中国经济问题》2014 年第 1 期。

朱铭来、陈妍、王梦雯：《美国医疗保障制度改革述评》，《保险研究》2010 年第 11 期。

朱恒鹏、高秋明、陈晓荣：《与国际趋势一致的改革思路——中国机关事业单位养老金制度改革述评》，《国际经济评论》2015 年第 2 期。

张川川、John Giles、赵耀辉：《新型农村社会养老保险政策效果评估——收入、贫困、消费、主观福利和劳动供给》，《经济学》（季刊）2015 年第 1 期。

臧文斌、刘国恩、徐菲、熊先军：《中国城镇居民基本医疗保险对家庭消费的影响》，《经济研究》2012 年第 7 期。

赵静、毛捷、张磊：《社会保险缴费率、参保概率与缴费水平——对职工和企业逃避费行为的经验研究》，《经济学》（季刊）2015 年第 15 卷第 1 期。

朱信凯、彭廷军：《新型农村合作医疗中的逆向选择问题：理论研究与实证分析》，《管理世界》2009 年第 1 期。

郑伟、孙祁祥：《中国养老保险制度变迁的经济效应》，《经济研究》2003 年第 10 期。

赵耀辉、徐建国：《我国城镇养老保险体制改革中的激励机制问题》，《经济学》（季刊）2001 年第 1 卷第 1 期。

臧文斌、赵邵阳、刘国恩：《城镇基本医疗保险中逆向选择的检验》，《经济学》（季刊）2012 年第 12 卷第 1 期。

Arrow K. J. , "Uncertainty and the Welfare Economics of Medical Care", *American Economic Review*, 1963, Vol. 53, No. 5, pp. 941 – 973.

Atkinson A. B. , "Income Maintenance and Social Insurance", in A. J. Auerbach and M. Feldstein, eds. , *Handbook of Public Economics*, 1987, Vol. 2, No. 13, pp. 779 – 908.

Auerbach A. J. , Gokhale J. and Kotlikoff L. , "Social Security and Medicare Policy from the Perspective of Generational Accounting", in J. Poterba, ed. , *Tax Policy and the Economy*, 1992, Vol. 6, No. 5, pp. 129 – 145.

Bailey, C. , Turner J. , "Strategies to Reduce Contribution Evasion in Social Security Financing", *World Development*, 2001, Vol. 29, No. 2, pp. 385 – 393.

Camacho, A. , Conover E. , and Hoyos, A. , "Effects of Colombia's Social Protection System on Workers' Choice between Formal and Informal

Employment", *World Bank Economic Review*, 2014, Vol. 28, No. 3, pp. 446 – 466.

Diamond P. A., "A Framework for Social Security Analysis", *Journal of Public Economics*, 1977, Vol. 8, No. 3, pp. 275 – 298.

Feldstein M., "Social Security, Induced Retirement, and Aggregate Capital Accumulation", *Journal of Political Economy*, 1974, Vol. 82, No. 5, pp. 905 – 926.

Feldstein M. and Liebman J. B., "Social Security", in A. J. Auerbach and M. Feldstein, eds., *Handbook of Public Economics*, 2002, Vol. 4, No. 32, pp. 2245 – 2324.

Feldstein M. and Liebman J. B., eds., *The Distributional Aspects of Social Security and Social Security Reform*, University of Chicago Press, 2002.

Feldstein, M, Liebman J, "Realizing the Potential of China's Social Security Pension System", *China Economic Times*, 2006, February 24, 2006, p. 1.

Gruber J., "The Incidence of Mandated Maternity Benefits", *American Economic Review*, 1994, Vol. 84, No. 3, pp. 622 – 641.

Gruber J., "The Incidence of Payroll Taxation: Evidence fromChile", *Journal of Labor Economics*, 1997, Vol. 15, No. S3, pp. S72 – S101.

ILO, World Social Protection Report 2014/15: Building Economic Recovery, Inclusive Development and Social Justice, Geneva: ILO, 2014.

Krueger A. B. and Meyer B. D., "Labor Supply Effects of Social Insurance", *Handbook of Public Economics*, 2002, Vol. 4, No. 2, pp. 2327 – 2392.

Manning W. G., Newhouse J. P., Duan N. H., Keeler E. B., Leibowitz

A. , "Health Insurance and the Demand for Medical Care: Evidence from a Randomized Experiment", *American Economic Review*, 1987, Vol. 77, No. 3, pp. 251 – 277.

Moffitt R. and Nicholson W. , "The Effect of Unemployment Insurance on Unemployment: The Case of Federal Supplemental Benefits", *Review of Economics and Statistics*, 1982, Vol. 64, No. 1, pp. 1 – 11.

Oakland W. H. , "Theory of Public Goods", in A. J. Auerbach and M. Feldstein, eds. , *Handbook of Public Economics*, 1987, Vol. 2, No. 9, pp. 485 – 535.

Samuelson P. A. , "The Pure Theory of Public Expenditure", *Review of Economics and Statistics*, 1954, Vol. 36, No. 4, pp. 387 – 389.

Samuelson P. A. , "Diagrammatic Exposition of A Theory of Public Expenditure", *Review of Economics and Statistics*, 1955, Vol. 37, No. 4, pp. 350 – 356.

Samuelson, P. A. , "An Exact Consumption Loan Model of Interest with or without the Social Contrivance of Money", *Journal of Political Economy*, 1958, Vol. 66, No. 6, pp. 467 – 482.

Social Security Administration, *Social Security Programs Throughout the World: Asia and the Pacific*, 2014; *Social Security Programs Throughout the World: Africa*, 2015; *Social Security Programs Throughout the World: The Americas*, 2015; *Social Security Programs Throughout the World: Europe*, 2016.

Zweifel P. , Manning W. G. , "Moral Hazard and Consumer Incentives in Health Care", in Culyer A. J. and Newhouse J. P. , eds, *Handbook of Health Economics*, 2000, Vol. 1, No. 8, pp. 409 – 459.

Zhang Jie and Zhang Junsen, "How Does Social Security Affect Economic Growth? Evidence from Cross - Country Data", *Journal of Population Economics*, 2004, Vol. 17, No. 3, pp. 473 - 500.

后　记

《中国制度研究丛书》是中国社会科学出版社社长赵剑英同志策划的一个重大出版项目，2015 年和 2016 年我和我的同事分别在这套丛书中出版了《中国基本经济制度》和《中国基本分配制度》两本书。2017 年恰逢我所在的中国社会科学院经济研究所申报当年创新工程项目，我便以“中国基本社会保险制度”为题目申报并得到了资助批准，使我有条件沿着中国各项经济制度框架的逻辑顺序继续研究下去。无疑，社会保险制度对经济发展和社会稳定产生了重大影响，是中国特色社会主义各项经济制度中的重要内容，具有重要的研究价值。因此，我的思路是，首先，从整体上介绍国内外社会保险制度的发展历程，对比国内外社会保险制度的特点，揭示该制度背后隐含的经济学思想；其次，具体阐述社会保险制度中的五类保险制度的发展状况并进行中外对比研究，指出各类保险制度存在的问题并给予相应的对策建议；最后，为应对中国经济社会发展的新变化，从以下三个方面对中国社会保险制度提出改革建议：增强可持续性、促进社会保险的城乡和区域均衡发展、完善农民工的社会保险。

本书的基本思路、逻辑框架以及章节安排由我设计，我的博士后赵静女士完成了初稿的写作，提供了讨论修改和充实完善的基础。我的同事谢谦和刘洪愧两位博士参与了国外资料的收集和部分修改补充工作。特别是2017年8月初，在经济研究所创新工程出访调研项目资助下，我们访问了日本北海商科大学与大和证券综合研究所，对日本企业年金制度的模仿和演进过程进行了调查了解，收集了日本、英国和美国相关的社会保险制度的资料，最终完成了对书稿的修改和完善工作。虽然谢谦、刘洪愧两位博士没有作为本书作者署名，但他们的贡献是不能抹去的。在此，我和赵静副教授向他们致以诚挚的感谢。

为了使这项制度研究系列继续深化，我已经在着手进行“中国基本公共服务制度”研究的设计工作，并已经找到了新的合作研究博士后，但愿能在2018年完成这个夙愿。

裴长洪

2017年9月于北京